몽실학교 청소년 선언

우리는 꿈이룸학교의 주인이 되고
내 삶의 주인이 되기 위해 다음과 같이 다짐합니다.

하나. 내가 좋아하는 것이 무엇인지 알아가고 배움의 재미를 찾기 위해 최선을 다하는
　　　배움의 주인이 되겠습니다.

하나. 몸과 마음, 머리가 함께 자라는 배움을 만들겠습니다.

하나. 실패를 두려워하지 않고 도전하며, 스스로 생각하고 판단하고 행동하겠습니다.

하나. 개인의 자유와 선택을 존중하며, 서로 소통하는 과정 속에서 함께 자라겠습니다.

하나. 나이와 능력과 성별과 성적으로 서로를 판단하고 차별하지 않고 누구에게도 배
　　　울 수 있다는 마음으로 서로 배우겠습니다.

하나. 혼자 앞장서서 나가는 것이 아니라 힘든 친구들 손잡고 서로 도우며 함께 나가겠
　　　습니다.

하나. 마을 안에서 배우고 자라는 기쁨을 느끼고, 내가 자란 마을을 소중히 여기며 마을
　　　을 위해 나눌 수 있는 주체가 되겠습니다.

하나. 사회의 모순과 비교육적인 현실에 당당히 맞서겠습니다.

하나. 행복한 환경을 위해 앞장서서 노력하겠습니다.

하나. 불안하다는 핑계로 꿈을 포기하지 않겠습니다.

우리는 이제 가만히 있지 않겠습니다.
우리의 꿈을 향해 나아가겠습니다.
그리고 내 삶의 주인으로 당당히 서겠습니다.

2015년 4월 9일 꿈이룸학교 청소년 일동

몽실학교 이야기

일러두기 ———

• 본문에서 몽실학교와 꿈이룸학교라는 용어가 혼용되고 있습니다. 꿈이룸학교에서 몽실
 학교로 성장해 왔기에 의도적으로 통일하지 않았습니다.

• 본문 중간중간에 있는 QR 코드를 따라가면 아이들이 제작한 몽실학교의 활동 내용을 담
 은 유튜브 영상을 볼 수 있습니다.

청소년 자치 배움터

몽실학교 이야기

몽실학교 꿈이룸출판 팀 지음

에듀니티

몽실학교에 대해서는 다녀온 적도 있고 가끔 소식도 들어서 어느 정도 알고 있다고 생각했었다. 착각이었다. 이 책을 읽고서야 비로소 알았다. 누가, 왜, 어떻게 만들었고, 그렇게 만든 학교에서 무엇을 했는지를 말이다. 진정한 의미의 교육자치와 학교 혁신이 무엇인지를 알게 해준 것도 고맙다. 몽실학교는 위대한 개인의 힘이 아니라 여럿이 함께 꾸는 꿈으로 만든 학교라 더 감동이다. 저자들의 바람처럼 각 지역마다 제2, 제3의 몽실학교가 꼭 만들어져야 한다. 그래서 프랑스에 프레네학교, 독일에 발도르프학교가 있다면 우리 대한민국에는 몽실학교가 있다는 자부심을 가져야 한다. 몽실학교를 만들고 가꾼 모든 이에게 진심으로 고맙다. 모두가 행복해지는 일이다. 함께 몽실학교를 만들자.

– 정성식 실천교육교사모임 회장

아이들이 마음대로 상상할 수 있는 학교, 그 상상을 위해 도전할 수 있는 학교, 도전의 과정을 지역과 함께하는 학교가 바로 몽실이다. 몽실에서는 청소년이 꿈을 이루기 위한 도전과 기회를 스스로 만들어나간다. 몽실에서 아이들은 온전한 인간으로 성장한다. 열매 하나를 맺기 위해 온전한 자연이 필요하듯, 한 명의 아이를 기르는 데는 온 마을이 필요하다. 그리고 몽실은 아이들의 성장을 위한 배움의 생태계가 되어 준다. 마을과 함께하고 삶 속에서 이루어지는 유기적 상호작용을 통해 아이들은 성장한다. 최근 많은 이가 몽실에 대해 관심을 갖는 이유는 우리사회 미래교육의 좌표를 찾고자하는 데 있다. 학교와 교실이라는 틀 속에서 교과서를 가지고 정해진 시간 동안 진행되는 교육으로는 더 이상 미래를 설계할 수 없음이 자명하다. 학교의 울타리와 지역의 경계를 넘나들며 성장하는 몽실 아이들의 모습에서 미래교육의 한 지향점을 찾을 수 있다. 이 책은 그동안 몽실과 함께하며 아이들의 성장을 지켜보고 부대끼고 돌봐주며 쌓아온 1차적 성과물이다. 저자들의 노력과 실천이 점차 확산되면서 얻게 되는 몽실의 지속가능성은 2차적 성과물이 될 것이다. 하지만 이들의 궁극적인 목표는 몽실을 통해 우리 미래교육의 새로운 지평을 여는 것임을 이 책의 독자들과 함께 확인할 수 있기를 바란다.

– 김용련 한국외국어대학교 교수

이 책은 몽실학교 4년의 꿈과 실천을 기록한 연대기이다. 첫 시작인 "Be. 몽(夢). 사(四). 몽(夢)" 토론회부터 꿈이룸학교를 거쳐 몽실학교로 진화하기까지의 치열한 역사서이자 안내서이다. 수도권 외곽의 한 중소도시인 의정부에서 지역의 교사와 장학사와 시민과 학생 들이 자발적으로 모여, 수년간의 고민과 고통의 시간을 함께 녹여낸 연금술의 학교이자, 21세기 우리의 교육이 나아갈 방향에 대해 근본적인 고민과 화두를 던지는 학교! 그 몽실학교의 뜨거운 이야기! 책의 페이지를 넘기다 보면 몽실학교는 학교가 아니라 하나의 살아있는 생명체처럼 느껴진다. 몇 명의 탁월한 교육자가 만들어낸 전통적 학교가 아니라 구성원 모두가 마치 한 생명체를 이루는 세포들처럼 스스로 배우고 스스로 교육하는, 그래서 결국은 모두가 함께 성장하는 생명체 말이다. 프로젝트라는 유전자가 학생들의 몸을 열고 들어와 스스로의 생명력으로 또 다른 생명체에 전파되고 연결되어 모두가 한 생명체가 되는 학교! 멀리 충남 금산에서도 몽실학교의 탄생과 성장을 관심 있게 지켜봤다. 이 책의 출간을 진심으로 축하하며 몽실학교의 또 다른 진화를 기대한다.

– 태형철 금산간디학교 교장

2015년 여름에 쉼표학교를 진행하면서 만난 꿈이룸학교 청소년들이 어느새 몽실학교 청년들로 성장했습니다. 마을에서 놀고, 만들고, 배우고, 꿈꾸고 싶어서 모인 청소년들이 몇 년 동안 놀고, 만들고, 배우고, 꿈꾸다보니 어느새 마을을 알고, 바꾸고, 만들고 싶어 하는 청년들이 되었습니다. 학교는 배우러 오는 아이들에게 뭔가를 주려고만 하는데, 몽실학교는 몽실언니의 품처럼 아이들의 감정과 생각과 욕구를 받아줍니다. 몽실학교는 일방적으로 주는 학교가 아니라 서로 주고받는 학교입니다. 그렇기 때문에 아무 조건도 없고 제약도 없습니다. 그저 모이기만 하면 됩니다. 시간을 내어주기만 하면 됩니다. 그래서 몽실학교에는 어마어마한 시간이 쌓여 있습니다. 그 시간 속에는 자격도 없고 차별도 없습니다. 누군가 가르치려는 순간 그 시간은 사라집니다. 그것이 몽실학교입니다. 과거의 교육은 자신이 살아갈 마을에서 이미 살아온 사람들이 어떻게 살았는지를 배우는 것이었습니다. 그래서 관계가 중요했고 어른들은 가르치며 아이들은 배웠습니다. 하지만 지금은 자신이 떠날 마을에서 다른 마을에서 살아온 사람들에게 마을을 떠나서 어떻게 살아야 하는지를 배우고 있습니다. 그래서 관계보다는 마을을 떠나서 살아가는 데 필요한 기술이나 방법을 배우려고만 합니다. 그런데 평균 수명이 80세를 넘어가면서 마을을 떠나 혼자 살기가 어려운 세상이 되어가고 있습니다. 타인과 관계를 맺지 않고 분리된 개인이 살아가기 어려운 세상입니다. 그러니 마을을 떠나 어떻게 살 것인가를 혼자 배우기보다는, 마을에 남아서 어떻게 살아갈 것인가를 함께 나눠야 합니다. 이것엔 정답이 없습니다. 누구도 살아보지 못한 세상입니다. 그러니 가르칠 수 없습니다. 함께 배우는 것입니다. 혼자 살기 위해 배우는 게 아니라 함께 살기 위해 나누는 것입니다. 몽실학교는 마을에서 함께 살기 위한 고민을 나누는 공간입니다. 청소년이던 초기 아이들이 이제는 삶을 고민하는 청년이 되었습니다. 마을을 떠나지 않고 함께 살아가는 삶을 고민하고 있습니다. 한 아이를 키우는 데 온 마을이 필요한 것처럼, 한 청년이 살아가는 데도 온 마을이 필요합니다. 이제는 아이를 어떻게 키울지에 대한 고민도 필요하지만 청년이 어떻게 살아갈 것인가에 대한 고민도 필요합니다. 아이와 청년이 함께 배울 수 있는 공간이 필요합니다. 몽실학교가 그 역할을 할 것이라고 기대합니다. 더 나아가 다른 세대의 삶도 함께 고민하는 장이 되기를 기대합니다.

– 전성실 나눔연구소 대표

사람이 살아가는 데 가장 필요한 건 사회적 존재감이다. 자신이 쓸모 있는 존재라는 생각을 하는 게 중요하다. 사회라는 건 서로 쓸모 있다고 생각하는 사람들의 모임이다. 서로를 쓸모 있게 하는 관계망이 바로 사회이다. 청소년기는 이러한 사회적 존재감에 대한 원체험을 겪는 시기다. 다양한 사람을 만나서 서로를 믿고 같이 일을 도모하며, 자신이 즐거워하는 일을 해도 괜찮다는 사실을 아는 것이다. 그런데 우리 사회는 청소년기에 도구적 이유 없이 일상적으로 무언가를 도모하고 인정받는 경험을 원천 봉쇄한다. 오직 근대적 교육 시스템 속에서 다음 단계로 선발되어 나아가기 위한 소모적 경쟁만이 있을 뿐이다. 기존 교육공학적 입장에서 이 문제를 해결하는 해법을 찾는 일은 말처럼 쉽지 않다. 이 책은 교육의 한 주체이면서 당사자인 청소년의 입장에서 이 문제를 풀 수 있는 해법을 찾으려 하는 몽실학교의 실험을 충실하게 기록하고, 그 결과의 의미를 되새김질하는 소중한 자료이다.

– 박형주 광주청소년삶디자인센터 센터장

차례

제1부 · 몽실을 이야기하다

추천사

'모든 학교가 몽실처럼',

제가 교육감이 되고 나서 경기도교육청 북부청사를 이전하였습니다. 비게 된 구 북부청사의 활용방안을 고민하다가 이 공간 하나쯤은 아이들에게 내어주면 좋겠다는 생각에 좋은 방안이 나올 때까지 비워둔 채 기다렸습니다. 그러자 불과 2년 사이에 놀라운 일이 벌어졌습니다. 교육청 직원들이 빠져나가 폐가 같던 사무실에 청소년들이 찾아들기 시작했고, 자신들의 꿈을 실현하고자 프로젝트를 스스로 기획하고 운영하면서 공동체를 만들어갔습니다. 청소년들이 꿈을 꾸면서 실현해나가는 과정은 아이들을 공부에 짓눌리게 만들었던 우리 교육의 문제를 꿰뚫기에 충분했습니다.

이곳에서 아이들은 스스로의 진로를 찾아나갔고, 학교에서 찾아보기 힘든 자발성을 회복하였으며, 삶의 역량을 드높여 갔습니다. 건강하게 성장하는 청소년들을 보며 의정부에서 교육을 고민하던 많은 어른이 힘을 보태기 시작하였고 지자체와 학교가 함께 고민하며 협력하는 놀라운 공동체가 만들어졌습니다. 이런 과정을 통해 탄생한 결실이 몽실학교입니다. 몽실학교를 방문할 때마다 아이들이 스스로 만들어가는 배움터에 대한 상상이 이렇게 실현되고 있다는 점에 놀라움을 금치 못합니다.

이렇게 만든 힘은 무엇이었을까요? 바로 우리 청소년들에게 잠재되어 있던 배움의 자발성이었습니다. 경쟁에 의해 할 수 없이 불거지는 이기심이 아니라, 항상 간직하고 있던 공동체를 바라는 마음이었습니다. 남을 제치고 올라서는 이기적인 모습이 우리 아이들의 본모습이 아니라, 본디 선하고 공동체 속에서 타인을 배려하며 배우기를 좋아하는 모습이 우리 아이들의 본모습임을 몽실학교를 보면서 알게 되었습니다. 몽실학교에서 빚어지고 있는 청소년들의 활발하고 창의적인 모습을 보면서 공교육 학교가 나아가야 할 길을 고민하게 됩니다. 몽실학교에 오는 청소년 대부분이 공교육 학교를 다니고 있는 아이들로서 이들은 학교 교육이 어떻게 바뀌어야 하는지를 몽실학교에서 온몸으로 보여주고 있습니다.

아이들은 학교를 몽실학교처럼 스스로 배움을 창조하고 찾아나갈 수 있게 해달라고 하고 있습니다. 몽실학교처럼 청소년이 배움터의 주인이 될 수 있게 해달라고 하고 있습니다. 몽실학교에서 성장하고 있는 아이들의 모습을 전국의 많은 분이 직접 눈으로 보시고 우리교육의 희망을 보았다고 하셨습니다. 그런 희망을 자기 지역에서도 만들어보겠다고 나서고 계십니다. 그 결실이 전국에서 열매 맺는 중입니다. 익산, 창원, 김포, 안성, 고양, 성남 등지에서 몽실학교와 같은 청소년 자치 배움터를 세우기 위해 노력하고 있습니다. 그만큼 아이들의 힘을 믿는 사람이 늘어난 것입니다.

이 책은 지역에서 몽실학교와 같은 청소년 자치 배움터를 만들어가고자 하는 분들에게 든든한 힘이 될 것이라고 생각합니다. 몽실학교의 교육 혁신은 어느 순간 하늘에서 뚝 떨어진 것이 아닙니다. 혁신학교의 한계를 넘어서기 위해 고민하던 지역의 어른들과 아이들이 힘을 합쳐서 만든 '꿈이룸배움터'라는 마을학교에서 시작됐습니다. 이것이 '꿈이룸학교'라는 경기도교육청 꿈의학교를 거쳐 지금의 몽실학교로 발전하게 된 것입니다. 4년의 시간 동안 몽실학교에서 웃고, 울고, 땀 흘렸던 청소년들과 이를 정성과 헌신으로 지원하는 길잡이 선생님들이 있었기에 지금의 모습으로 성장할 수 있었습니다. 이 지면을 빌어 여태 노력해온 모든 분께 찬사와 박수를 아낌없이 보내고 싶습니다.

앞으로도 몽실학교에 좀 더 많은 청소년이 찾아와서 주인이 되면 좋겠습니다. 청소년들 누구나 자기의 꿈을 찾고 실현해가며 지역에서 함께 성장해나가면 좋겠습니다. 이들이 청년이 되고 어른이 되었을 때 자기가 뿌리내리고 있는 지역을 이끌어나가는 마을교육공동체의 주역으로 성장했으면 좋겠습니다. 모든 학교가 몽실학교처럼 아이들이 진정으로 주인이 되는 배움터로 거듭나기를 꿈꾸어봅니다. 이러한 바람들이 분명히 우리 눈앞에 펼쳐질 것이라 믿습니다. 그 중심에는 항상 몽실학교가 있을 것입니다.

고맙습니다.

2018년 가을을 기다리며
이재정 경기도교육감

추천사

몽실의 첫 마음

학생들은 학교에서 다른 사람들과 함께 생활하며 세상에서 살아갈 길을 찾고 삶과 배움의 의미와 연관성을 이해하게 된다. 학교라는 공동체 속에서 많은 연습과 노력과 실수의 과정에서 새로운 배움이 일고 이에 따라 지식과 깨달음과 능력을 얻는 것이다. 이러한 과정을 통해 스스로 살아가는 방법을 터득함은 물론, 다른 사람들과 소통하는 법을 배우고 함께 살아가는 방식인 민주주의를 배운다.

그러나 지금의 학교와 사회는 이러한 민주주의를 글로, 교과서로 아이들에게 가르치려 하고 있다. 그 중심에 있어야 할 학생들은 빠져 있고 대부분 교사 또는 학부모에 의해 기획되고 진행되는 일방적인 교육만 존재할 뿐이다. 배움은 스스로 주체가 될 때 몰입할 수 있으며 직접 경험해볼 때 가장 큰 배움이 일어난다. 무엇보다 스스로 주인공이 되지 않으면 무엇을 해도 즐겁지 않다.

무엇보다 학생자치활동에 혁신적인 변화가 필요하다. 어른들이 다양한 배움의 자리를 마련하고 아이들을 초대하는 것이 아니라, 아이들이 직접 해보고 싶은 배움을 찾아 나설 수 있도록 도와야 한다. 하지만 여전히 학생토론회의 방식과 내용은 주체인 아이들의 시각과 참여보다는 어른들에게 맞춰진 주제와 일방적인 교육의 자리처럼 보여질 때가 많아 아쉬움이 있다.

4.16 이후에 의정부에서도 불안한 학교와 사회 속에서 꿈을 잃어가는 우리 아이들이 보였다. 그래서 이 아이들의 시선에서 미래를 준비하는 교육을 고민하는 자리를 마련하기로 했다. 교육의 문제는 개인이, 학교가 짊어지는 것이 아니라 한 아이를 둘러싼 교사, 학부모, 지역사회, 교육청, 지자체가 함께 나서야 한다는 의식으로 교육주체들이 한자리에 모였다.

하지만 정작 교육의 주체이면서 당사자이기도 한 학생들은 그 자리에 없었다. 교육의 주체인 학생들이 모여야 했다. 자신들의 고민과 이야기를 풀어놓고 건강한 대안을 스스로 찾는 시간을 가질 필요가 있다는 제안이 나왔다.

이 시대에 학생이 원하는 배움은 무엇이고, 그것을 지역에서 실현하기 위해 학생 스스로가 무엇을 할 수 있는지를 함께 모여 이야기해보는 시간을 갖기로 했다. 학교를 넘어서 함께 배우고 꿈을 펼칠 수 있는 공간을 확보하고, 프로그램을 학생들이 스스로 기획하고 실행하며, 지역사회와도 연계하여 차세대 지역의 민주시민으로 성장하는 방법의 모색을 토론회의 목적으로 삼았다. 그러자 아이들이 모여들기 시작했다.

초, 중, 고 아이들이 모였고, 학교 밖의 아이들도 함께 모였다. 지역의 고등학교를 졸업한 청년들도 소식을 듣고 이 토론회에 동참하며 청소년 문제와 연결선상에 있는 청년들의 고민을 풀어놓기 시작했다. 아이들을 주체로 세우는 일이 쉬운 일은 아니었다. 아직은 삶의 경험이 많지 않은 아이들에게 그 이상의 상상력을 내어놓으란 것도 무리였다. 하지만 아이들은 함께 자신들의 이야기를 모여서 할 수 있는 자리가 마련된 것만으로도 행복해했고, 그동안 감추고 잊었던 꿈을 친구, 선후배 들과 함께 펼치고 상상하기 시작했다.

제 1 부

몽실을 이야기하다

'공간/길/사람'으로 되돌아보는 몽실

몽실을 되돌아보다

공간

공간이 갖는 힘은 아주 크다. 물이 담긴 그릇에 따라 그 모양이 바뀌듯, 사람도 공간에 따라 생각과 행동이 달라진다. 공간은 사용자의 정서와 생각을 담는 그릇이다. 사용자는 주어진 공간보다는, 공간을 스스로 만들어 갈 때 공간에 더 큰 의미를 부여하게 된다. 특히 교육의 측면에서 편안하고 유연한 공간의 역할은 매우 중요하다. 다른 사람들과 소통의 장이 되고 마음껏 상상할 수 있는 안정의 장이 된다.

꿈이룸학교를 시작할 때 함께할 아이들을 모으면서 공간을 얻기 위한 고민도 같이 시작됐다. 아이들이 교육과정을 고민했다면 어른들은 아이들이 맘껏 꿈을 펼칠 수 있는 공간과 재원을 고민했다. 교육청을 찾아가고 시청을 찾아가고 동네 곳곳을 다니면서 비어 있는 공간, 활용할 수 있는 공간을 찾아다녔다. 오래된 학교 관사를 활용하는 방법을 알아보기도 하고 주민센터에 찾아가 저녁시간을 청소년들에게 내어줄 수 있는지 알아보았다. 물론 이밖에도 많은 시도가 있었다. 지하철 역사의 여유 공간 활용 알아보기, 재래시장의 빈 상가 찾아다니기. 다른 지역 공간 활용 사례 찾아보기 등.

프로젝트의 원활한 진행을 돕는 길잡이교사들에게는 어디를 찾아가 누구에게 문의하고 의논해야 할지를 알아내는 것도 처음 하는 시도였다. 그 덕분에 우리 동네 곳곳을 뒤지며 동장과 교육장, 시장, 시의장, 도의회 의장까지 만나보았다. 다들 청소년 공간의 필요성은 공감했지만 그런 공간을 선뜻 내어주지는 못했다. 만나는 사람마다 꿈이룸학교를 위해 공간을 만들려 한다고 이야기하며 다니던 중 경기도교육청 북부청사가 이전한다는 사실을 교육청 관계자에게 들었다. 교육청 이전 사업을 맡은 부서 주무관과 평생교육과장부터 경기도교육청의 관계자들을 찾아다니며 설득하고 공감을 얻는 과정은 글로 다 풀어낼 수 없을 만큼 지난했다.

그러는 사이 아이들은 경기도교육청 북부청사가 이전하고, 비어 있는 공간에 들어가 프로젝트 활동을 시작했다. 어느 누구의 제약도 받지 않고 다양한 상상을 펼치기 시작했다. 어차피 곧 리모델링될 거라는 생각에 누구의 허락도 없이 회색 벽에 그림을 그리고, 공간을 재구성하기 시작했다. 아이들은 이 공간에 무엇이 들어오면 좋겠냐는 설문조사를 시작했고, 딱딱하던 관공서 사무실은 이내 쉐프실, 밴드실, 뮤지컬 연습실, 노래방, 영화관, 청소년 쉼터로 변신했다. 심지어 그해 겨울의 견우 프로젝트 땐 병아리 키우기 프로젝트 친구들 덕분에 실내 닭장으로 변하기까지 했다.

　이렇게 활용되던 교실들은 2016년 가을 경기도교육청의 리모델링 계획에 반영되었다. 공간이 만들어질 때는 그 공간을 가장 많이 쓰는 사람의 의견을 적극 반영해야 한다. 하지만 대부분의 공간은 사용자의 요구를 어림으로 반영하여 예산에 맞춰 만들어지기 십상이어서 실제의 요구와는 다른 모습을 띠고 만다. 물론 몽실학교도 교육청에서 주도하는 리모델링이었기에 예산, 구조변경 어려움 등으로 획기적인 변화를 만들기는 어려웠지만, 설계 초기부터 아이들의 의견을 반영하며 아이들과 함께 다섯 번이나 설명회를 치렀다. 3층 모떠꿈방(모이고 떠들고 꿈꾸는 방)의 공간구조를 접이식 문을 활용해 변경이 가능하도록 하자는 것도 아이들 의견이었다.

　'공부해방'은 2015년 여름 '쉼표를 통한 물음표'란 주제로 방학 프로젝트가 열렸을 때 참가했던, 우리 동네의 일진 친구가 붙여주고 간 이름이다. 공부해 방? 공부 해방! 설계 초기부터 각 층에 어떤 공간이 들어가고 배치는 어떻게 할 것인지 아이들이 결정했고 그 의견이 반영되어 지금의 공간들이 탄생한 것이다.

　또 하나, 몽실학교 공간은 다른 청소년 시설처럼 동아리실로 나눠서 배정하거나 공간의 용도를 특정해 사용하지 않기로 했다. 모든 공간을 공유한다는 개념으로 공간을 사용한다. 몽실학교 화장실에 붙어 있는 '공유한다는 것은 주인이 없다는 것이 아니라 모두가 주인이라는 의미입니다'라는 문구가 이런 몽실학교 운영의 특징을 잘 나타낸다.

　관리의 측면에서는 리모델링 이후로 지금까지 실별 관리팀을 만들어 각자 맡은 공간을 활성화하고 실(室) 규칙도 정하며 함께 모여 대청소도 한다. 그 공간에서 주로 활동하는 프로젝트 팀 친구들이 자발적으로 나서고 있다. 학교에서는 1인 1역할을 나누어도 잘 이루어지지 않는 청소가 몽실학교에선 자발적으로 이루어지는 이유는 이 공간이 자기들의 공간이라는 생각 때문이지 않을까 싶다.

빼곡 들어찬 도시 건물 사이에 청소년들이 갈만한 공간은 얼마나 될까? 아이들이 많이 모이는 PC방, 노래방, 영화관, 카페 등 대부분의 공간은 소비의 장소이고 돈이 없으면 들어갈 수도 없다.

꿈이룸학교 활동을 시작하고 몇 달이 지나지 않았을 때의 일이다. 비가 온종일 쏟아지던 일요일 오후에 집에서 쉬고 있는데, 전화 한 통이 걸려왔다. 비가 너무 많이 오고 우산이 없는데 잠시 몽실학교에 들어가서 비를 피해도 되겠냐고.(그 당시는 일요일에 문을 열지 않았다.) 시험기간인데 너무 피곤하다고 잠깐 자고 가도 되겠냐고 묻는 친구도 있었다. 참여하는 프로젝트는 없지만 1층 카페에 와서 마룻바닥에 앉아 온종일 고양이와 놀다가는 친구들도 있다. 아이들에게는 이처럼 잠시 쉬어갈 공간, 눈 붙이고 잠자도 방해받지 않는 공간, 아무것도 안 해도 누가 뭐라 하지 않는 공간, 그러다가 재밌는 거리를 발견하면 손 내밀고 다가갈 수 있는 공간이 필요했다. 이런 공간이 마을마다 생기면 좋겠다.

몽실학교와 같은 청소년 자치 배움터를 꿈꾼다면 공간을 고민할 때 아이들을 주체로 세워 함께하면 좋겠다. 공간의 주인이 된다는 것은 커다란 의미를 갖는다. 대부분의 청소년 공간은 청소년에게 공간을 대여할 뿐, 운영의 권한을 일임하진 않는다. 하지만 공간에 대한 청소년의 권리가 늘어나면 자연스레 자발성과 책임감도 늘어난다.

공간 마련과 유지는 민간의 힘만으론 결코 쉽지 않다. 아이들의 힘으로는 불가능에 가깝다. 공적자금이 확충되어야 하고, 관이 종잣돈을 지원해야 한다. 이미 지어져서 예산을 집행 중인 공간의 재구조화도 생각해보아야 한다. 이 고민도 공간을 사용할 주체들이 함께 시작할 수 있다면 좋겠다. 우선 공간부터 마련하고 리모델링 프로그램을 어른들이 다 짜놓은 다음 아이들을 부르면 아이들이 공간의 주인으로 나설 자리를 찾기 어렵다. 고민을 함께 시작하고 계획 단계부터 아이들과 함께해야 한다. 그리고 계속 고민을 거듭해 개선안을 합의하고 수정할 여지가 있으면 좋겠다.

처음 교육청이 이전해 텅 빈 공간에 꿈이룸학교가 자리를 잡았을 때는 공간을 보며 상상할 거리가 많았다. 그런데 리모델링을 하고 난 이후에는 벽화를 그릴 공간도 없고, 구조를 변경할 엄두도 내기 어려워졌다. 그저 잘 청소하고 정리할 생각이 더 앞선다.

청소년 공간이라면 빈 공간이 좀 있어도 좋을 것 같다. 구조나 용도 변경이 어느 정도 가능하면 좋겠다. 다 뒤집어 바꿀 수 있는 여지도 있으면 좋겠다. 그래야 공간을 활용한 아이들의 무한한 상상력이 발현되면서 아이들의 소굴로 변신이 가능할 거 같다.

창의력은 여백에서 나온다고 하는데, 꽉 막히고 가득 찬 공간이 아니라 애매모호하고 비어있는 공간, 이 공간에서 맘껏 쉬고 놀고 그리고 일할 거리가 있는 여백의 공간이 많으면 좋겠다.

청소년들의 학습플랫폼이자 마을의 건강한 배움터가 되었으면 좋겠다. 몽실학교는 어른들에게 1층 북 카페, 2층 큰꿈관, 3층 모떠꿈방만 대여하고 있다. 그것도 아이들이 사용하지 않는 시간에만 대여가 가능하다. 청소년들은 주로 방과 후에 오게 되니 오전에는 일반인에게 열어달라는 요청이 많았다. 하지만 많은 청소년 공간이 어른들에게 열리면서 아이들은 점점 그 자리를 떠나게 되는 경우를 떠올리게 되었다. 그래서 아이들이 주인으로 서기까지 어른들은 조금만 기다려 달라며 어른들의 사용을 유보하고 있다. 낮 시간에는 지역의 자원봉사자와 학교를 연결해서 자유학기제 연계수업, 진로 체험활동, 동아리 등을 진행하는 등 이 공간의 문화를 배우고 자란 청년들에게 조금씩 개방하고 있다. 몽실학교 공간에 좋은 어른들이 많이 머무를 수 있길 바란다.

어른들이 단지 자신들의 활동만을 위한 공간 대여가 아니라 아이들이 이 공간의 주인임을 인정하고 아이들을 지원하며 서로에게 배우고 성장한다는 마음을 가진 이웃으로 머무를 수 있길 바란다. 그래서 이 공간에서 좋은 형, 누나, 언니, 오빠, 동네 아저씨, 아줌마를 많이 만났으면 좋겠다.

올해는 자발적으로 대학을 선택하지 않은 청년을 중심으로 마을대학을 계획하고 있다. 청소년, 청년, 어른들이 자신들의 배움의 욕구를 함께 나누고 서로에게 배워가는 건강한 마을배움터를 꿈꾸고 있다.

이렇게 건강한 공간을 직접 만들어본 청소년이 성장해 마을 곳곳에서 건강한 삶터를 만들고, 이런 공간 간의 수평적 네트워크를 형성해 더욱 다양한 관계를 맺어나갈 것이다.

길

희망이란

본래 있다고도 할 수 없고 없다고도 할 수 없다.

그것은 마치 땅 위의 길과 같은 것이다.

본래 땅 위에는 길이 없었다.

걸어가는 사람이 많아지면 그곳이 곧 길이 되는 것이다.

– 루쉰의 「고향」에서

마을에는 다양한 공간이 존재하고 그 공간과 공간은 길로 연결되어 있다.

아무리 멋지고 훌륭한 공간이라도 동떨어져 아무도 갈 수 없는 공간이라면 그 멋짐과 훌륭함은 곧 시들고 종국엔 아무도 인정하지 않는 쓸모없는 공간이 되어 버릴 것이다. 그래서 공간은 길로 연결되어 있을 때 의미 있는 것이다.

의정부 제일 시장은 우리가 접수한다!

시장 구석구석을 탐방하며 길에서 배우는

〈'시장 지도 그리기' 팀〉

오지승 (2015년. 의여중 3학년)

어떤 지역을 여행하면 반드시 있고, 꼭 한번 방문해야 될 곳이 있다. 어딜 가든 보이는 패스트푸드점이나 편의점이 아니고, 유명한 관광지나 문화재가 아니어도 깊게 들어가보면 그 지역의 숨겨진 매력과 문화, 사람들을 한번에 볼 수 있는 곳. 그곳은 바로 '전통시장'이다. 사람들이 마트에 가서 편하게 물건을 사고 각종 포인트 카드 적립 등을 하는데 익숙해지는 동안, 전통시장의 정겨움과 골목골목 군것질거리, 각종 가게의 흥정 소리, 자동차보다는 자전거와 오토바이가 시장을 돌아다니는 풍경이 어느 샌가 곁에서 멀어지게 되었다. 그래서 오감만족을 느낄 수 있는 시장의 멋과 경제 등을 다시 활성화시키기 위해 꿈이룸학교 학생들이 시장으로 출동하게 되었다. 하지만 그렇게 다짐하고 막상 시장에 가보았을 때, 우리는 어디가 어딘지 모르겠고 넓디넓은 시장에서 '이러다 길 잃어버리면 어쩌지?' 라는 생각이 들 정도로 우리 지역 '제일시장'은 넓었다. 그야말로 오래전부터 다녀본 사람이 아니라면 헤매기 쉬운 구조였기 때문에 우리들은 이 점에서 힌트를 얻어 팀명과 목표를 정할 수 있었다.

이렇게 탄생한 팀이 이름하여 '길에서 배우다 - 시장지도 그리기 팀'이다. 짧게 줄여 시장 팀은 처음 길 팀 여행의 목표였던 공정 여행의 모토를 지키기 위해 그 지역 시장을 직접 이용해보기로 하였다. 의정부 제일시장의 상인들을 찾아가 제일시장에 대한 이야기와 각 상가의 특징을 들어보고, 제일시장 내부 지도에 상가들을 표현할 수 있는 그림을 그리는 미션을 기획했다. '먹은 만큼 집중하고, 집중하는 만큼 보인다'를 모토로 직접 사 먹어보기도 하고 시장을 돌아다니며 사진을 찍고 말씀을 듣고서 기록했다.

이 과정에서 친절한 분도 많았지만, 물건을 직접 구매하지 않았기 때문에 시큰둥하게 대답하는 분들도 계셨다. 아마도 사람들이 마트로 마음을 돌리면서부터 장사를 하시는데 갖은 고통을 겪으셨기 때문이 아닐까 라는 생각이 들기도 했다. 또한 시장 안에 계신 분들은 방문자를 늘리고 상권을 활성화하기 위해서 노래자랑, 경품행사, 장기자랑, 문화센터 등을 개최 및 운영한다고 하셨다. 활동을 통해 우리도 알지 못했던 시장의 맛집, 즐길 거리, 멋 등을 경험할 수 있었고, 단순히 여행과 지도를 만들기 위해서가 아니라 새로운 추억거리가 생겼다는 느낌이 들었다.

이렇게 시장을 탐사하면서 모은 자료들을 통해 우리들은 제일시장 중앙에 위치한 쉼터를 중심으로 방향을 나누어 생선가게 골목을 그린 뒤 북쪽으로 반찬 가게, 만두 가게 등을 그리면서 주변을 하나하나 채워갔다. 지도의 목적을 생각하며 어떻게 그리면 시장에 가서 실용적으로 활용할 수 있고 길을 안 잃어버릴 수 있을까 고민했다. 그리는 내내 활동 목적을 돌아보았고, 특정 가게의 홍보가 될 수 있기 때문에 상호 명을 적기보다는 분식 골목이면 떡볶이를 그리는 등 상가의 특징을 표현하려 애썼다.

옛날 제일시장과 지금의 제일시장에 대한 이야기를 나누며 길잡이 선생님들과 우리들이 세대를 넘어 시장이라는 공통점으로 같은 시간을 공유하고 생각을 나눌 수 있다는 점에 감동하기도 했다. 답사를 하면서 어려운 점도 있었고 즐거운 점도 있었지만 결국 지도를 완성했고, 표지나 다른 작업도 잘 진행 중이다. 시장은 조사한 것 외에도 숨겨진 보물이 많이 있는 곳이라고 생각하는 만큼 시장 지도가 다른 사람들의 시장 방문에 도움이 되었으면 하는 생각이다. 만약 이 글을 읽는 사람 중에 네모난 건물의 틀 안에서 카트를 끌고 물건을 집어넣고 카드를 긁는 매일 같은 장보기에 답답함을 느끼는 이가 있다면, 전통시장 방문을 적극적으로 추천하고 싶다. 시장은 단순히 장만 보는 곳이 아니라 어릴 적 엄마 손을 잡고 장보던 느낌이나 잊고 지낸 따뜻함을 발견할 수 있는 곳이기 때문이다. 아, 온누리 상품권도 챙겨 가면 좋다는 건 깨알 팁!

재래시장 지도 만들기

2015년 프로젝트 중 하나였던 '길에서 배우다(시장지도 그리기 팀)'의 활동내용을 기자단인 친구가 직접 참여하고 쓴 글이다. 이 아이들이 길에서 배우기 위해 맨 처음 찾은 공간은 아이들에겐 그다지 익숙하지 않을 수도 있는 재래시장, 의정부 제일시장이었다. 이 활동을 시작하면서 아이들은 재래시장을 조사하고, 장단점을 살펴보며 직접 사람들을 만나면서 들어보기도 하고 불편한 점을 고쳐보는 노력으로 지도를 그려서 많은 사람에게 배포하기로 결정했다.

그 과정에서 시장 상인들과 인터뷰할 내용을 정리하고, 인터뷰 방법을 배우고, 직접 발로 뛰며 조사하고, 지도를 그리고, 리플렛 만들기까지 진행하였다. 제일시장의 곳곳을 찾아다니며 했던 이 활동으로 아이들은 그저 우리 지역에 있는 그저 그런 시장으로 남아있을 수도 있는 공간을 자신들에게 의미 있는 공간으로 만들었을 뿐 아니라, 다른 이의 필요를 듣고 도움 줄 수 있는 방법을 모색해 실천하기도 하였다. 아이들은 길에서 배우고, 길을 만들고, 그 길을 나누면서 '배움'을, '사람'을 연결시켰다. 아이들은 이렇게 길을 통해 관계를 만들어나갔다.

3년 동안 몽실학교처럼 청소년이 스스로 만들어가는 배움의 공간을 열고자 하는 이가 몽실학교를 방문해 몽실학교가 걸어온 과정을 듣고 돌아갔다. 하지만 단언컨대 누구도 몽실학교와 똑같은 길을 걸을 수 없고, 똑같은 길을 추구해서도 안 된다. 저마다 그 지역과 학교를 이루고 있는 공간이 다르고 처한 상황이 다르며 구성원인 사람이 다른데 어찌 똑같은 길이 만들어 질 수 있겠는가. 함께할 사람들과 방향과 생각을 공유하고 조율하는 과정 없이 틀부터 만들고 매뉴얼적으로 접근하면 실패하기 쉽다. 형식과 시스템에 얽매이는 까닭은 불안하거나, 시간에서 자유롭지 못하거나, 스스로 생각과 확신이 부족하다는 것을 드러내기 때문이다. 부여잡고 가다보면 길이 되고 그 길이 아니면 돌아가면 된다. 마음만 급해서 시스템과 매뉴얼에 집착하는 순간 우리가 만든 것이 아니게 되고, 이내 스스로 굴러갈 힘을 잃게 된다.

　몽실학교는 지금도 길을 만들고 있다. 처음에는 단순히 청소년을 위한 공간을 만들자는 이유로 출발한 일이 예산을 따고 사람을 모으고 더 많은 아이들이 이 공간을 누릴 수 있게 안정적인 체계를 갖추어야 했다. 처음 시작하면서는 누구도 예상하지 못한 길을 만들어왔다. 그리고 앞으로도 어떤 길이 펼쳐질지 아무도 모른다. 그 길의 목적이 무엇인지 명확하고 함께 가는 사람들과 같이 가야 할 목표를 공유한다면 이 길이 맞네 저쪽으로 가야 하네 하면서 싸우는 시간이 줄어들 것이다. 그리고 서로 지키기로 한 약속들을 공유해야 할 철학으로 만들고 그것이 공동체의 문화로 자리를 잡는다면 훨씬 즐겁게 갈 수 있을 것이다.

　걸어가야 할 길을 무엇으로 채울 것인가는 결국 교육과정이라 할 수 있다. 몽실학교는 이 교육과정을 청소년들과 함께 만들고 있다. 왜냐하면 그들이 걸을 길이기 때문이다. 어른들이 닦아놓은 길을 가고 '이쪽이 맞다', '이 길로 가야한다'고 하는 것이 아니라 스스로 길을 만들어갈 수 있도록 어른들은 기다리는 사람, 같이 토론하고 협력하는 사람이 되어야 한다.

　아이들은 몽실학교에서 서로 다른 사람을 만나게 된다. 나이도, 성격도, 성별도 다르지만 함께 모여 프로젝트를 진행한다. 현상을 관찰하고, 해결해야 할 문제를 파악하고, 그 문제를 해결할 방안을 제시한다. 함께 활동하지만 각자가 배우는 과정과 단계가 다르고 이질적인 구성원끼리 서로 상호작용하며 배움을 추구하고 있다. 학교에서는 왜 이런 의욕이 안 생기는 것이냐고 묻는 질문에 "학교에선 내가 틀릴까 봐 두려워요. 그리고 여기선 경쟁하지 않아도 되잖아요."라고 답했던 친구의 말처럼 몽실학교에서는 실패해도 괜찮고 정답이 없기 때문에 아이들은 무엇이든지 던져보고 시도할 수 있다. 아마 정답이 있고 가야 할 길이 정해진 순간, 아이들은 도전정신을 상실하는 것 같다. 어른도 마찬가지이다. 투자한 만큼 성과를 보여야 하고 그 기준이 일방적으로 정해진 성과가 되는 순간, 지금과 같은 마을어른들의 자발적인 노력은 사라지게 될 것이다.

한 번도 가지 않은 길을 가려면 용기가 필요하다. 해보기 전에는 아무것도 알 수 없다. 무지를 드러내고 서툴지만 도전하는 용기가 필요하고, 도전을 해봐야 자기가 원하던 것인지 아닌지를 알 수 있다. 물론, 스스로 해보는 경험이 부족한 아이들이기에 실수도 많고 부족한 결과를 내기 마련이다. 게다가 어른들이 불신한다고 느끼거나 자신을 존중한다는 신뢰가 없을 때, 말을 하지 않고 회피하거나 자신의 존엄과 이해를 지키는 방어적인 방식이 무조건적인 '권리주장'으로 나타나기도 한다. 그래서 어른들은 이 아이들이 자유로이 목소리를 낼 수 있도록 안전한 공간과 함께 무엇을 하든 존중하는 분위기를 만들어주어야 한다. 이러한 경험들이 앞으로 어떤 일이 벌어질지 알 수 없는 미래를 살아갈 청소년들에게 내면의 힘을 길러주고 자기 앞길을 만들어나갈 용기를 길러줄 것이다.

길은 대체로 세 가지로 분류할 수 있다. 그 첫 번째가 교통수단으로서의 길이고, 두 번째가 방도를 나타내는 길, 그리고 세 번째가 행위 규범으로서의 길이다. 길을 가기 위해서 직접 길을 닦아야 할 때도 있고 그 길로 가는 다양한 방법을 고민하기도 한다. 그리고 함께 만든 철학과 목표를 따라 그 방법을 결정할 때 서로가 원하는 방향으로 갈 수 있게 된다. 때론 걷고 싶은 길을 가기도 하고 가기 힘들어 돌아가고 싶은 길을 만나기도 한다. 길은 여러 형태로 우리 곁에 존재하고 새로 만들어지기도 하며 사라지기도 한다. 바다 위도 뱃길이 있고 하늘에도 비행기가 다니는 길이 있다. 요즘은 무선통신의 발달로 사람과 사람을 연결하고 공간과 공간을 연결하는 길도 수없이 만들어지고 있다.

잘 모르는 길일수록, 자신 없는 걸음일수록 옆 사람에게 물어보고 다른 이의 조언에 귀 기울이게 된다. 잘 닦여 있진 않지만 그 길을 걸으며 길에서 만나는 사람과 함께 걷고 있는 이를 돌아볼 수 있는 마음만 가지고 있다면 그 길이 어렵지만은 않을 것이다. 혼란과 방황, 그리고 쉼은 조직의 성장에 필수적인 요소이다. 가다가 길이 보이지 않는다면 잠시 멈추어 생각하는 시간도 반드시 필요하다. 지금까지 사회가 뒤돌아보거나 옆을 보는 것을 허락하지 않고 달려왔다면, 이제는 가던 길을 잠시 멈추고 지난 길을 되돌아볼 필요가 있다. 그래야 우리가 가는 길이 틀리지 않았는지 확인할 수 있다.

사람

길은 사람이 걸을 때 만들어진다.

꿈이룸학교 첫 프로젝트의 시작은 '마을에는 다양한 공간이 있고,

그 공간은 길로 이어져 있으며, 우리는 이제 그 길을 사람으로 이어가 겠다'는 목표로 마을 프로젝트를 시작했다.

처음 시작은 혁신학교를 경험한 교사들과 대안학교로 아이를 키워 온 학부모들의 고민과 요구가 만나 이루어졌다. 이 방향에 동의한 장학사의 활동과 함께 교육청의 결단 및 헌신적 지원이 더해져 가속도 를 내고 체계를 갖추기 시작했다. 3년이 지난 지금은 몽실학교의 학생 주도 프로젝트 활동을 지원하기 위해 마을주민, 교사 50여 명이 길잡 이교사로 자리하고 이 길에서 자란 청소년들이 청년으로 자라 이 길을 이어가고 있다.

꿈이룸학교(몽실학교)는 길잡이교사들의 헌신으로 이루어진 학교라 고 해도 과언이 아니다. 서로 나이도, 직업도, 생활환경도 다르지만 3 년 동안 평일, 주말을 반납하면서 경기 북부에 청소년을 위한 공간, 청 소년이 주인이 되는 공간을 만들기 위해 아이들과 함께해준 길잡이교 사들이 없었다면 지금의 몽실학교도 존재할 수 없었을 것이다. 무엇보 다 이 공간에서 청소년기를 보내며 희망을 맛보고, 이제는 자라서 조 금이라도 그 길을 이어가는 데 보탬이 되고자 시간을 내어주는 청년이 많아졌다는 것은 몽실학교의 자랑이자 미래다.

서로 다른 길을 걸어왔던 구성원들이 힘을 합쳐 무엇인가 일을 한다 는 것은 쉬운 일이 아니었다. 교사와 학부모, 지역주민까지 서로의 경 험과 생각, 표현방식도 달랐다. 거기다가 민과 관의 협력은 한번도 경 험하지 못한 도전이었다.

대부분 우리 사회는 자금을 집행하는 곳이 갑이란 생각이 있어 국민 의 세금으로 쓰이는 모든 사업도 집행기관이 대부분 큰소리치기 마련이다. 그래서 대부분 민관의 협치가 왜곡되기 쉽다. 사업의 성과는 예산이나 정책의 힘도 중요하지만 그 일을 집행하는 실무자들의 힘이 더 큰 경우도 적지 않은데, 서로의 수고를 인정하지 않으려 할 때가 많다. 나와 같으면 옳고 다르면 틀린 것이라고 생각하기 쉬운 습관을 탈피하려는 노력과 용기가 필요하다. 일을 함께해본 경험도, 함께해 성공한 경험도 많지 않다. 그래서 좀 더 세심하게 서로를 배려하고 인정하는 관계가 중요하다.

관계는 그냥 만들어지지 않는다. 관계를 만들기 위한 시스템이 필요하다. 필연적으로 생길 수밖에 없는 갈등을 터놓고 이야기하고 소통할 수 있는 장을 만들고, 유지하는 것이 중요하다. 그리고 그런 갈등을 풀어놓고 공유하는 장이 쌓여 조직을 유지하는 선순환 구조를 만들어야 한다. 몽실학교에서는 다행히 여러 주체가 모여 다양한 창발성을 만들어내고 있다. 이렇게 만들어낸 시너지는 전체를 부분의 총합 이상의 것으로 도약시킨다.

몽실학교는 관계를 만들기 위한 시스템으로 거버넌스를 고민하고 있다.

'한 아이를 기르려면 온 마을이 필요하다'는 말에 동의하고 행정과 교육이 만나 넘나들고 협력하는 배움과 돌봄이 유지되려면 민·관·학의 거버넌스(governance)가 절대적으로 필요하다.

거버넌스란 협치(協治)란 말로 번역되기도 하는데 정치학에서는 넓은 의미에서의 거버넌스를 '자율적이고 독립적인 행위자들 간의 외부 권위나 내부적인 자기조절/자기통제 메커니즘에 의한 조정과 관리'로 정의하고, 좁은 의미에서의 거버넌스는 국가 내에서 결정을 내리고 집행할 수 있는 제도화된 권력으로 정의되는 정부와 구분하는 의미에서, '공공영역과 민간영역 행위자 사이의 네트워크 방식의 수평적인 협력 구조'로 정의한다. 그리고 다음과 같은 속성들을 포함하는 것으로 간주된다.

- 최종 판단을 내리는 결정권자가 없는 집합적 행동
- 국가를 벗어나서 이루어지는 정책 입안
- 공적 행위자와 민간 행위자 간의 협력
- 민간의 협조적인 자기조절

거버넌스는 민·관 파트너십(Public-Private Partnership)으로서 공공과 민간간의 권력배분, 공공과 민간이 함께 일하면서 생기는 시너지 효과, 그리고 공공정책 과정을 시민 사회에 개방하고 시민사회에 대한 권한부여(Empowerment)를 통한 새로운 정부·시민사회의 관계형성이다.

Governance - 거버넌스(「지형 공간정보체계 용어사전」, 구미서관, 2016)

 거버넌스는 조직의 모든 사람이 참여해 함께 일하는 방식으로, 스스로 결정하고 운영하며 진화하는 자율경영조직의 의사결정 과정이라고도 이야기한다. 우리는 조직의 유지를 위해 항상 강력한 지도자를 꿈꾼다. 그리고 성공한 대부분의 조직에 있어서 리더의 역할이 중요하다고 생각한다. 하지만 강력한 리더에 의해 운영된 조직은 리더가 사라지면 다시 원래의 상태로 회귀한다.

개인에게 의존하는 것이 아니라 공동체의 지속적인 힘을 유지해 나가려면 무엇이 필요할까? 공동체의 명확한 비전과 가치를 공유하고, 구성원은 자유와 권한을 부여받은 각자의 역할을 맡으며, 그것을 유지해나갈 규범과 약속을 정할 때 그 조직은 문화라는 이름으로 자체적인 정체성을 가질 수 있다. 서로 다른 사람이 모여 있고, 아이들도 드나듦이 자연스러운 구조를 가진 학교 밖 배움터에서 몽실학교의 문화를 유지하기 위해서는 서로가 지켜야 할 약속들을 공유하는 과정을 선행해야 하고, 헌장처럼 이 약속 또한 이 공간 안에 스며들도록 해야 할 것이다.

몽실학교는 열려있는 공간이다. 특정의 사람들만을 위한 공간이 아니다. 지역의 청소년은 물론, 지역주민이 학생과 만나고 일상적으로 호흡하며 진정 아이들을 함께 기르는 장소이다. 이러한 플랫폼을 마을 곳곳에 만드는 일에도 힘을 쏟아야 할 것이다. 그리고 이곳에서 자신이 하고 싶은 것을 발견하고 더불어 사는 법을 배운 청소년들이 마을에서 자신들의 삶을 키워내고 자리 잡을 수 있도록 어른들이 지원해주어야만 한다.

의정부에서도 건강한 고민을 하는 어른들의 모임이 늘어나고 있다. 마을카페, 마을식당, 마을극단, 다양한 마을 기업이 함께 관계 맺고 연대하며 청소년들이 건강하게 성장하는 것을 지켜보는 중이다.

'몽실(夢實)'로 결실 맺다

빈 청사에서 결실 맺은 청소년 자치 배움터

2014년에 비몽사몽 토론회부터 시작된 꿈이룸배움터는 2015년 초에 경기도교육청 구 북부청사에서 활동을 시작했다. 경기도교육청 구 북부청사는 교육청 이전 후 의정부교육지원청에서 일시적으로 관리하며 가끔 필요한 곳에 대관해주고 있었다. 하지만 구체적인 활용방안은 정하지 못한 채 비워져 있었다.

구 청사 대관이 가능하다는 정보를 접하고, 꿈이룸배움터가 이곳을 겨울방학 동안 대관해 활동하기 시작하면서 구 청사는 청소년의 공간이 되기 시작했다. 어차피 리모델링될 거란 이야기도 있던지라, 내버려두다시피 하여 청소년들이 보다 자율적으로 활동할 수 있었다.

청소년을 위해 지역의 많은 어른이 힘을 합쳐 노력하는 모습에 의정부교육지원청에서도 힘을 보태기 시작했다. 2015년 3월, 함께할 학생을 360명이나 모으자 탄탄한 지지 기반이 형성되었다. 그러던 중에 경기도교육청 마을교육공동체 기획단이 발족되고, 꿈의학교 공모 사업 정책이 나와 지원함으로써 본격적인 활동이 시작되었다.

경기도교육청 구 북부청사는 신 청사로 이전하면서 책걸상 하나 남아 있지 않았다. 하지만 공간의 힘은 그 자체만으로도 충분히 강했다. 청소년은 공간을 자기 것으로 만들기 시작했다. 자기들이 책걸상을 만들고 벽화를 칠하면서 청소년을 위한 공간화가 진행되었다. 그렇게 생활하면서 하나씩 늘어난 살림 덕에 제법 그럴듯하게 청소년 자치 배움터로 가꾸어나갈 수도 있게 되었다. 이 공간에 수백 명의 청소년이 자발적으로 모이고, 청소년의 자발성을 살릴 수 있는 교육 모델을 만들고 있다는 소문이 경기도교육청을 움직였고, 리모델링하게 되면서 몽실학교가 탄생하게 된 것이다.

이런 드라마틱한 과정은 우리나라 교육사 어디에서도 찾아보기 어렵다. 애당초 경기도교육청 구 북부청사는 평생교육시설로 바뀔 예정이었다고 한다. 그런데 이재정 경기도교육감이 이 공간 하나쯤은 아이들의 공간이 되었으면 좋겠다는 바람을 표하며 그 목적이 변경되었다. 우연의 일치라고 하기에는 너무도 절묘하게 청소년 자치 배움터가 탄생한 것이다.

몽실학교로 리모델링하는 과정에도 청소년의 의사가 적극적으로 반영되었다. 공간의 구성을 모두 청소년에게 의견을 받아 설계했고, 그 설계도면까지 청소년에게 설명하고 의견을 나누며 진행되었다. 몽실학교 내부 각 공간의 위치, 이름, 내부 시설 모두 청소년의 요구에 맞춰 만들었다.

'몽실학교'라는 이름도 결국 청소년들 속에서 나왔다. 몽실(夢實)은 꿈이룸을 한자로 바꾼 것이다. 청소년들이 제시한 30여 가지의 이름 중에서 청소년위원회에서 다섯 가지를 추리고, 그 중에서 다시 선택한 것이 '몽실학교'였다. 다만 한자 이름이었기에 다소 호불호가 갈리기도 했지만, 전혀 상관없는 권정생 선생님의 『몽실 언니』(권정생 외 저, 창비, 2012) 덕에 많은 분들에게 쉽게 각인이 될 수 있었다.

무엇보다 몽실학교 이름 앞에 붙는 '청소년 자치 배움터'를 더 중요하게 생각했다. 청소년이 스스로 만들어가는 배움터를 구현해나가자는 의지가 반영된 것이다. 그 어디에도 없던, 단순히 이용객이 아닌 배움터의 주인으로서 청소년이 자리매김하자는 의미를 살리기 위해 노력했다.

요즘은 수식어가 조금 더 붙었다. '지역사회 협력 미래형 청소년 자치 배움터 몽실학교' 다소 길지만 하나하나 의미를 놓치고 싶지 않았기에 몽실학교를 소개하는 수식어로 항상 사용하고 있다. 이제 '지역사회 협력 미래형 청소년 자치 배움터 몽실학교'를 하나씩 들여다보자.

스스로 기획하고 책임지는 청소년 자치 배움터

수백 명의 초중고 청소년이 주중 야간과 주말에 소속 학교와 무관히 모여서 함께 기획한 다양한 프로젝트를 운영하고, 꿈을 향해 한걸음 한걸음씩 나아가며 성장하고 있는 배움터가 몽실학교다.

이 몽실학교를 보기 위해 학교, 교육청, 청소년 관련 단체, 마을 활동가 등 한 해 2,000명이 넘는 사람들이 찾아오고 있다. 과연 몽실학교는 기존의 학교 교육이나 청소년 관련 시설과 어떤 점이 다르길래 이렇게 많은 사람들이 찾아올까? 또 청소년의 성장 스토리가 어떻게 차별화되기에 다들 주목하고 감동할까?

여기 몽실학교에서 성장하고 있는 청소년들은 모든 청소년이 자기들처럼 행복한 청소년기를 보낼 수 있기를 바라고, 그래서 전국 곳곳에 몽실학교가 세워지길 바란다고 방문객들에게 되풀이해서 이야기한다. 그렇다면 몽실학교의 어떤 면이 청소년기에 누릴 수 있는 행복이라 생각하길래 몽실학교의 전파를 주장하는 것일까.

몽실학교에서 성장하고 있는 청소년의 이야기가 어떻게 만들어지고, 어떻게 이어져 가는지를 살펴보면서 몽실학교만의 비법을 살펴보겠다.

우리가 하고 싶은 것으로 세상을 이롭게 하자

몽실학교 리플렛 첫 면을 살펴보면 몽실학교를 표현하는 여러 가지 표현이 제시되어 있는데, 최상단에 가장 의미 있는 표현이 제시되어 있다.

"우리가 하고 싶은 것으로 세상을 이롭게 하자"

우리 교육이념인 '홍익인간'의 교육철학이 재미있게 결합되어 있는 이 문장은 몽실학교에서 진행하는 학생주도 교육활동이 교육의 본질적인 목적을 추구하게끔 돕는다.

이는 내가 아닌 우리가, 시켜서 하는 것이 아니라 하고 싶은 것으로, 나만을 위한 경험이 아니라 세상을 이롭게 바꾸는 실천을 하자는 의미이다.

이 짧은 문장이 과연 청소년의 마음과 행동에 과연 어느 정도나 영향을 미칠 수 있을까 하고 의문이 드는 사람도 많을 것이다. 문장 하나로 몽실학교에 참여하는 청소년의 마음을 얼마나 움직일 수 있겠냐고 이야기하기도 한다.

하지만 의구심을 가지는 많은 이의 생각과 달리 이 문장은 그동안 몽실학교에서 학생이 주도적으로 기획하고 운영한 100개가 넘는 프로젝트에 강하게 영향을 미쳤고, 또 미치고 있다.

자기들이 함께 잘할 수 있고, 하고 싶은 욕구를 바탕으로 만들어진 학생주도 프로젝트는 다양한 공동체에 기여하는 방식으로 과정과 결과물을 만들어내고 있다.

실제로 다양한 프로젝트 활동에서 이 문장이 작용되고 있음을 확인할 수 있다. 2015년에 진행되었던 길 팀의 '의정부 시장 지도 그리기' 프로젝트가 그 대표적 사례다. 2015년에 공간, 길, 사람, 기자단, 행복동네 다섯 팀 중의 길 팀은 여행을 좋아하는 청소년들이 여행을 주제로 마을의 다양한 곳을 둘러보고, 그것을 나누는 여러 가지 프로젝트를 제안하였다. 그중 하나가 의정부 제일시장 여행이었다.

의정부 명물 장소 중의 하나인 제일시장은 전국에서 세 번째로 큰 규모의 시장이다. 의정부 출신의 아이라면 어릴 때부터 한 번씩은 가보지만 갈 때마다 제대로 둘러보기 힘들 정도의 크기 때문에 길을 제대로 찾기도 어렵다고 한다. 그래서 의정부 제일 시장을 둘러보고, 자

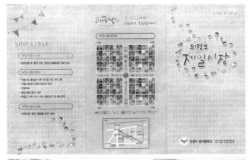

의정부 제일시장 팸플렛 앞면

의정부 제일시장 팸플렛 뒷면

기들의 활동 내용을 나누기 위한 방법을 찾다가 자기들처럼 길을 잃어버리지 않게 하고자 누구나 쉽게 길을 찾을 수 있게 돕는 지도를 만들게 된 것이다.

길 팀은 원하는 대로 마을의 다양한 곳을 돌아볼 기회를 가졌다. 그리고 이 기회를 경험에 그치지 않고 다른 사람들과 함께 나누며 도움 줄 수 있는 방법을 찾아낸 것이다. 청소년이 기획한 축제인 '온마을 잔치'에서 참여자들에게 이 지도를 나누어주었고, 큰 찬사를 받았다. 이 프로젝트에 참가했던 청소년들은 자신들의 기여한 프로젝트 결과물에 큰 보람을 느꼈다.

청소년의 상상력은 시간이 지남에 따라 더 풍부해졌다. 그 상상력은

"우리가 하고 싶은 것으로 세상을 이롭게 하자"는 프로젝트 가이드와 융화되어 마치 물 만난 물고기처럼 거침없이 하고 싶은 거리를 만들어 냈다. 그 중에도 특히 립덥 팀의 프로젝트가 눈에 띄었다. '립덥'은 립 싱크와 더빙을 합쳐서 만든 말이다. 참가자가 노래를 립싱크처럼 부르고, 영상을 촬영한 뒤, 나중에 오디오 부분은 원곡을 덮어씌어서 만드는 동영상을 뜻한다. 일종의 간단한 뮤직 비디오라고도 할 수 있는데, 대개 카메라가 참가자를 따라 지속적으로 이동하며 편집 없이 한 번에 찍는 형태로 구성되는 경우가 많다고 한다.

이 팀이 의정부를 알리는 홍보 립덥을 찍겠다고 했다. 취지가 참 기특했다. 의정부는 사람들에게 군사도시의 이미지가 뿌리 깊게 각인되어 있다. 전국의 모든 분들께 '의정부하면 생각나는 것이 무엇이냐'고 물어보면 전부 미군부대, 부대찌개를 이야기한다. 의정부에서 태어난 청소년도 마찬가지다. 의정부의 자랑거리는 떠올리지 못하고 미군부대와 부대찌개만 이야기한다.

청소년은 이러한 의정부의 이미지를 바꾸고 싶어 했다. 자기가 태어나고 자라난 의정부를 자랑스럽게 소개하고 싶어 했다. 이러한 생각이 드는데 "우리가 하고 싶은 것으로 세상을 이롭게 하자"라는 프로젝트의 공익 추구 가이드가 큰 역할을 했다고 할 수 있다. 청소년에게 마을을 아끼는 마음이 내면화되었다는 증거이기도 했다.

이런 좋은 취지로 시작한 립덥 프로젝트는 처음엔 고등학생 5~60명이 모였을 정도로 거창했지만, 워낙 거대한 작업이다 보니 협업이 쉽지 않았다. 그래서 프로젝트 팀이 와해될 지경까지 갔다가 근근이 팀을 다독여 근 6개월이란 시간이 지난 뒤에야 완성할 수 있었다.

립덥 영상에 담겨 있는 노래 가사는 다음과 같다.

UIJEONGBU
You know what I'm say? 의 정 부
UIJEONGBU
You know what I'm say? 의 정 부
다 놀러와라 놀러와라 너도와라
콜해 불러봐라 불러봐라 불러봐봐
친구데려와라 데려와라 모두봐봐
지금 feeling so good we represent 의정부

내 나이 19 난 의정부 토박이
어릴 적 봤던 동네가 아냐 전부 바뀌었지
My friend my family 전부 일리 있는 선택
경전철을 타자고 빨리

이 바닥은 다 낡은 것들 전부 뜯고
의정부 클라스 전부 다 발전하고 있고
내가 말 안 해도 알지 내가 살고 있는 도시
얼마나 멋있는 곳인지

I'm a represent 의정부 can you? 넌 못하지 나처럼 my style
my vibe
모든 래퍼들의 기를 눌러버렸어
우와한 숙녀분들 다들 일로 오세요

우리 엄마아빠의 자랑거리가 또 하나 생겼어 중요한 건 내 가족은 뭘
해도 내 가장 큰
자랑거리란 걸

난 래퍼 답게 보여주지 show&prove

힙합이라 가사를 보지 않고서는 제대로 알 수 없을 정도로 빠르게 진행된다. 가사를 살펴보면 의정부를 소개하고 자랑스러워하는 내용으로 가득 차있다. 프로젝트의 결과물에 마을을 아끼는 마음이 자연스레 녹아 있는 것이다.

립덥 영상

이러한 공공성, 공익성이 가능한 이유가 바로 "우리가 하고 싶은 것으로 세상을 이롭게 하자"라는 슬로건 덕분이다. 몽실학교의 철학이 담긴 이 슬로건이야말로 흥미 위주로 활동하는 학교 동아리와 결정적으로 차별화되는 지점이다. 또한 알게 모르게 청소년의 언행을 건강하게 유도하는 역할도 한다.

이러한 학생주도 교육을 하는데 필요한 것은 교육학 이론이 아니었다. 청소년의 마음을 움직일 수 있는 고민이 필요했다. 어른들은 계속 관행대로, 관습대로 해야만 하는 교육을 강요해왔기에 청소년들이 받아들이기를 거부하는 것이었다.

아이들의 욕구를 억압만 하는 사회에서 아이들의 선택지는 순응 혹은 거부밖에 없다. 아이들의 욕구를 존중하며 성장할 수 있는 교육 환경을 고민할 수 없는 사회적 구조 또한 큰 문제이기도 했다.

하지만 이런 인식과 문제를 바꾸는데 인력도, 돈도 그리 필요하지 않았다. 아이들의 마음을 헤아리고 그걸 바탕으로 스스로 길을 찾아가게만 해도 충분했다. 아이들은 스스로 길을 찾고, 나아갔다.

그러니, 이 문장 하나면 충분했다.

"우리가 하고 싶은 것으로 세상을 이롭게 하자."

알자, 바꾸자, 만들자

앞서 "우리가 하고 싶은 것으로 세상을 이롭게 하자"는 문장 하나가 공공성과 공익성을 추구하는 몽실학교로 이끌었다고 이야기했다. 만일 슬로건이 '우리가 하고 싶은 것을 하자'는 데 그쳤다면 몽실학교의 활동 내용이 공공적이고 공익적인 공동체를 지향하게 이끌지 못했을 것이다.

학교마다 수많은 학생 동아리가 조직되어 있고, 활동도 한다. 하지만 자기의 관심사 중심으로만 활동할 뿐, 여타의 공동체와 교류하거나 더 넓은 공동체를 지향하지는 않는다. 이 말은 동아리의 활동성이 보장되는지가 관심사일 뿐이기에, 동아리 활동이 근본적으로 교육의 본질과는 거리가 있다는 의미가 숨어 있다.

공동체를 지향하고 교육철학을 담은 문장은 아이들이 공동체적인 삶의 방향을 정하는 이정표가 되어주고 있다. 몽실학교에서는 여기에 하나를 더하여 좀 더 견고한 방향을 설정하고 싶었다. 그것이 바로 마을 프로젝트이다.

마을의 의미를 되묻다, 마을 프로젝트

몽실학교에서 3월에 시작하는 마을 프로젝트는 청소년의 삶과 공동체로서의 마을을 연결하는 프로젝트이다. 이때 마을 프로젝트의 마을은 행정구역상의 마을을 뜻하지 않는다. 처음에는 삶과 맞닿고 있는 마을에서 하고 싶은 것을 펼치며, 마을의 지원을 받자는 의미였다. 이 당시 마을의 의미란 거리가 가까운 행정구역의 의미가 강했다.

2016 마을 프로젝트

하지만 프로젝트가 진행되면서 점차 행정구역으로서 마을의 의미는 옅어졌다. 청소년의 욕구와 활동은 거리와 공간에 제약받지 않았기 때문이었다. 보다 크고 넓게 생각했다.

일 년 뒤, 우리 나름으로 마을의 개념을 정의하기 위한 이야기를 나눴다. 마을을 이대로 근거리로서의 개념으로 둘 것인가, 아니면 확장하여 좀 더 프로젝트의 범위를 넓힐 것인가를 놓고 토론하였다. 토론 끝에 마을은 공동체라는 소속감을 느낄 수 있는 단위이며 거리에 제약받지 않는다고 정의했다. 두 사람이 모여도 마을이고, 팀이 모여도 마을이고, 우리나라도 마을이고, 세계도 마을로 보자고 했다. 그렇게 결론을 내렸더니 '베트남 프렌즈' 같은 프로젝트가 기획되었다.

세계도 마을이다 – 베트남 프렌즈

'베트남 프렌즈'는 베트남전에서 우리나라 군인이 무고한 베트남 민간인을 학대한 사실을 조명하고, 제대로 반성하자는 프로젝트였다. 우리가 일본의 위안부 만행을 사죄하라고 요구한다면, 우리도 베트남에 분명히 사과해야 하는 게 맞다는 생각이었다. 아이들이 역사를 바르게 인식하고 실천으로 옮기는 프로젝트를 기획한 것이다.

이때, '베프'가 과연 마을 프로젝트의 성격에 어울리는 것인가 하는 논란도 있었는데, 상술한 것처럼 마을의 개념을 공동체 단위로 정의해 슬기롭게 받아들여 잘 진행할 수 있었다. 청소년들은 베트남전에 대한 역사적 사실을 알리고, 베트남을 방문해 그 흔적을 눈으로 확인하며, 다양한 모금 활동으로 당시의 피해자들을 돕고자 하였다. 이 팀은 이미 의정부에서 혁신교육지구 사업으로 몇 년 전부터 조직되어 베트남 기행을 다녀오기도 했다. 그 덕에 베트남전에 대한 역사적 인식을 분명히 하고 있는 청소년들이 활동하고 있다. 그리고 매년 새로운 청소년들을 모집하고 있다.

이 프로젝트와 함께 공동체에 대한 인식이 확 넓어졌다. 자신과 자신을 둘러싼 공동체에 대한 의식이 싹트면서 다양한 마을 프로젝트가 생겨났다. 이렇게 마을의 대한 정의가 확장되면서 청소년이 어떻게 마을과 만날 것인가에 대한 고민도 시작되었다. 어떻게 청소년의 욕구와 마을이 접목될 수 있을지를 고민하였다.

마을 프로젝트의 발전 과정

청소년은 2015년에 지금의 몽실학교인 경기도교육청 구 북부청사 건물을 중심으로 펼쳤던 마을 프로젝트 활동에 이어 2016년에는 자기의 흥미, 특기와 연관된 여러 마을 프로젝트를 기획하였다.

2016년 마을 프로젝트는 다음 표로 정리된다. 3월 미니 프로젝트 학교에서 청소년이 기획한 23개의 마을 프로젝트를 구분해보니, 크게 세 가지 주제로 나뉘었다.

'마을에서 배우다'는 마을, 다양한 교육인적 자원, 그리고 공간에서 배움을 얻는 프로젝트들로 구성되어 있다. 마을로 확장된 배움은 학교

마을에서 배우다	마을에서 놀다	마을을 만들다
UFO 셰프 딜레마지션 또래상담 보배 위아래 세상 만나기 공동체 여행	히스토리 트래블 공연기획 놀 · 뛰 · 웃 마스코트 2기 빨간극장 공방살리기 립덥 Camblar	베트남 프렌즈 P.P We ♥ 의정부 당신의 전단지 평화 만들기 누리나눔 작업장 학교 꿈이룸공동체

2016 마을 프로젝트 목록

가 가졌던 교육 인프라의 한계를 뛰어 넘는 효과를 가져다주었다. 다양한 배움을 추구하며 삶과 연결된 배움을 얻을 수 있었다. 배움의 공간을 학교로 한정짓지 말아야 하는 또 하나의 이유이기도 했다.

'또래상담' 프로젝트는 또래 상담을 공부하고 적용해보면서 상담 방법을 깊이 있게 배우는 프로젝트이다. 지역에 있는 전문 상담사가 길잡이교사로 참여하여 상담의 원리나 기법을 전해주기도 하고, 친구들을 위한 상담활동을 전개하기도 하였다. 셰프 팀은 다양한 요리를 배우고 함께 나누는 프로젝트로, 평소에는 요리를 잘 하는 길잡이교사에게 요리를 배우지만, 지역에서 영업 중인 전문 요리사를 초청하여 배우기도 하였다.

'마을에서 놀다'는 다양한 문화 활동과 예술, 체육 활동 욕구를 발산하는 프로젝트들로 구성되었다. 다양한 분야에 흥미와 재능을 가진 여러 청소년을 학력이라는 하나의 잣대로만 평가한다는 것은 불가능하다. 이런 여러 프로젝트를 통해 다양한 욕구와 아이디어가 청소년들의 마음 속에 숨어있음을 피부로 느낄 수 있었다.

2016년에는 기획된 프로젝트를 보고서 분류했다면, 2017년에는 아예 주제를 제시해 프로젝트를 모았다. 그 주제는 '알 · 바 · 만'으로 '마을을 알자, 바꾸자, 만들자'였다.

이 마을 프로젝트 주제는 청소년이 기획하였다. 2015, 2016년 마을 프로젝트 주제는 길잡이교사들이 제시했다. 이후엔 점차 주도권을 청소년에게 넘기면서 학생운영위원회에서 2017년 주제를 스스로 기획하였고, 3월 미니 프로젝트 학교 시작에 맞추어 이 주제를 홍보하는 영상을 만들어 제시하여 프로젝트 기획을 유도하였다. 다음은 2017 마을 프로젝트 현황이다.

꿈이룸학교 홍보영상

마을 프로젝트는 해마다 진행되면서 학교의 동아리와 차별화되고 있다. 동아리는 개별 또는 집단의 공통 관심을 충족하는 정도로 그치는 경우가 대부분이라면, 마을 프로젝트는 사회의 공익을 추구하도록 설계되어 있다 보니 공동체 의식을 강하게 경험하고 형성해나갈 수 있

마을을 알자	마을을 바꾸자	마을을 만들자
병아리 말고 메추리 위아래 3기 프로그래밍 L 민들레 길을 따라서	소인국 만들기 자급자족 어둠이 지고 꽃이 피었습니다 따뜻한 복지를 위하여 몽실바이크	공공연생 Illusionist nameless Making clothes 몽실식당 나만의 Sand art 추억우체국 몽실필름

2017 마을 프로젝트 목록

연번	프로젝트명	활동내용	길잡이 교사	모임 시간	장소
1	병아리 말고 메추리	부화기 만들어 메추리 기르기까지 생명의 소중함을 경험	김**	토 2시	목공방
2	위아래 3기	드론의 원리, 구조, 조립 및 수리 방법. 지식공유	장**	일 3시	정보소통방
3	프로그래밍 L	C언어, 자바 등 프로그래밍언어를 배워 게임이나 앱을 만들기	김**	토 2시	정보소통방
4	공공연생	몽실학교 다양한 공연들을 기획, 서포트 해주는 기획사 운영	이**	일 1시	모떠꿈
5	Illusionist	마술을 널리 알리고, 꿈이룸학교에서 각종부스 운영, 의정부 버스킹	박**	토 1시, 일 2시	모떠꿈
6	nameless	작곡, 편곡으로 꿈터의 노래 만들기	윤**	토 4시	음합실
7	소인국 만들기	의정부 랜드마크, 몽실학교를 소인국처럼 미니어쳐로 만들기	박**	토 2시	손공방
8	Making clothes	옷에 대한 지식을 쌓고 직접 디자인, 제작과정을 경험	김**	토 4시	손공방
9	자급자족	자립의 경험을 통해 삶의 주체가 되는 것.(텃밭, 집짓기, 삼시세끼)	임**김**	토 3시	모떠굼
10	몽실식당	음식 만들고 나누기를 통해 나눔의 가치 실현	김**	토 1시	영쉐프
11	어둠이 지고 꽃이 피었습니다	평등한 세상을 위해 다양한 방법으로 삶의 방식을 개선(캠페인,사업)	박**	토 2시	모떠꿈
12	민들레	교육 봉사 활동을 통해 교사가 되기 위한 인성을 쌓는 경험	정**	토 2시	배움터
13	따뜻한 복지를 위하여	사회복지를 배우고 지역에서 직접 실천해 봄	신**	일2시	쉼터
14	길을 따라서	공정 여행으로 하는 역사기행을 통해 지역을 알고 건강한 여행을 만들어 봄	최**김**	토2시	북카페
15	나만의 Sand art	샌드아트로 청소년들의 이야기 담기	이**	토 10시	배움터
16	추억우체국	의정부 청소년들의 인상 깊은 추억들을 연극으로 만들기	이**	토 3시	쉼터
17	몽실필름	마을에서 작당하는 청소년들의 영화, 영상 모임(영상제작, 영화관 운영)	최**	토 3시	영화관
18	몽실바이크	몽실에 자전거대여소를 운영, 자전거 수리, 자전거 여행	이**	토 1시	배움터

2017 마을 프로젝트 상세 사항

다. 내면화된 공익성은 청소년들의 사고와 행동이 공공성을 추구하고 사회적 차원에서 실천할 수 있게 하였고, 이는 청소년들을 교육적 성장에 큰 도움이 되었다.

마을 프로젝트로 성장하는 청소년

청소년들은 이런 마을 프로젝트를 한 해 동안 진행하고서 무엇을 배우고 얻었는지를 토론했다. 청소년은 '공동체, 책임감, 도전, 배려, 나눔' 다섯 가지를 가장 큰 배움이라 했다. 이 다섯 가지 덕목은 교과서적인 접근으로는 쉽게 내면화하기 어려운 도덕적 가치였지만, 실천을 통해 거부감 없이 절로 내면화할 수 있었다. 더군다나 청소년이 스스로 배웠다고 이야기는 경우란 학교 교육에서는 좀처럼 찾기 어려운 모습이라 더 의미 있었다.

청소년에게 꿈이룸학교에서 무엇을 배웠는지 묻기 전에, 길잡이교사 입장에서 청소년이 무엇을 배웠을지 먼저 생각해보았다. 방금 꼽은 다섯 가지 중에 한 가지가 달랐다. 길잡이교사는 '책임감'보다 '자존감'을 꼽았다.

길잡이교사는 학교의 어려운 프로젝트 과정에서 청소년이 되찾을 '자존감'이 가장 의미 있을 것이라 생각했지만, 청소년은 한 해도 지나기 전에 자존감을 대부분 회복했다. 오히려 전혀 몰랐던 또래와 함께 프로젝트를 하면서 쉽게 느끼기 힘들었던 '책임감'을 제일 많이 배웠다고 하였다.

팀을 이루어 프로젝트를 진행한다는 건 커다란 책임감이 따랐다. 시간 약속부터 함께 협력해야 프로젝트 목표를 성취할 수 있기 때문에 혼자만의 욕구대로 진행할 수 없고, 책임감을 느끼며 행동해야 한다는 걸 배울 수 있었다고 한다. 청소년은 이미 꿈이룸학교에서 작은 사회를 경험하고 있던 것이었다. 이 작은 사회에서 새로운 상황에 닥쳤을 때 헤쳐나가는 혜안을 얻어가고 있다는 뜻이기도 했다. 청소년은 이 다섯 가지 가치를 지속적으로 추구할 '5대 가치'로 정했고, 이를 프로젝트 기획에 반영하고자 했다.

　마을 프로젝트를 해오며 함께 다져온 가치와 철학은 청소년이 스스로 삶을 어떻게 풀어나가야 하는지를 배울 수 있는 커다란 배움이 되었다. 삶을 살아가는 데 이만큼 중요하고도 가치 있는 배움이 어디 있겠는가? 성적이란 이름으로, 학력이란 이름으로 이런 가치를 내면화시킬 수 있는지 묻고 싶다. 남을 이겨야 자기가 사는 구조에서는 공동체, 배려, 책임, 도전, 책임감을 기대할 수 없다. 그런데도 그걸 글로, 교과서로 배우길 기대하는 우리 어른들이 어리석은 것은 아닐까 싶다.

해왔고 하고 있는 프로젝트들

개나 소나 견우(犬牛) 프로젝트 – 누구나 막힘없이 상상하고 참여하다

　2015년 1년간 마을 프로젝트를 진행한 뒤, 겨울방학을 이용해 1~2월에 진행할 프로젝트를 길잡이교사가 기획하기 시작했다. 청소년이 방학을 보다 의미 있고 보람차게 보낼 수 있도록 돕는 프로젝트 기획을 위해 머리를 맞댔다. 이 프로젝트 기획에 영향을 준 사건이 있었는데, 바로 2015년 여름방학 때 진행했던 '쉼표학교'였다.

2015 쉼표학교

쉼표학교는 꿈이룸학교를 시작하고 여름 방학 때 사흘간 진행한 단기 프로젝트였다. 청소년은 학교와 공부에 쫓기면서 쉴 여유를 갖지 못한다. 그래서 청소년에게 사흘간 아무것도 하지 않을 권리를 줘보자고 했다. 그 시간에 의무적인 그 어떤 것도 하지 않았을 때 마음속에서 진짜 하고 싶은 것이 솟아나오는지를 알아보고, 그걸 해보자는 생각이었다. 사흘간 '쉼이란 무엇인가' 명제에 대해 자기 생각을 밝히고, 그 생각대로 해보는 시간을 가졌다. 청소년을 대상으로 하기 전에 마을 프로젝트의 팀장들과 길잡이교사가 먼저 '쉼'이 무엇인지 정의해보기로 했다.

이 과정에서 정말 재미있는 지점이 발견되었다. 어른과 청소년이 생각하는 '쉼'이 너무도 달랐다. 어른들로 구성된 길잡이교사들은 쉼을 대부분 '잠자기' '멍 때리기' 등 아무것도 안 하는 것이라 생각했다. 한마디로 어떻게 해서든 현재의 고단함을 벗어나는 것이 쉼이라 생각했다.

그러나 청소년은 어른과 참 많이 달랐다. 공부하느라, 학원 다니느라 지쳐서 어른들과 마찬가지로 아무것도 안 할 것이라고 생각했는데, 결과는 달랐다. 청소년이 생각하는 '쉼'이란 '하고 싶은 것을 하는 것'이었다. 어른과 정말 다른 의미로 받아들였다. 쉼표학교는 첫날 각자가 정의한 '쉼'에 따라 쉬어보는 프로젝트를 제안하고, 함께하고 싶은 사람을 모아서 사흘 뒤에 느낀 점을 나누어보았다.

어른들로 구성된 길잡이교사들이 기획했던 쉼 프로젝트는 텐트 치고 온종일 낮잠 자고 책을 읽는 기획인 반면, 청소년의 쉼은 가지각색이었다. 요리하기, 바리스타 되어 보기 등등 평소 해보고 싶지만 할 수 없는 것들을 프로젝트로 제시하였다. 3일 내내 한 가지 활동에 몰입하는 프로젝트란 사실 말처럼 쉽지 않다. 3일 내내 요리하고 음식을 나눠먹고 치우는 일은 사실 노동에 가깝다. 그럼에도 청소년은 자기가 해보고 싶었지만 할 수 없던 활동에 너무 신나게 몰입하였다.

청소년은 사흘간의 경험 후에 다시 사흘 동안 프로젝트 과정을 묶고 함께 영상을 보며 소감을 나누었다. 이 시간을 공유하며 '쉼' 프로젝트가 얼마나 소중하고 값진 경험이었는지 알 수 있었다. 청소년은 정말 해보고 싶던 것을 해볼 수 있어서 너무 좋고 감사하다고 했다. 이 활동을 이어서 여름방학 때 좀 더 긴 프로젝트를 진행하고자 했으나, 고민만 하다가 방학이 끝나버렸다. 이 생각을 머금고 있다가 겨울방학 때 기어코 다시 내놓은 것이 견우 프로젝트이다.

누구나 제안할 수 있고 누구나 할 수 있다는 생각으로 개개인의 욕구를 표출하는 프로젝트를 기획하고 운영하고자 하였다. 이름도 처음에는 '누구나' 프로젝트라고 지었지만 서울 노원구에서 이미 사용하고 있다는 이야기를 들어서 다른 말로 뭐가 좋을까 고민하다가 누구나, 개나 소나 할 수 있는 것이라는 말이 나왔고, 한 선생님이 개나 소나 할 수 있다는 뜻으로 개(犬), 소(牛)의 한자음을 따 견우 프로젝트로 짓게 되었다.

개개인의 욕구를 바탕으로 진행하는 프로젝트는 학교의 동아리와 어떤 차이점이 있을까? 또한 때마침 겨울방학 기간이다 보니 학교의 동아리 활동이 끝나는 시기이기도 했다. 이 동아리 활동을 연장하기 위한 수단으로 견우 프로젝트에 참여하는 아이들은 어떻게 봐야 할까? 이런 고민을 할 수밖에 없었다.

길잡이교사들은 학교 동아리를 더 지원하기 위해 학교 밖에서 이런 노력을 하는 것은 아니라는 결론에 도달했다. 동아리와는 다르게, 좀 더 의미 있게 견우 프로젝트를 자리매김하기 위한 프로젝트 기획 가이드가 필요하다고 생각했다.

기획 가이드가 과하면 청소년의 상상력을 누를 것이고, 느슨하면 개별 욕구 만족에 그치지 않을까 하는 고민에 빠졌다. 그래서 고민 끝에 나온 프로젝트 가이드는 '다른 사람에게 피해를 주지 않을 것, 다른 사람과 결과를 나눌 수 있는 것' 이 두 가지였다. 견우 프로젝트는 이 두 가지를 충족하는 기획이어야 한다는 조건을 걸었다. 이 조건에 부합될 때만 길잡이교사를 배치하고 예산을 지원했다.

청소년은 이 가이드를 따라 충실하게 프로젝트를 설계하였다. 이 가이드는 정말 강력한 힘으로 작용하였고, 이후 모든 프로젝트 기획에 커다란 영향을 미쳤다. 그래서 3년에 걸쳐 수정된 가이드의 최신 버전이 앞에서 밝힌 "우리가 하고 싶은 것으로 세상을 이롭게 하자"였다.

견우 프로젝트가 갖는 가치의 핵심은 누구나 참여할 수 있고 막힘없는 상상력을 발휘할 수 있다는 점이다. 이 가치는 청소년이 성장하는 데 큰 동력이 된다. 그동안 우리 교육에서, 학교에서 청소년이 이런 가치를 누린 적이 있을까? 이래서 안 되고 저래서 안 되는 상황 속에서 청소년의 상상력은 막힐 수밖에 없었고 자발성은 잠식되어 갔다. 견우 프로젝트는 이렇게 해도 청소년이 제대로 성장할 수 있다는 것을 보여

	제목	내용
1	수리들어간다	폐휴대폰 재활용, 컴퓨터 업그레이드, 조립
2	My Little Game	게임을 만들어 플레이스토어에 올리기
3	영화제작	단편영화제작 "소문"
4	연극제작	연극 만들기
5	립덥 프로젝트	부정적인 의정부를 새롭게 홍보
6	전국 UCC 공모전	UCC 공모전 출품
7	나름가수다	노래 배우기
8	W.M.S. (우리는 뮤지컬 스타)	학생들의 일상을 뮤지컬로 "삐딱하게"
9	투투톳톳틱틱	30일 산타 되기(재봉틀로 소품제작)
10	테마 드로잉	지하철 크로키, 영화 문학감상 그리기, 디자인 콜라보
11	야(매가)한 요리	바른 먹거리 간단하게 만들기
12	주말에 뭘 먹지?	요리 기초 다지기, 실습
13	마닐마닐	전문적인 요리시식 및 체험
14	농농 디저트	좋은 재료를 사용하는 디저트 만들기
15	또 다른 시작을 준비하며	소풍길 생태탐사 다큐제작
16	길치여행	스마트폰을 이용하지 않는 아날로그 여행(지도만 사용)
17	개 좋 my way	지역을 여행하면서 방문객 인터뷰, 영상, 포토북 제작
18	마스코트 프로젝트	꿈이룸 배움터 마스코트 데려오기
19	상의지	의정부 의료 안전망 만들기, 보건의료상식 관련된 달력, 캠페인
20	찐빵	교대 지망생들의 초등학생 멘토링
21	우리들의 고운피부를 위하여	10대 피부 되찾기. 천연 화장품 만들기
22	마술로 여는 세상	마술을 통해 다양한 세상보기
23	길라잡이	독거노인 도시락 배달 봉사활동
24	포롱포롱 포로롱	푸드 트럭을 이용한 청소년 창업스쿨

2015년 견우 프로젝트 목록

준다. 그렇기에 우리 교육이 어떻게 바뀌어야 하는지를 살필 수 있는 대목이기도 하다.

더혜윰 프로젝트 – 감정이 자유로우면 지성은 스스로 탐구한다

꿈이룸학교를 출발하면서 생각한 궁극적인 측면은 교육의 패러다임을 교사 중심에서 학생 중심으로, 학생주도로 옮기는 교육 실험을 통해 교육을, 학교를 바꾸는 것이었다. 그래서 그동안 해왔던 학생주도 프로젝트를 학습에 적용하여 이런 전

2016 더혜윰

환이 교육 전체에 얼마나 필요한지를 알고 싶었고, 그 가치를 증명해 볼 필요도 느꼈다.

2016년 여름 방학 때 꿈이룸학교의 고등학생들과 머리를 맞대고 질문을 던졌다. '꿈이룸학교에서처럼 원하는 분야, 예를 들어 대학에서 전공하고 싶은 분야의 주제를 찾아 관련 전문가와 함께 한 학기 동안 연구도 하고 토론도 하며 해결방안을 찾아 소논문을 써보는 프로젝트를 해보면 어떨지' 물었다.

고등학생들의 대답은 예상을 뛰어넘었다. 고등학교 1학년 때부터 이런 연구를 해보고 싶었지만 학교에서는 기회가 없었을 뿐이라고 하였다. 정말 해볼 만한 도전이라는 이야기가 많았다. 그래서 프로젝트를 설계하고 이름을 정하였다. 이 연구 프로젝트 주제는 학교와 달리 삶과 앎이 연결되었으면 좋겠다고 해서 전체를 아우르는 주제는 '삶의 문제에 대한 해결방안 탐구'로 정하였고, 이름은 '더혜윰' 프로젝트로 정하였다. 혜윰은 생각의 순 우리말로 더혜윰 프로젝트란 '앎과 삶을 연계하며 더 깊이 사고하고 탐구하는' 프로젝트라 정의 내렸다. 그리고 함께 더혜윰 프로젝트의 전체 과정을 설계하였다. 이때 벤치마킹을 했던 사례가 성균관대 '융합기초 프로젝트'와 아주대학교의 '파란 학

기제'였다.

경기 북부에 공문을 뿌려 연구 프로젝트를 참가할 고등학생들을 모집하였다. 기존 꿈이룸학교에 다니는 학생들과 함께 진행하면 처음 오는 학생들을 잘 이끌면서 갈 수 있을 것이라고 예상하면서 조심스레 신청을 기다렸다.

모집한 결과, 예상을 뛰어넘어 약 70여 명의 고등학생들이 참가를 신청했다. 기쁜 마음으로 1박 2일 주제잡기 워크숍을 시작하였다.

주제 잡기 워크숍에서 먼저 희망하는 분야나 대학에서 전공하고 싶은 분야별로 모이게 하였다. 의학, 정치, 경제, 법, 교육, 공학, 인문 등 9개 분야 10개 팀이 꾸려졌고, 팀별로 해당 분야에서 가장 사회적으로 문제가 되는 있는 이슈를 찾아보았다.

그런 다음 그 이슈들 중에서 해결하고 싶은 연구 주제 한 가지를 합의하여 선정하고, 이를 해결하기 위한 과정을 설계하였다. 그렇게 나온 주제들이 다음과 같았다. 선정된 주제를 하나하나 살펴보니 연구할 필요성이 충분해보였다.

예를 들어 그 당시 가습기 살균제 문제로 많은 사람이 피해를 입었고, 크게 이슈화가 되었다. 그래서 화학 쪽 전공을 희망하는 팀에서 가습기 살균제 문제 해결방안 탐구를 주제로 잡았다. 다른 팀에서는 청소년에게 왜 참정권이 없냐고 하면서 참정권이 필요한 이유를 조목조목 밝혀보겠다며 연구 주제를 정하기도 했다.

주제 잡기 워크숍 이후 일주일에 1회 이상 저녁에 팀별로 모여 연구 활동을 전개했다. 관련 논문을 찾고, 함께 책도 읽고, 토론도 했다.

번호	분야	프로젝트 주제	참여 인원	요일 19:00~21:00
1	공학 A	가습기 살균제 속 유해물질 탐구	7	수
2	공학 B	누진세 문제에 대한 해결방안 탐구	8	수
3	정치, 법, 경제	청소년의 정치적 자유 침해에 대한 연구	9	화
4	인문	가족관계 혹은 가족과 사회에서 강요받는 역할에 대한 문제 연구	11	수
5	환경	폐기물 에너지를 활용하는 문제에 대한 연구	4	목
6	의학	현대인들이 많이 걸리는 정신적 질환에 대한 접근과 치료법 연구	9	화
7	언론	편견으로 억압된 청소년 표현의 자유에 대한 해결방안 탐구	5	목
8	문화예술	일상생활에서 일어나는 극단적 유행의 문제에 대한 연구	9	수
9	자연과학	빛 공해가 뇌에 미치는 영향과 빛 공해를 줄이기 위한 방안 탐구	7	금
10	교육	교육의 효율성에 대한 문제해결방안 (경쟁 VS 협력)	5	수

더헤윰 프로젝트 목록

원래 설계 과정에 맞추어 두 달 후 중간 발표회도 가졌다. 잘하고 싶은 욕구가 크다 보니 다들 상당한 공을 들여 발표를 준비했다. 과정 그 자체에서 배움이 일고 있었다. 서로의 발표 내용을 들으면서 본인들이 부족한 사항을 점검해나갔다.

더헤윰 프로젝트의 결과물은 개인이 아닌 팀별 소논문 쓰기로 설정하였는데, 이를 해결하기 위해서는 1박 2일 논문 쓰기 워크숍이 필요했다. 함께 모여서 새벽 4시까지 논문을 작성하고 발표 준비를 마치고서야 최종 발표회에 나섰다.

최종 발표회의 결과물은 청소년들에게 많은 배움이 있었음을 확인하기에 충분했다. 연구를 통해 나름대로 해결방안 아이디어를 제시하기도 하였다. 많은 공부를 하고 성공적으로 마무리했음에도 너무 힘들었다면서 다음 학기는 좀 쉽겠다는 청소년이 많을 정도로 에너지 소모가 심했다. 그렇다고 그 값진 배움의 가치를 놓친 것은 아니었다. 2017년 2학기에는 다시 한번 도약을 시도하였다. 더혜윰 프로젝트에 학생주도 교과 교육과정이라는 한 가지 과정을 더 추가하였다. 더혜윰 프로젝트는 주제 탐구 프로젝트였는데, 이걸 넘어서 교과에 학생주도 교육까지 접목시키고자 시도했다.

이는 갑자기 나온 생각이 아니었다. 2015년 후반기부터 꿈이룸학교 청소년들의 자발적인 학구열에 놀라움을 금치 못한 의정부의 선생님들이 학교 안에서도 학생주도 교육을 실현해보자면서 '꿈이룸 교육과정 연구회'를 만들며 시작된 흐름이었다.

새롭게 추가된 학생주도 교과 교육과정에서 의미 있는 변화가 일어났다. 교과별로 교육과정을 학생이 기획하여 운영한다고 했더니 정말 배움에 목말라 있던 고등학생들이 참여하였다. 학교에서는 입시 중심의 수업이 전개되다 보니 수박 겉핥기식의 수업만 할 뿐이었는데, 여기서는 정말 해당 과목의 원하는 분야를 깊이 있게 배울 수 있었다.

다음은 역사 교과에 참여했던 한 학생의 소감문 일부분이다. 이 학생은 역사 공부가 꿈이었고 좀 더 깊이 있는 역사 수업을 하고 싶어 왕복 4시간이 넘는 거리를 전철로 다니면서 과정에 참여하였다.

의정부 더혜윰 프로젝트에 참여하기 전과 참여한 후의 내 모습에는 큰 변화가 있다고 생각한다. 그 전에는 역사를 좋아하기는 했지만 근현대사 위주의 역사를 학교에서 배운 대로 나름의 연구를 하였다면, 더혜윰 프로젝트에 참여하며 토론을 거듭하는 과정을 통해 아테네와 로마를 비롯한 고대사를 공부하기도 하였다. 고대사는 처음 공부하는 것이기 때문에 어려움을 느꼈지만, 수동적인 학습자에서 모르는 것은 선생님께 질문하여 풀어나가는 능동적인 학습자가 되었다. 또 더혜윰 프로젝트에 참여하고 나서는 진정한 역사교육이 무엇인가에 대해 많은 고민을 하게 되었고, 그 결과 학교 선생님께 시험이 끝난 후 정의적 영역 평가는 토론의 형식으로 학습하면 좋겠다고 건의하였다. 그리고 더혜윰 프로젝트에 참여하고 나서, 타인의 말을 경청하고 존중하는 힘이 생겼다. 또한 내가 생각하는 역사가 단편적인 역사였고, 한 가지의 시선으로만 바라본 역사였다면, 더혜윰 이후의 내 역사관은 다양성을 가지게 되었다. (학생소감문 중)

더혜윰 프로젝트는 학습자 주도 학습을 가장 잘 구현해내었다고 할 수 있다. 학습자 주도 학습은 '학습자가 스스로 독립적이며 주도적으로 개인의 학습계획을 수립하고 학습 계획을 달성하기 위해 필요한 학습전략과 기술을 선택하고 학습내용과 학습경험을 결정하며 평가도 수행히는 학습'이다. (조윤정, 2017) 더혜윰 프로젝트에서 진행된 학습자 주도 학습은 학습자에게 배움의 주도권을 돌려주었고, 학생들은 학습자 주도 학습을 통해 진정한 배움을 얻고 있다고 이야기하고 있다.

학교수업은 교사가 학생에게 일방적으로 수업을 하고 입시목적으로 하다보니까 정보를 제공하는 데에 중심을 두는 것 같아요. 그런데 더혜윰에서는 학생끼리 서로 가르치고 배우다보니까 공부의 줏대, 그리고 인생의 줏대 같은 것이 만들어지는 느낌이 들어요. (A학생)

학교에서는 고민해볼 기회를 안 주는데 몽실학교는 기회를 줘요. 그러니까 진짜로 배우게 되고 생각하는 것이 달라지고 사람이 되는 것 같아요. 그래서 저는 몽실학교가 진짜 학교 같고 진짜 배움이 일어나는 곳이라고 믿어요. (B학생)

어린이날 한마당 - 온 마을이 함께하다

"꿈이룸학교 청소년들이 어린이날 행사를 진행해보는 건 어때요?"

하루는 솔방울(김현주 선생님)이 대뜸 어린이날 행사 진행을 꿈이룸학교에서 해보자고 하였다. 무슨 이야기인지 자세히 설명을 해달라고 부탁했다. 솔방울의 이야기는 그동안 어린이날 행사를 전교조나 지역 아동센터에서 근근히 치러왔는데 그마저도 명맥이 끊겼다고 한다. 그 이유인 즉 민간에서 하기에 인력과 예산이 부족하기도 하고, 시청에서 주관하는 엄청난 선물 공세의 관제 어린이날 행사에 어린이들이 다 가버리는 바람에 행사를 진행하기도 어려워졌다는 것이다. 시청에서 주관하는 어린이날 행사도 그나마 관심 있는 부모님들이나 자녀들을 데리고 다니지, 몽실학교 근처 가정형편이 어려운 집의 어린이들은 어린이날에도 별로 갈 곳이 없다는 것이었다. 의미가 참 좋았지만 일거리가 또 늘어나서 과연 할 수 있을까 싶었다.

일단 꿈이룸학교 청소년들에게 물었다. 제일
인원이 많았던 공연기획 팀, 공익성을 못 찾고
있던 '놀뛰웃' 팀에게 어린이날 행사를 준비해보
면 어떻겠냐고 의논을 했다.

2018 어린이날 한마당

"꿈이룸학교 청소년들이 이렇게 지역의 힘으
로 성장하고 있는데 우리도 지역을 위해 의미 있는 일을 해보면 어떻
겠니? 어린이날에 언니 오빠들이 어린이를 위해 놀아준다는 콘셉트,
재미있지 않겠니?"

중간고사도 끝나고 시험에서 해방되는 모처럼의 꿀맛 같은 휴일을
날리고 봉사를 하자고 했는데, 과연 아이들이 이 제안을 받아들일까
하는 의구심이 들 수밖에 없었다. 하지만 매번 느꼈듯 이번에도 그런
의구심이 무색하게 아이들은 기꺼이 해보겠다고 받아들였다.

공연기획 팀에서 자체 회의를 거친 뒤 기획안을 만들었고 길잡이교
사들은 지역 아동센터 담당자들과 몽실학교 근처 공부방을 섭외해서
함께 어린이날 행사를 위한 회의를 시작하였다. 아이들이 기획안을 이
야기하고 함께 의논하는 모습은 어른들이 보기에 참 대견하지 않을 수
없었다. 그동안 어린이날 행사는 일할 사람이 없어서 제대로 이어가지
못하고 있었는데, 수십 명의 청소년이 자발적으로 하겠다니 얼마나 대
견하겠는가?

그 마음이 하도 예쁘고 어린이날을 그동안 힘들게 준비했던 일품도
덜 수 있어서 함께하기 시작했다. 대부분 청소년이 일을 나누고 놀이
부스를 정하였다. 초반에 정한 놀이부스가 어린이들에게 별 호응이

없을 것 같아 여러 차례 바꾸기도 하고, 필요한 준비물은 어른들이 이 곳저곳에서 가져오며 준비했다. 어린이날이 다가오면서 놀이 리허설 도 하였고 중간중간 공연을 보여줄 청소년 팀들도 섭외하였다. 의정 부교육지원청에서 마을교육공동체 사업비와 혁신교육지구 예산을 투 입해서 각 종 놀이부스 설치비용부터 재료비를 지원해줬다.

참 많은 노력을 기울였지만 과정이 순탄하지만은 않았다. 청소년들 이 힘써 준비하였지만 아직 전문가처럼 매끄럽게 준비하기는 어려웠 고, 무엇보다도 학교생활과 공부를 하며 동시에 준비해 시간이 턱없 이 부족하였다. 때로는 소통이 잘 안 되어 답답하기도 하고, 준비물 이 모자라기도 했다. 그럼에도 청소년들은 이런 상황까지 순수하게 즐겼다.

드디어 5월 5일이 다가왔고 행사가 시작되었다. 생각보다 많은 어린 이가 부모님의 손을 잡고 모여들기 시작했다. 안내 부스에서 부스 배치도를 받고 입장한 어린이들은 원하는 부스에 가서 활동한 뒤 도장을 받으면 먹거리 부스에서 팝콘이나 꼬치어묵 등의 먹거리를 받을 수 있는 방식으로 진행했다. 어린이들이 얼마나 참가할

어린이날 포스터

지 도저히 가늠되지 않아 250여 분의 활동 준비물을 마련해뒀는데, 금방 동이 날 정도로 많은 어린이가 몰려들었다.

5월이라도 땡볕이 쏟아져 일하기 힘들었을 텐데 청소년들은 동생들을 위해 기꺼이 즐겁게 놀아주었다. 공연기획 팀이 전체 기획에서부터 진행까지 도맡아 훌륭하게 행사를 수행했다. 인근 초등학교 아이들이 모인 자리를 위해 지역에 살고 있는 청소년, 지역주민, 길잡이교사, 학교, 교육지원청, 시청 등 모든 이들이 함께 힘을 합쳐 만들어가는 마을교육공동체를 볼 수 있었다.

온종일 이를 준비하기 위해 근 한 달을 고생했음에도 청소년들은 별다른 보상을 원하지 않았다. 아이들은 준비과정이 힘들었지만 함께하는 자체가 즐거움이고 보람이라 했다. 끝나고 함께 밥 먹는 정도만 해도 하루의 피로를 씻어내기에 충분했다.

2016년에 이어 2017년에도 어린이날 행사를 진행했다. 2017년에 의정부교육지원청과 함께 몽실학교가 정식으로 주관해 아이들에게 봉사 시간을 인정해줄 수 있게 되었다고 전했다. 그런데 아이들은 봉사시간 인정을 의논해봐야 한다면서 회의를 하더니, 봉사시간을 인정받지 않겠다고 했다. 봉사시간을 인정받게 되면 순수성이 사라질 것 같다고 했다. 감동적이었다. 정해진 봉사시간을 채우려는 마음이 드는 순간 자발적 의지가 사라질 것 같다는 생각 자체가 대견하고 고마웠다.

끝나고 길잡이교사들은 청소년들에게 삼겹살을 구워주면서 어린이날을 멋있게 치뤘다고 칭찬했다. 아이들은 칭찬과 삼겹살 몇 점에 하

어린이날

루의 피로를 잊었다. 이젠 어린이날 행사는 해마다 진행하는 축제로 자리 잡았다.

몽실학교의 공간을 최대한 활용하여 진행한 어린이날 행사는 청소년들의 정성이 통했는지 참여한 어린이들이 매우 만족했다. 어린이들만 행사에 만족한 것은 아니었다. 행사를 개최한 청소년들도 몸은 힘들었지만 자기들이 이렇게 훌륭한 일을 잘 해냈다는 만족감과 자부심을 느꼈다.

챌린지 창업 프로젝트 – 당차게 도전하고, 멋지게 실패하자

"이렇게 추운데 아이스티가 팔리겠니?"
"그럼 계란빵이나 어묵으로 바꿔 볼까?"

"어묵은 국물 맛이 중요한데. 국물 맛의 비법을 찾아보자. 우리 동네 어묵 파는 곳에 가서 다 먹어보는 거 어때?"

2015년 12월, 의정부 청소년 9명은 스스로 학교를 만들어보겠다는 도전을 시작했다. 2016년에 어떤 삶을 살 것인가 하는 이야기를 나누면서 도전, 자립, 재미라는 목표를 실현해볼 학교를 만들기로 하였다. 그 방법으로 푸드트럭을 직접 운영하며 스스로 경제적 자립을 통해 앞으로의 삶을 고민하고 나눔을 실천하는 '포롱포롱 포로롱' 청소년 창업학교를 만들기로 하였다.

하지만 청소년들이 푸드트럭을 직접 운영하는 일은 만만치 않았다. 위생교육부터 조리법, 메뉴 개발, 시장조사, 경제교육, 판매마케팅까지, 알아보고 배워야 할 것이 너무도 많았다.

여러 시행착오를 거치면서 결국 오뎅, 컵밥, 토스트를 팔아보기로 결정하고 알맞은 트럭을 대여했는데, 한 가지 문제에 부딪치게 되었다. 뒤늦게 트럭을 아무 곳에나 세우고 장사를 하면 안 된다는 사실을 알게 된 것이다. 식품위생법, 도로교통법, 미성년자 판매 등 계속 해결해야 할 문제가 등장했다. 아이들은 장사가 가능한 곳을 알아보기 위해 푸드트럭을 하고 있는 분을 모셔다가 컨설팅을 받고, 관계 법령들을 찾아보며, 시청 담당 직원을 찾아가 도움을 구했다. 결국 몽실학교 정문 앞 장사로 시작해서 의정부교육지원청, 경기도교육청 북부청사에서 장사를 시도했고, 눈이 펑펑 쏟아지는 길거리로 나가 추위에 발을 동동 구르며 거리에서 사람들을 만나기도 하였다. 그 당시 일본 대사관 앞에서 위안부 문제로 농성 중이던 대학생들을 찾아가 컵밥을 무료로 나누어주며 사회적으로 할 수 있는 일을 찾기도 하였다.

엄청나게 추웠던 2016년 1, 2월⋯. 포롱포롱 포로롱 학교는 7번의
장사를 했고, 70번의 회의를 거치면서 서로 의견을 나누었다. 이때 서
로에게 배우고 협력하며 책임감이 얼마나 중요한지를 느꼈고, 돈을 번
다는 것이 어렵다는 것을 경험했으며, 동시에 도움을 줄 수 있는 마을
어른들이 우리 주변에 많이 있다는 것을 알게 되었다.

다양한 프로젝트와 도전으로 청소년들은 지역과 만나는 경험을 쌓
고, 경제의 선순환에 대한 욕구를 키우기 시작했다. '포롱포롱 포로롱'
으로 창업 프로젝트를 경험해본 꿈이룸학교는 '윤민재단(메가스터디그룹
의 손주은 회장이 벤처 창업 지원을 위해 만든 재단)'의 지원을 받아 2017년 본
격적으로 10개의 챌린지 프로젝트를 만들어냈다. 챌린지 프로젝트는
"우리가 하고 싶은 것으로 세상을 이롭게 하자"라는 주제를 따르는 동
시에 기존의 마을 프로젝트와 달리 상품을 생산해서 판매하는 과정까
지 경험해보는 것이 목적이었다. 세상을 이롭게 하는 경제활동을 위해
사회적경제, 협동의 경제를 배우고, 아이템을 짜보는 워크샵을 거쳤
다. 그 과정에서 제품을 기획하고 콘텐츠를 생산해 의정부 사회적경제
한마당, 양주 플리마켓, 온마을잔치 등에서 직접 판매하고 수익을 남
기기도 했다. 챌린지 프로젝트의 내용은 우측 표와 같다.

물론 수입이 있긴 했지만, 투자된 예산을 볼 때 인건비는커녕 원금
도 벌지 못한 첫 시도였다. 하지만 이 과정을 통해 학생들이 순환의 경
제를 조금이라도 느끼고, 마을 프로젝트보다 훨씬 어려운 과정을 체험
할 수 있었다. 이 실패를 발판으로 챌린지 프로젝트는 더 깊이 있게 삶
의 문제를 관찰하고, 주변의 문제로부터 시작해 의미 있는 변화의 방

연번	프로젝트명	활동내용
1	UDM [의정부 데이트 미션]	의정부 내 청소년이 즐길 수 있는 콘텐츠, 문화 형성
2	다시보기 [다양한 시선으로 보는 이야기]	인권의 한 분류로 '여성'을 선정. 여성의 생리에 대한 인식 전환. 물품판매
3	몽실상점	개성 있는 가죽제품 디자인, 직접제작, 판매
4	해나해라	'물' 혹은 대표적으로 물이 부족한 지역 '아프리카'를 심볼로 물 부족을 다양하게 표현 후 텀블러 디자인 제작으로 기부활동
5	유자청 잡화점의 기적	옥땅영화제 "높은 곳에서 더 높은 곳을 보자" 옥상에서 영화로 세상을 배우고 나누는 영화제(마을문화기획)
6	시나브로su	잊어서는 안 되는 역사적 사실(베트남전 등)을 위한 물품 제작, 판매
7	로맨스그레이	'업 사이클링' 알리기, 바스붐 만들기 어르신의 일자리를 만들어 드리기(포장지 제작을 의뢰)
8	배고팡	밥집 창업, 발효종 상품계발
9	꿈이룸 출판	꿈이룸학교의 시작부터의 지금까지의 이야기를 출판하기
10	위잉위잉	몽실학교 옥상에서 도시양봉을 하며 사람과 환경의 조화를 꿈꾸는 We~ing!! Be~ing!!

챌린지 창업 프로젝트 목록

법을 모색할 수 있게 되었다. 그리고 이런 과정은 마을에서 개인의 진로와도 연결되는 스타트업 과정으로 심화될 것이다.

아동-청소년-청년 몽실(夢實)정책마켓 – 우리 정책은 우리 손으로

아동-청소년-청년 몽실(夢實)정책마켓이란 아동-청소년-청년으로 연결되는 미래의 주역이 삶

2017 몽실 정책마켓

의 이야기를 담아 정책을 만들고, 우수 정책을 한 곳에 모아 실질적 수요자(국회의원, 자치단체장, 교육청 관계자, 시, 구의원, 시민단체에 관심 있는 시민 등)에게 직접 정책 현실화를 촉진하는 정책 박람회이다. 그리고 2017년 정책마켓의 슬로건이 바로 "우리의 정책은 우리의 손으로"였다.

2018년 지방선거가 다가옴에 따라 민주주의와 시민교육의 일환으로 기획해 청소년이 자기 삶에서 실질적으로 필요성을 느끼는 정책을 목소리내고, 또 이 정책이 시행되도록 촉구하기 위해 진행했다.

몽실 정책마켓은 광주 시민 정책마켓을 벤치마킹했다. 5월에 광주에서 시민 정책마켓이 열렸는데, 그 때 몽실학교가 전국 우수 정책 중 하나로 초청되었고, 이 마켓을 청소년이 주최해도 의미가 있을 것 같아 도입한 것이다.

몽실정책마켓 이용 설명서

몽실학교로 가져온 정책 마켓에서 가장 의미 있는 점은 청소년의 목소리를 담아낸다는 것이었기에, 기존의 것과 다르게 청소년 기획 정책을 판매하는 방식으로 기획하였다. 정책을 청소년이 스스로 생산해야 했기에 먼저 청소년과 청년, 길잡이교사 들이 모여서 정책 만들기 워크숍을 실시하였다.

1차 워크숍에서는 청소년, 청년, 길잡이교사가 모두 모여서 정책을 생산했는데, 정책이 열 가지 정도 나오긴 했지만 기본적으로 정책의 개념이 없는 청소년들에게 어려운 작업이었다. 게다가 경험이 풍부한 어른들과 함께하다보니 상대적으로 청소년들의 상상력이 잘 발현되기 어려웠다. 따라서 몽실 정책마켓을 추진하는 기획회의에서는 청소년들이 정책에 보다 쉽게 접근할 수 있어야 한다고 판단했다.

사실 청소년들이 처음부터 기획한 행사가 아니다 보니 청소년들의 자발성을 이끌어내기가 쉽지는 않았다. 게다가 아이디어를 정책 단계까지 도약시키기에도 많은 고민이 필요했다. 청소년들이 1차 워크숍에서 제시한 정책은 민원 수준에 가까울 정도로 정책과 거리가 멀었다. 좀 더 고민하게끔 이끌 장치가 필요했다. 막연히 청소년들에게 정책을 만들라고 해서 만들어지는 것이 아니었던 것이다. 그래서 그림과 같은 정책 제안 6단계 질문지를 만들었다. 이 틀에 맞추어 사고하게 했더니 점차 정책에 가까운 아이디어가 나오기 시작했다.

6단계 질문지는 학생주도 교육의 불확실성에 대한 답이자, 학생주도 프로젝트를 진행할 때 반드시 필요한 퍼실리테이션 도구이다. 학생주도 교육이 큰 교육적 의미를 갖지만, 그냥 학생이 하고자 하는 대로 내버려둔다고 되는 것은 아니다. 일각에서 학생에게 모든 걸 맡겨두면 다 할 수 있다는 식으로 전혀 교육적인 조력을 하지 않기도 하는데, 그렇게 해서는 학생주도 교육의 효과를 반감시킬 뿐이다. 학생주도 교육이라는 명목으로 아무런 교육적 조력을 하지 않을 경우, 교육이 아니라 개별적인 만족과 한시적인 경험에 그치고 만다.

6단계 질문지 내용을 살펴보면 단계별로 사고를 유도하도록 만들어

아동, 청소년이 스스로 만드는 정책을 위한

정책 제안 6단계 (예시)

2. 내가 생각하는 불편함 해결방안 제시하기
"평일 오후, 주말에 사용하지 않는 공간을 사용할 수 있게 해주세요!"

1. 생활 속에서 고쳐야 할 불편함 도출
"학교 끝나고 친구들과 활동할 공간이 없어요"

3. 해결방안이 더 많은 사람들에게 도움이 되려면?
"그 공간들을 조사하고 사용신청 양식을 만들어 손쉽게 사용할 수 있는 서비스를 만들어주세요!"

5. 단점을 해결하기 위해 무엇이 필요할까?
공간 운영 관리를 위한 인력 채용, 시설 예산 확보, 관련 법 제정

4. 3단계 문제 해결과정의 장점과 단점
장점: 한눈에 이용할 수 있는 공간에 대한 정보를 알 수 있다.
단점: 관련 시설 조사가 어렵다. 또 시설의 협조를 구하기 어렵다.

6. 이 모든 과정을 담은 멋진 정책이름 만들기
[청소년 활동을 위한 유휴 공간 활용 서비스]

정책 제안 6단계 질문지

졌다. 자기 주변의 불편한 점부터 브레인스토밍해서 보다 많은 사람에게 도움을 주는 방안을 찾고, 정책의 오류를 수정하기 위해 고민하는 단계까지 고민하게끔 한다. 이는 학생들의 사고를 심화하고 도약하는 효과를 이끈다. 학습자에게 적절한 인지적 도움과 안내를 제공하여 학습을 촉진시키는 전략인 비고츠키의 '스캐폴딩(Scaffolding – 효과적인 교수적 도움)'의 적절한 예라고 할 수 있다.

6단계 질문지에 나오는 학생들의 사고를 이끌어내는 원리는 학생주도 프로젝트에서 퍼실리테이터로 참가하고 있는 길잡이교사들이 항상 인지하고 있어야 한다.

이렇게 설계된 청소년들의 정책은 23개로 정리되었다. 파주, 고양시 청소년들이 함께 참여하겠다며 내놓은 정책과 합쳐서 총 30개의 정책이 판매되었다. 정책마켓 당일에는 정치인을 비롯해 지자체, 교육청

관계자들이 참여했다. 그들이 청소년들에게 정책 소개를 듣고 질문하며 정책을 구입하는 모습이 펼쳐졌다. 정책이 정말 필요하다고 생각되면 정책을 구매하고 구매계약서를 작성하였다. 구매계약서는 2018년도에 그 정책을 반영하거나 정책화하겠다는 다짐이었다. 청소년들이 평소 필요하다고 느끼는 바를 제시하였기에 바로 적용해도 될 정도로 구체적인 안도 많았다.

정책마켓에 좀 더 많은 정책 입안자들이 참여했으면 하는 아쉬움이 남았지만, 그래도 경기도교육청 교육감께서 참석해 청소년들의 정책을 모두 둘러보았다. 청소년들의 정책에 크게 공감하기도 하였고, 정책에 대해 토론하는 토크콘서트를 통해 정책의 필요성을 나누기도 하였다. 청소년들의 깊은 사고에 놀라면서 청소년들의 정책을 모두 구매하기로 하였고, 구매된 정책은 경기도교육청 각 부서에서 정책을 반영하기 위해 검토하며, 그 검토 의견서를 청소년들에게 보내왔다.

몽실 정책마켓에 대한 피드백과 추진계획을 받아본 청소년들은 자신들의 의견이 이렇게 반영될 수 있다는 사실에 크게 고무되었고, 향후에 더 면밀하게 준비해서 정책마켓을 열어나가자고 하였다.

몽실학교는 정책마켓을 통해 훌륭하게 민주시민교육을 하였고, 청소년들은 몽실 정책마켓을 통해 정치 참여에 대한 새로운 눈을 뜨게 된 것이다.

주목 받은 정책과 그 내용

[꿈e룸 카드] 일상에서 청소년증과 학생증이 나뉘어 불편했던 부분에서 착안했다.

카드 하나로 청소년임을 증명하고 교통 카드 할인, 영화 할인 등의 혜택을 모아 달라고 제시한 정책이다. 이미 한 카드사에서 실시하고는 있지만 전면적으로 확대해 달라고 하였다. 청소년들의 요구가 가장 많은 정책이었다.

[선택과목 수강신청 인원제한 풀어주세요] 고등학교에서는 선택과목을 택할 때 성적 산출이 되지 않는 범위 내의 수강생 수가 13명이다. 13명을 초과할 경우 시험을 쳐서 성적을 등급별로 나누어야 하기 때문에 그 과목을 폐지하거나 성적이 안 좋은 학생들을 수강 취소를 권유한다. 그로 인해 관련 학과로 진학하고 싶은 청소년들에게 불이익이 가고 있어서 정책 보완을 요구하였다.

[지통법(지필고사 통일법)] 경기도에서는 꿈의학교, 꿈의대학, 몽실학교 같이 다른 학교 학생이 함께 모여서 하는 활동이 많은데 시험기간이 달라서 협력활동이 어려운 경우가 많다. 그래서 시험기간을 맞추어 달라는 정책이다. 이 정책은 의정부교육지원청에서 적극적으로 받아들여 학교에 직접 요청하기도 하여 실질적인 변화가 기대된다.

[지역별로 몽실학교를 세워주세요] 몽실학교에 다니는 청소년들이 타 지역에 살고 있는 청소년들에게 도움이 되었으면 하는 바람을 길잡이 교사들이 정책화시킨 건이다. 현재 몽실학교의 장점을 살려 지역별로 몽실학교를 세우기 위해서 어떻게 해야 할지 제시하였다.

셋째 마당

몽실교육학 탐구

학생주도 프로젝트의 운영 철학

몽실학교에서 청소년이 진행하고 있는 학생주도 프로젝트는 독특한 교육 시스템이다. 누구는 학교 동아리와 다를 게 뭐냐고 하는 이도 있고 청소년 수련원을 비롯한 청소년 시설에서 하고 있는 것과 별 차이가 없지 않느냐고 하는 이들도 있다.

분명한 차이가 있다. 청소년이 몰려들게 하고 자발적인 욕구를 일깨우는 큰 차이가 존재한다. 그 차이는 몽실학교를 운영하는 철학과 시스템에서 비롯된 것으로, 단순히 몽실학교만의 독특한 점이 아니라 청소년을 대상으로 하는 교육하는 곳이라면 어디든 주목해야 하는, 중요한 부분이다. 자발적인 욕구야말로 참된 배움의 원동력이 되기 때문이다. 물론 계속 수정 보완해야 하는 점이 발견되어 매년 성찰하며 고쳐가고 있다. 역시 이 점도 그 철학과 시스템의 하나로, 다른 곳에서 청소년들의 의사에 따라 일이 이루어지는 모습을 보기 힘들다는 점도 주목해야 한다. 감히 우리 교육이 변해야 하는 방향이라고 이야기할 수 있는 정도로 중요한 특이점이라 말하겠다.

몽실학교의 학생주도 프로젝트의 독특한 시스템을 하나씩 분석해보겠다.

몽실학교는 마을학교에서 출발해서 꿈의학교로 진행되면서 다양한 학생주도 프로젝트를 진행했다. 학생주도 프로젝트는 '학생들이 스스로 배움의 주체가 되어 배움의 주제와 내용을 기획하고 참여, 운영하는 교육활동'을 말하며 그 특징은 1) 학습자의 흥미와 요구 반영 2) 학습자가 주도성, 자기 결정, 자기 선택권을 가지며 3) 구체적인 경험과 작업을 통해 배움이 이루어진다는 점이다.

그동안 학교에서 프로젝트 수업은 많이 진행되었다. 구성주의 원리에 따라 학생이 수업에서 주도권과 선택권을 가질 수 있도록 수업을 진행했다. 이 경우는 학습의 주도권이 아예 없는 일제식 수업보다야 훨씬 낫다. 하지만 근본적으로 수업이 교육과정의 성취기준을 달성하기 위해 교사의 의도에 따라 계획될 수밖에 없고, 학생은 제한적으로 주도권과 선택권을 가질 뿐이었다.

몽실학교에서 진행되는 학생주도 프로젝트에서는 수업의 주도권을 교사가 아니라 아예 학생에게 주도권을 넘기는 것부터 출발한다. 그러기 위해서는 교육과정의 기획을 학생이 할 수 있게 해야 한다고 본다. 이는 교사의 역할이 바뀐다는 것을 의미하기도 한다. 교사는 학생이 흐름에서 어긋나지 않게 주도할 수 있도록 조력자로 참여할 뿐이고, 학생이 직접 프로젝트를 제안하며 팀을 모집하여 구성, 진행한다.

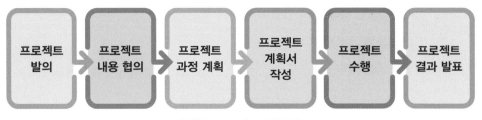

학생주도 프로젝트 진행과정

　학생들이 프로젝트를 기획하고 그에 동의하는 학생들이 모이게 되면 진행하는 방식이다 보니, 몽실학교는 과목이나 프로그램 단위로 모집하는 다른 청소년 교육기관과 달리 일단 학생주도 프로젝트 과정이라는 이름으로 학생을 모집한다. 그래서 몽실학교 교육과정 안내 팜플렛을 들여다보면 어떤 프로젝트가 진행되는지 알 수가 없다. 프로젝트를 희망하는 학생들을 모집하고, 브레인스토밍을 거친 후에 프로젝트를 기획하게 하기 때문이다.

　이럼에도 학생이 많이 모이는 이유는 학생들이 그만큼 주도적으로 프로젝트를 해보고 싶은 욕구가 크기 때문이다. 기존 교육 패러다임에서는 이런 권리가 주어지지 않기 때문이라고도 할 수 있다. 기존 교육과정에서는 그냥 정해진 교육과정과 수업 계획을 따라야 하기 때문에 자발적인 욕구는 철저히 배제될 수밖에 없었다. 그러니 이렇게 몽실학교에 학생들이 몰리는 것이다.

　그럼에도 학생주도 프로젝트에 신중하게 접근해야 하는 이유는 다양하다. 학생주도를 통해 배움의 자발성을 회복하자는 의미이지 학생 마음대로 하게 하자는 의미는 아니다. 또한 주도와 방임을 구분해야 한다. 이를 위해 프로젝트 가이드가 필요했다.

앞에서 설명했던 "우리가 하고 싶은 것으로 세상을 이롭게 하자" 슬로건은 학생주도 프로젝트를 진행하는 데 있어 학생 방임으로 흐르지 않도록 하는 좋은 가이드가 되었다. 이 슬로건은 길잡이교사들의 오랜 고민 끝에 나왔다. 이 슬로건 이전에는 견우 프로젝트의 '다른 사람들에게 피해를 주지 않을 것, 다른 사람들과 결과를 나눌 수 있는 것' 이라든지 '꿈이룸 5대 가치(공동체, 책임감, 도전, 배려, 나눔) 구현' 등도 학생주도 프로젝트의 좋은 가이드가 되었다. 이는 단순히 하고 싶은 욕구를 살리는 것에 그치지 않고, 학습 결과를 나누고 공익을 추구함으로써 보람이라는 산물을 얻어가게끔 고안한 것이다. 이를 통해 교육의 본질적인 목적을 추구하고 느끼도록 하였다.

철학적인 가이드 없이 진행되는 학생주도 교육활동은 개별적인 만족을 추구하는 얕은 경험에 그치게 된다. 그렇다고 이런 철학이 그냥 형성되는 것은 아니다. 학생들이 가이드의 필요성을 느끼고, 이를 자기 것으로 받아들여야 가능한 것이다.

또한 철학적인 가이드는 참여하고 있는 학생들의 토론으로 만들어지는 것이 제일 바람직하다. 몽실학교에서도 그런 과정들이 존재했는데, 꿈이룸 5대 가치(공동체, 책임감, 도전, 배려, 나눔)를 세울 때도 그랬다.

꿈이룸학교 초반에는 헌신하는 길잡이교사들의 공동체 추구 정신이 아이들에게 전이되어 알게 모르게 작용하였다. 2015년에 1년간의 활동이 끝난 뒤, 한 해를 평가하고 성찰하면서 2016년을 어떻게 함께 시작할 것인가를 고민하기 위

2016 꿈이룸학교 시작

한 자리가 2016년 2월에 열렸다.

질문은 항상 단순했다. '꿈이룸학교를 한 해 동안 하면서 가장 많이 배운 점이 무엇인가?'

이 질문에 대한 답을 브레인라이팅해보니 가장 많이 나온 것이 바로 꿈이룸 5대 가치인 '공동체, 책임감, 도전, 배려, 나눔'이었다. 아이들과 이 토론을 진행하기 전에 길잡이교사들이 모여서 한 해를 성찰하는 시간이 필요하다고 생각하고, 먼저 길잡이교사들이 한 해 동안 아이들이 무엇을 배웠을까 먼저 생각해보았다. 아이들과 딱 한 가지가 달랐다. '책임감' 대신에 길잡이교사들이 선택한 것은 '자존감'이었다. 아이들은 '자존감' 대신에 왜 '책임감'을 이야기했을까?

자존감은 이런 활동을 통해 이미 형성이 되었고, 전에 제대로 배우기 힘들었던 책임감을 더 많이 배웠다. 학교에서는 나 혼자의 공부가 제일 중요했는데 여기에서는 다른 학교, 다른 나이대의 사람들과 함께 프로젝트 목표를 달성하기 위해 협업하다 보니 사람과의 약속, 공동체 생활에서의 책임이 얼마나 중요한지 느낄 수 있었다. 그래서 책임감이 참 중요하고 뭐든지 책임감을 가지고 참여해야 한다는 걸 배울 수 있었다.

이렇게 나온 공동체, 책임감, 도전, 배려, 나눔이라는 가치는 향후 2016년 프로젝트에 꼭 구현해야 된다고 합의하였다. 그래서 꿈이룸 5대 가치가 탄생한 것이다. 아이들이 얼마나 이 가치를 중요하게 생각하는지 2017년 꿈이룸학교 운영위원회 청소년들이 제작한 꿈이룸학교 안내 영상을 보면 알 수 있다.

2017 꿈이룸학교 안내

학생주도 프로젝트에는 이러한 철학적 가이드라인이 중요하고 이 가이드는 학생들이 합의해 만들어야 힘을 가질 수 있다. 다만 해마다 새로 들어오는 학생들에게 이 철학적 가이드를 내면화시키기가 쉽지는 않았다. 몽실학교의 슬로건이 제시되었을 때, 이 필요성에 공감하기보다 자기들이 미리 짜놓은 내용을 억지로 이 슬로건에 맞추는 모습이 보였다.

그래서 이 철학이 바람직한지 돌아보는 시간을 가지기도 했다. 하지만 이 철학이 틀렸다기보다, 이를 내면화시키고 이 철학에 부합하는 프로젝트를 구상하기 위해서는 체계적인 접근 과정이 필요하고, 또 공동체성을 더 추구해야 한다는 결론에 이르렀다.

다만 세상을 바꾸자는 슬로건이 너무 거창한 느낌이 있어 마을과 세상에 대한 개념을 좀 더 포괄적이면서도 다양하고 포용력을 가지며, 또 쉽게 다가설 수 있게 재정의하고자 했다.

그리고 2018년 미니 프로젝트 학교에서는 정책 마켓에서 도입된 6단계 질문지처럼 단계적인 학생주도 프로젝트 기획과정을 고민해서 도입하기로 하였다. 또한 프로젝트 과정 중간 중간에 가치와 슬로건을 담고 있는 과제나 미션을 해결하는 과정이 필요하다는 의견도 나왔고, 과정에서 나온 문제를 해결하는 프로젝트 기획 모임을 추가적으로 가져야 한다는 결론도 나왔다.

어느 것 하나 그냥 이루어지는 것이 없고, 어느 것 하나 절대적인 것도 없었다. 끊임없이 돌아보고 고쳐나가는 과정이 필요했다. 이를 받아들이고 다시 함께 만들어가는 마음이 필요하다. 결과적으로 이런 혁신의 과정을 거치며 몽실학교를 더욱 굳건하게 만들어가고 있다.

학생주도 프로젝트 과정 운영 시스템

　　3년간 다양한 실험을 통해 운영 방안을 거듭 고쳐가는 과정에서 얻은 나름대로의 운영시스템 노하우가 여럿 있다.

　　일반학교와 많은 부분이 다를 수밖에 없고, 고정화되어 있지 않는 시스템이 때로는 혼란을 부르기도 했지만, 언제든지 함께 바뀌나갈 수 있기에 혼란을 넘어설 수 있었다. 정답은 아니다. 정답이어서도 안 된다. 다만 비슷한 형태로 이러한 청소년 자치 배움터를 운영하고자 한다면 잘 참고해서 자체 운영방안 수립에 보탬이 되었으면 좋겠다.

선 학생 모집 - 후 프로젝트 기획

　　　　몽실학교는 학생주도 교육으로 교육의 패러다임이

전환되어야 배움의 자발성을 회복할 수 있다는 생각으로 기존 청소년 교육기관의 학생 모집 방식을 바꾸었다.

청소년 수련관을 비롯한 청소년 교육기관이나 문화센터, 그리고 학교는 모두 과목이나 프로그램 단위로 학생을 모집하여 운영하는 반면, 몽실학교는 먼저 학생을 모집한 뒤 학생들이 스스로 프로젝트를 기획하고 그 프로젝트 별로 다시 모집하여 운영한다.

꿈이룸학교 청소년 모집 포스터

몽실학교에서 하는 선 학생 모집 후 프로젝트 기획 방식은 뚜렷한 장단점이 있다.

제시된 과목이나 프로그램 중에서 선택해야 하는 기존 교육 방식은 학습자에게 제한된 선택권만 주고, 교육 내용을 온전히 받아들여야만 하는 수동적인 자세로 만든다. 그에 비해 몽실학교는 먼저 학생을 모집한 후 원하는 프로젝트를 기획하는 브레인스토밍을 거치다 보니, 선택권을 넘어서 교육과정 주도권을 가지게 되어 참여하는 학생들의 자발성이 상당히 높다.

몽실학교의 단점은 어떤 프로젝트가 기획될지, 몇 개가 기획될지 예측이 쉽지 않다는 점이다. 이에 따라 예산이나 인력 배치도 쉽지 않아 상황을 예측하고 진행해야 하는 관의 시스템과 맞지 않는 편이다. 또한 초반에 청소년이 많이 모일 수 있을지도 가늠하기 어렵다.

학생주도형이라는 장점에 비해 극복해야 하는 단점이 상당히 많아 결코 쉽지는 않다. 이 단점에서 파생되는 문제는 끊임없이 발생하고 있다. 처음 마을학교에서 시작해 지속가능성을 위해 관의 사업으로 함께 진행하다 보니 예산을 사용하는 상황에서 점점 어려움도 커졌다.

이런 어려움 속에서도 서로 이해하는 폭을 넓혀가며 융통성 있게 진행하는 방법을 좇는 일은, 몽실학교가 자리 잡아가는 현 단계에서도 사실 수월하지 않은 과정이긴 하다. 그럼에도 불구하고 몽실학교에서 이 방식을 고수하는 것은 교육의 문제점이 기존 방식에서 기인한다고 보기 때문이다. 무엇보다 기존의 방식은 아이들의 성장을 저해한다.

그래서 몽실학교에서는 선 학생 모집 후 프로젝트 기획 방식을 여전히 가장 중요한 운영시스템으로 생각하고 있다. 그래야 우리 청소년들이 배움의 참된 주인이 될 수 있음을 눈으로 확인했기 때문이다.

무학년제 운영 방식과 평등한 관계 만들기

몽실학교는 2015년부터 초5~고3까지 무학년제로 운영해왔다. 2018년부터는 초등 전문 프로젝트를 만들어 초등학생을 위한 과정도 따로 개설하긴 했지만 마을, 창업 프로젝트는 초5~고3까지 무학년제로 운영하고 있다. 더혜윰 프로젝트는 고등학생만 참가하지만 역시 무학년제로 운영된다. 초등학생을 위한 프로젝트인 '둥지'도 그 성격에 따라 무학년제로 운영하거나 적어도 2파트로 나눈 무학년제로 운영한다. 몽실학교가 학년제 중심의 학교와 달리 무학년제를 고수하는 이유는 무엇일까?

첫 시작인 비몽사몽 토론회에 참가한 청소년들이 초5~고3이었고, 무학년제로 운영된 것을 지금까지 이어오고 있다. 처음에는 학년별로 아이들을 구분할 정도의 길잡이교사 인력을 갖추지 못했고, 하고 싶은 프로젝트의 선호도는 깊이의 차이가 있을지언정 분야는 다르지 않았기 때문에 따로 구분하기 쉽지 않았다.

그리고 고학년이라도 초등학생과 고등학생은 어울리지 않아 보이지만 소수에 해당하는 초등학생들은 혁신학교에서 의사소통 역량이 다져진 경우가 많아 토론에도 쉽게 참여했다. 잘 모르는 학생끼리 모여서 서로 존대하는 분위기 속에서, 학년의 차이를 느끼기도 어려운 상황도 존재했다. 그러다 보니 자연스럽게 어울리는 분위기를 낳을 수 있었다 .

초반에는 학년이 어리지만 좀 더 적극성을 띤 학생들이 팀장을 맡는 경우도 있었다. 그러나 2년차, 3년차로 넘어서면서 서서히 고등학생들이 자연스럽게 리더 역할을 수행하고, 초등, 중학생이 배우고 함께 참여하는 형태를 띠기 시작했다. 고등학생들은 이끌어야 할 동생들이 있다 보니 리더의 역할을 더 쉽게 터득하기 시작했다. 더 의젓한 모습을 보이며 동생들을 잘 이끌어 갔다. 학교가 다르다 보니 학년이 높다는 이유로 강압적인 태도를 보이지 않았다. 동시에 길잡이교사들이 함께하면서 민주성을 유지할 수 있도록 회의를 진행했다.

무학년제는 프로젝트 팀 활동을 작은 사회에 비유할 수 있을 정도로 구성원을 다채롭게 만들었다. 다양한 연령대, 다양한 학교, 다양한 배경을 가진 청소년들이 함께 프로젝트 목표를 정하고 협력하며 목표 달성을 위해 노력하는 모습은 사회에 진출해서야 익히는 역량이지만, 몽실학교의 학생들은 프로젝트에서 먼저 배우고 있었다.

물론 무엇보다도 평등한 관계를 만들기 위한 노력이 이렇게 학년, 나이가 달라도 어울릴 수 있는 원동력이 되었다. 나이가 권력으로 작용하면 의사 표현에 제약이 생긴다. 따라서 평등한 관계를 유지할 수 있는 장치가 필요했다. 그래서 대안학교에서 '교사'라는 명칭 대신 별칭과 예사말을 쓰는 아이디어를 도입하였다. 길잡이 선생님이라는 호칭 대신에 친근한 별칭을 부르고, 편하게 자기 생각을 이야기할 수 있게 예사말을 쓰게 하였다. 이는 아이들이 자기 생각을 쉽게 털어놓게 하는 계기가 되었다.

경쟁하지 않고 서로 억압하지 않으며 협력하는 관계가 되자, 아이들은 서로 친한 동네 형, 누나, 동생이 되었다. 얼마나 살갑게 이야기를 나누는지 정말 보기 좋은 광경이 펼쳐지곤 한다. 이 관계가 이어져서 고등학교를 졸업하고 대학생이 되고 청년이 되어서도 관계망이 이어지고 있다. 그 관계가 10년 쯤 지나 서로에게 어떤 도움이 될지, 상상만으로도 큰 기대가 된다.

조력자로 참여하는 길잡이교사회

학생주도 프로젝트 기획과 운영은 청소년들이 하지만, 프로젝트 활동에는 길잡이교사들이 항상 함께하고 있다. 길잡이교

길잡이교사의 역할

청소년 주도 프로젝트 설계 및 운영 지원

청소년 자치 프로젝트 관련 전문가 연결을 통한 심화교육

프로젝트 참여 학생 소통 및 관계 형성 지원

프로젝트 참여 학생 안전 책임 지도

청소년 자치 프로젝트 과정 발전 및 일반화

사는 청소년이 주도로 기획하고 운영하는 프로젝트 활동에 함께 참여하며 원활한 운영을 위해 적극적으로 지원하는 조력자(facilitator)이다.

길잡이교사는 학생주도 교육을 실시하는 데 가장 핵심적인 역할을 한다. 일방적인 강의 중심의 강사와 달리 학생이 주도하는 프로젝트 운영을 조력하는데, 이는 결코 작은 역할이 아니다. 길잡이교사가 더 세밀하게 관찰하면서 필요한 지원 내용을 고민해야만 프로젝트가 제대로 돌아간다. 실제로 그런 역할을 제대로 못할 경우 프로젝트 팀들이 어려움을 겪는 경우가 적지 않았다. 그만큼 길잡이교사의 역할이 중요한 것이다.

몽실학교 길잡이교사는 지역에 살고 있는 교사, 학부모, 지역주민, 청년, 대학생 등으로 구성되어 있다. 정식 학교가 아니라 마을 학교로 출발하였고, 이 지역에 살면서 생업을 잇는 중에 짬을 내어 아이들과 함께

하는 분들이라 정규 교사도 있지만 교사가 아닌 분들이 훨씬 많다.

직업이 따로 있으면서 주중 야간이나 주말에 시간을 내어 아이들과 함께한다는 것은 큰 결심이 있어야 가능하다. 즉, 제일 중요한 것은 교사 자격증이 아니라 아이들과 함께하고픈 마음이다.

지역의 교사, 주민, 청년 등이 나섰지만 첫 해엔 10명도 안 되던 길잡이교사가 2년차에는 25명, 3년차에는 28명으로 늘어났다. 다만 2년차까지는 지역의 선생님이 10분 이상이 참가하면서 교육적인 방향으로 잘 이끌어 갔지만, 3년차에 급격하게 줄었다. 주중에 아이들을 지도하고 또 주말에 아이들을 보는 게 쉽지 않았던 것이다. 게다가 3년차에는 프로젝트 수도 늘어나서 길잡이교사가 턱없이 부족했다.

그때 큰 힘이 되어 주었던 이들이 바로 꿈이룸학교를 졸업한 청년들이다. 대학교를 진학하고도 주말에 돌아와서 후배들과 함께 시간을 공유했다. 본인들도 참 자랑스러워하며 몽실학교와 함께하기 위해 노력하고 있다.

이렇게 돌아온 청년들은 자기들끼리 협동조합을 만들어 몽실학교와 교육 사업을 함께 진행하고 있다. 그러면서 청년의 자립을 꿈꾸며 한발 한발 나아가고 있다. 이 협동조합은 몇 년 지나면 아마 큰 네트워크를 이룰 것이고, 서로 자립하는 데 큰 도움이 될 것이다.

길잡이교사로 활동하는 졸업생들

몽실학교는 앞에서 언급했듯이 매년 특이한 방식으로 청소년을 모집한다. 어떤 프로그램이 있다고 알려주는 것이 아니라 그냥 '몽실학교'로 모집한다. 이미 많이 알려진 덕에 500명이 넘는 청소년이 신청한다.

청소년들이 모여서 함께 기획하고 제안한 뒤 프로젝트가 결정되고, 그 이후 팀이 만들어지기 때문에 많은 시간이 필요하다. 이 과정을 모아서 '미니 프로젝트 학교'라는 이름으로 4주간 교육을 실시한다.

처음 몽실학교에 온 청소년은 수동적으로 수업만 받던 학교 교육에서 벗어나 직접 교육 내용을 제안하고, 함께 협업하기 위해 의견을 제시하며 교류하는 활동을 해본 경험이 부족하다. 그래서 이 미니 프로젝트 학교는 처음 참가하는 청소년들에게 필수적인 코스가 되었다. 이제는 몽실학교에 다니고 있는 기존 청소년들이 새로 들어오는 청소년들을 이끌어주기 때문에 좀 수월하게 진행된다.

처음 모였을 때 먼저 몽실학교가 무엇인지, 그동안 몽실학교에서 어떤 활동이 있었는지 소개한다. 그리고 학생주도 프로젝트가 무엇인지 안내한 다음, 전년도 프로젝트를 소개하며 그 의미를 느껴보도록 한다. 그런 다음 그림과 같이 소그룹별로 모여서 학생주도 프로젝트 기획 및 운영을 진행한다.

수동적인 청소년의 마음속에 있는 욕구를 일깨우고, 그 욕구를 프로젝트로 승화시키는 과정은 그리 쉽지 않다. 차근차근 그림과 같이 단계별로 접근해야 한다. 혼자가 아니라 팀으로 함께하며 고착된 생각들을 주물러 스스로 바꿔가야 한다.

그렇지만 마냥 어렵기만 한 것도 아니다. 3년간의 경험에 비추어보니, 이런 과정은 이야기를 나눌 수 있는 장만 펼쳐줘도 아이들은 서로에게 자극받고, 다른 사람들의 이야기를 들으며 스스로 깨닫고 바뀐다. 제일 중요한 건 이 장을 열어주는 것이다. 여태 이런 과정과 장이 없었을 뿐이다.

억지로 가르치고 주입할 필요가 없다. 아이들은 친구나 또래들에게 금방 배워나간다. '이런 게 가능하구나, 이렇게 하면 되는구나, 나도 이렇게 하면 되겠다'는 마음이 생기며 자발성이 확 올라가는 게 눈에 보인다. 새삼 함부로 가르치려고 나서면 안 된다는 걸 깨닫는다. 조금만 기다려주면 되는 것이다.

'학생주도 프로젝트 기획 및 운영 과정'은 안성 길잡이교사들을 대상으로 청소년들에게 미니 프로젝트를 하는 것과 똑같이 진행해보면서 단계별로 정리한 것이다. 좀 더 세밀한 단계와 단계별 질문이 필요하지만, 이 단계가 생각을 모으고 프로젝트로 만드는 데 많은 도움이 되었다.

1단계 생각 만들기 단계에서는 각자의 욕구를 찾아보는 단계로, 그동안 해보고 싶거나 배워보고 싶었지만 못 해봤던 것을 떠올려 보게 한 뒤 비슷한 욕구들을 접하게 한다.

2단계는 그 욕구가 단지 개인의 만족을 위한 경험으로 끝나지 않고 공동체를 만들며 사회적 관계망을 형성할 수 있게 욕구를 사회화, 공익화하는 과정이다. 이 지점이 욕구 중심으로 그치는 동아리와 큰 차이점을 만드는 것이다. 이 과정에서 아이들은 개인을 넘어 사회를 만

학생주도 프로젝트 기획 및 운영 과정

1단계: 생각 만들기	2단계: 다듬기	3단계: 구체화하기
• 주제: 1년의 시간이 주어진다면~ • 혼자 생각하기(세 가지) • 생각 나누기(경청, 비판 금지) • 비슷한 생각끼리 모으기	• 함께 하려면 어떻게? • 다른 사람을 이롭게 하려면 어떻게? • 5대 가치(공동체, 책임감, 도전, 배려, 나눔)를 포함하려면 어떻게? • 다른 사람과 나누려면 어떻게? • 구체적인 목표 세우기	• 기획하기(프로젝트명, 목표, 대강의 내용, 기대효과) • 제안하기 • 선택하기, 모집하기 • 세부계획 수립하기(구체적 일정, 계획, 예산 등) • 최종 프로젝트 계획 발표 • 최종 선택 • 프로젝트 활동 • 팀장 협의회 • 성장 나눔 발표회

우리가 하고 싶은 것으로 세상을 이롭게 하자!

나게 된다.

3단계는 2단계를 바탕으로 구체적인 프로젝트로 만드는 과정이다. 청소년들은 좀 더 적극적인 제안자가 된다. 물론 선택자로서만 존재해도 상관없다. 왜냐하면 제안자가 기획 내용을 제안해도 결국 상세한 내용은 함께 모여서 다시 기획하는 과정을 거치기 때문이다. 결국 프로젝트는 모두의 것이 된다. 여기서 조심해야 할 점은 팀장이 반드시 제안자가 되지 않아도 된다는 점이다. 이 조항이 있을 때 누구든 더욱 부담 없이 제안할 수 있다.

이렇게 제안된 프로젝트를 두 개까지 선택하고 함께 기획한 다음,

매주 협의하며 진행한다. 제일 중요한 사람은 팀장이다. 팀을 이끌면서 매주 예산과 실행 계획을 수립해서 올리고, 전체 과정을 고민해야 한다.

이런 과정을 거쳐 탄생한 프로젝트 팀들은 상·하반기 활동을 거쳐 최종 성장나눔 발표회에서 활동한 프로젝트 과정과 결과를 나눈다. 성장나눔 발표회에서 배움의 내용을 서로 확인하고 정리하는 시간을 갖는다.

2018년에 들어서는 이 기획과정이 좀 더 촘촘해야 함을 느꼈다. "우리가 하고 싶은 것으로 세상을 이롭게 하자"와 꿈이룸 5대 가치(공동체, 책임감, 도전, 배려, 나눔)를 지향하는 프로젝트 설계가 성기다보니 억지로 끼어 맞추는 느낌이 있었다.

그래서 프로젝트에 자연스레 가치를 녹일 수 있는 구조의 필요성을 느끼고, 프로젝트 설계 과정에 필요한 매뉴얼을 제작하고자 했다. 그래서 청소년과 길잡이교사가 자발성을 띄며 함께 모인 프로젝트 기획 TF가 열렸다.

그 TF에서 프로젝트 설계 과정에 꼭 담아야 하는 단계와 미션 등을 정리했다.

정리한 내용은 다음과 같다.

· 프로젝트 진행 단계

나의 성장, 우리의 성장, 몽실학교의 성장, 지역의 성장

① 학습과 이해(독서, 영상, 영화, 정보 조사 후 공유 등)

② 친목, 팀 빌딩

③ 중간 성찰 평가회

④ 최종 성장 나눔 발표회

· 프로젝트 내에서 자발적으로 정한 미션 수행하기(기본 틀만 제공)

① 마을과 연계를 해결하기 위해 우리는[   ]을 할 것이다(프로젝트 성격에 맞게)

② 프로젝트 팀별 콜라보(선택)

점점 프로젝트 설계 과정이 구체화되고 배움에 더 큰 도움을 주는 방식으로 발전하고 있다. 또한 중요한 대목은 집단지성의 강력함이다. 학습의 주체인 청소년들과 함께하고 청소년들의 목소리에 귀 기울일 때 더 큰 힘을 발휘할 수 있다는 것을 알 수 있다.

이러한 고민을 겨울방학 내내 하였고, 그 지난한 과정 끝에 2018년 학생주도 프로젝트 기획을 위한 길잡이 책이 나왔다. 길잡이 책은 함께 생각을 모으고 같은 방향으로 성장하기 위해 공동의 질문과 생각거

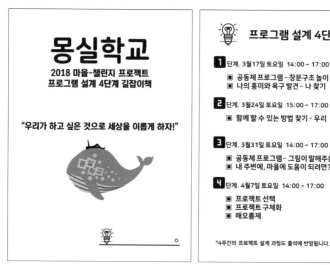

2018 마을-챌린지 프로젝트 프로그램 설계 길잡이 책

리를 만든 것으로, 4주에 걸친 프로그램으로 구성되었다.

이 길잡이 책을 만드는 과정에서 청소년과 길잡이교사가 함께 실습도 하면서 '어떤 질문과 과정이 생각을 가장 잘 이끌어낼 것인가? 어떻게 하면 개인의 욕구에서 출발해 공동체를 지향하게 할 것인가?'를 끊임없이 고민하였다.

이후 학생주도 프로젝트 기획 워크숍 4주의 과정을 거쳐 총 24개의 마을, 챌린지 프로젝트를 기획하고 시작하게 되었다. 이 준비 과정은 좀 더 탄탄한 출발을 위한 발판이 되었다.

그렇다고 고민이 끝난 것은 아니었다. 많은 고민을 거쳐 탄생한 학생주도 프로젝트였지만, 욕구를 기반으로 출발한 특기 중심의 프로젝트와 삶, 공동체와의 연결성은 그리 강해보이지 않았다. 시간이 걸리겠지만 좀 더 고민이 필요함도 느꼈다.

향후를 조심스럽게 전망해보면 흥미와 특기라는 욕구에 기반한 학생주도 프로젝트도 필요하지만, 좀 더 배움의 욕구에 기반해 앎과 삶이 연결되는, 주제 중심 프로젝트도 더 필요하다는 의견이 나오기 시작했다. 흥미와 특기라는 욕구에 기반한 프로젝트는 분절화된 교과형태로 출발하고, 이후 다각적인 목표 달성의 과정을 거쳐 통합적인 역량을 키워보려고 했지만 그렇게 쉽지는 않았다.

한편, 배움의 욕구에 기반해 앎과 삶이 연결되는 주제 중심 프로젝트는 시작부터 바로 통합적인 사고가 필요하고, 또 기를 수 있다는 장점이 있어 더 구체화할 필요성을 느꼈다. 더혜윰 프로젝트에서 삶의 문제에 대한 해결방안 탐구 주제로 학생주도 주제 탐구 프로젝트를 하고 있는데, 그걸 응용한 마을-챌린지 프로젝트를 시도할 예정이다. 2018년을 보낸 뒤 다시 학생주도 프로젝트 과정을 어떤 방식으로 개선할 것인가가 우리에게 주어진 숙제이다.

청소년 자치 배움터의 체계화

꿈이룸학교에서 몽실학교로 발전하며, 청소년 자치 배움터를 움직이는 조직 역시 점차 정교해졌다. 기존의 학교와는 다르게, 청소년이 주체가 되는 배움터를 만들기 위해 많은 노력을 기울이고 있다. 이는 청소년 자치 배움터를 굳건히 세우는데 중요한 원리가 된다.

프로젝트 중심의 청소년 자치 배움터를 운영하기 위해서 필요한 조직으로 몽실학교 초기부터 팀장협의회, 학생 운영위원회, 총회를 운영해왔다. 팀장협의회는 프로젝트 팀별 진행상황을 함께 공유하면서 필요한 내용, 장소 사용의 어려운 점, 건의사항 등 전반적인 프로젝트 과정을 함께 협의한다. 프로젝트 진행 시 다른 팀의 상황을 들으면서 자기 팀 상황을 점검하는 계기가 되기도 한다.

학생 운영위원회에는 길잡이교사도 포함되어 있지만, 의사결정은 대부분 학생 운영위원이 내린다. 학교와 달리 운영위원회 구성과 결정을 학생이 맡음으로써 명실상부하게 청소년 자치 배움터로 자리 매김하는 단초가 되었다. 여기에 학생 전체가 참여하는 총회가 있어 전체 의사결정을 내릴 수 있는 장치도 만들었다. 물론 이렇게 구성하여 2017년까지 진행하며 문제점을 개선해왔지만 계속해서 새로운 문제점이 발생했다.

운영위원회가 있기 전에는 길잡이교사회에서 많은 의사결정을 내리다가, 의사결정권을 점차 운영위원회로 옮겼다. 하지만 운영위원회와 길잡이교사회의 역할에 중복되는 부분이 있어 의사결정권이 온전히 넘어가지 않았다. 또한 운영위원회가 행사 진행까지 맡다보니 의사결정기구라기보다 실행기구 같은 모양새를 띠게 되었다. 총회 역시 프로젝트 단위 중심이다 보니, 학생 전체가 제대로 모이기 쉽지 않았다. 그래서 총회의 의미도 옅어졌다.

이런 문제가 겹치면서 좀 더 혁신이 필요했고 때마침 「몽실학교 실태 분석 및 발전 방안」 연구 용역이 진행되면서 몽실학교가 진정한 청소년 자치 배움터로 자리 매김하기 위한 조직도가 그려졌다. 연구진과 길잡이교사, 청소년의 의견을 모두 종합한 결과물이었다. 아직 우리나라에 없던, 가장 혁신적인 관(官)의 조직 형태라고 말할 수 있는 조직안이 나왔다. 몽실학교 직속기관 추진안에 포함이 되었다. 앞으로 몽실학교와 유사한 청소년 자치 배움터를 운영하는 곳에 좋은 모범 사례가 될 것으로 예상된다. 조직도는 다음과 같다.

민간에서 만든 마을학교와 관의 조직이 결합되어 함께 가기 위해 고민한 노력이 이 조직도에 스며있다. 몽실학교장을 비롯해 교육기획협력부와 교육지원부는 관 조직이고, 교육자치회는 민간조직이라 할 수 있다. 기관 조직도 안에 민간조직을 인정했다는 그 자체로 민과 관이 함께 만들어간다는 조직의 의미가 공식화된 것이다.

그리고 몽실학교장보다 위에 있는 운영위원회의 위치가 이 조직도의 백미이다. 보통 운영위원회는 학교장 아래에 있고 심의기구에 그치지만, 여기는 기관장보다 상위 조직인 의결기구로 작동하고 있다. 또한 여기 구성원의 반 이상을 학생이 차지하도록 하고 있다.

　학교는 학생이 운영위원회 위원으로 참여하기가 쉽지 않을 뿐 아니라 심의기구에 그쳐 기관장의 의사에 좌지우지되는 게 일반적인데, 이를 뒤집어놓은 것이다. 학생이 중심이 된 운영위원회에서 가장 중요한 의사결정을 할 수 있을 때, 명실상부한 청소년 자치 배움터로 거듭날 수 있다는 가치관 덕이다.

　교육자치회에 있는 청소년 자치회와 길잡이교사회를 유기적으로 운영하는 동시에 그 대표를 운영위원으로 두기 때문에 청소년들이 실질적인 의사결정을 내릴 수 있으리라 보인다.

　이렇게까지 조직도를 상상하고 구성하는 데 생각보다 오랜 시간과 고민이 필요했다. 직속기관 후의 조직도이지만 몽실학교는 직속기관과 무관하게 이러한 조직 체제로 운영해나가려고 한다. 이 같은 노력이 청소년 교육을 새롭게 바라보는 계기로 작용할 것이라 믿는다.

중앙 관리 및 예산 집행 방식

　　　　몽실학교 예산은 일괄적인 팀별 분배방식을 사용하지 않는다. 팀별 가용 예산은 프로젝트를 시작할 때 제시되지만 분배해주고 알아서 맡기는 방식은 아니다. 프로젝트 팀별 내용에 따라 예산 규모가 다를 수밖에 없기 때문에 무조건 균등하게 배분할 경우 팀에 따라 모자라거나 낭비될 소지가 크다. 물론 각 팀에 균등하게 배분하고 해당 팀이 책임을 지는 방식은 운영 측면에서 수월하지만, 전반적인 팀의 상황을 고려하면서 조절하는 운영방식이 전체 프로젝트 팀의 성장 측면에 더 큰 도움이 된다.

팀별로 다양한 구성원이 모이고 프로젝트 목표 달성을 위해 여러 계획을 추진하지만, 진행과 성장의 속도는 팀마다 다르다. 어떤 프로젝트 팀은 관계도 좋고 소통도 잘 되며 계획대로 잘 추진하는 반면, 어떤 팀은 초기 목표 설정이 애매해서 몇 번 계획을 뒤엎기도 하고 길잡이 교사와 청소년간의 소통이 원활하지 않는 경우도 발생한다. 때로는 팀원의 개인적 일탈로 프로젝트의 동력을 상실하기도 한다.

이때 길잡이교사, 특히 경력자가 나서서 이런 팀에 도움 주며 문제점을 바로잡고 관계를 회복하기도 한다. 경력이 많지 않은 길잡이교사가 지도하는 팀에서 이런 현상이 자주 일어나기 때문에 이때 경력자들의 도움은 든든한 힘이 된다.

청소년이 주도하되, 이를 뒷받침할 수 있는 세밀한 지원이 필요하다는 이야기이다. 그냥 맡겨만 두어서는 안 된다. 면밀하게 살피고 부족한 부분을 챙겨나가는 관리자의 노력이 필요하다. 이런 점이 조금씩 쌓여 함께 성장하고 있는 것이다.

전반적인 운영 시스템을 고민한다면 이처럼 중앙 관리 및 예산 집행 방식을 권하고 싶다. 다만 이 방식은 많은 시간과 노력이 필요하다. 관리자의 상당한 헌신이 필요하다. 그러지 않으면 성립될 수 없다.

그럼에도 기꺼이 수고를 감수하겠다는 사람들이 보인다. 그만큼의 보람과 결실을 맺기 때문이 아닐까 싶다. 이런 과정을 거치고서 점차 자동화 시스템을 구축할 수 있을 거란 생각도 든다. 그 시점이 언제인지는 알 수는 없다. 숙성된 만큼 자연스럽게 작동할 거라고 본다. 그 시점까지 서로를 격려하며 가는 수밖에 없다. 몽실학교는 이 과정을 거치는 중이다. 그리고 무엇보다 중요한 것은 서로에 대한 믿음이다. 이 운영 시스템에 대한 가이드라인 내용에서, 가장 중요한 것은 서로에 대한 믿음이라 다시 한번 강조한다.

몽실교육학, 학생주도 교육

몽실학교의 교육은 기존의 교육과 어떤 점이 다를까? 같은 아이들인데 학교에서와 다른 모습을 보이고 있는 이 현상을 어떻게 해석해야 할까? 그냥 한낱 유행에 지나는 것이 아닐까? 몽실학교와 학교에서의 성장은 어떻게 다를까? 몽실학교에서 바라보는 학생관은 학교 교육의 그것과 다를까? 몽실학교의 성장이 의미 있다면 학교 교육이 도입해야 할 지점은 무엇일까? 몽실학교의 교육철학, 교육방법, 교육과정은 기존 교육학의 관점과 다른 것일까? 이 질문들처럼 몽실학교를 보면서 학교 교육이 놓치고 있는 지점은 무엇일까를 생각해보게 된다.

이런 숱한 질문에 대한 답을 찾아야 할 의무가 생기고 있다. 왜냐하면 청소년이 자신의 성장사를 지나가는 이야기로 끝내고 싶어 하지 않기 때문이다. 다시 말해 청소년은 교육이 바뀌기를 원하고 있다. 쉽지 않겠지만 자신들의 성장을 이끈 몽실학교 교육이 확산되기를 원하고 있고, 이를 통해 자신들처럼 더 많은 청소년이 몽실학교 교육의 혜택을 누리고 함께 성장했으면 하는 바람을 이야기한다.

이런 바람에 부흥하기 위해서라도 몽실학교 교육의 이론화가 필요하다. 단순한 유행이 아니라 보편적으로 적용할 수 있고, 설명할 수 있는 이론이 필요하다. 기존의 학교 교육과 다른 지점을 하나씩 짚어가며 우리의 교육을 어떻게 바꿔야 하는 지에 대한 방향성을 제시해보고자 한다.

배우는 자에게 선택의 자유를

고등학교 교실을 보면 대부분이 엎드려 자고, 한 두 명의 학생만 겨우 수업을 듣는다. 대부분의 학생이 수업시간에 자고 있는 상황을 어떻게 해석해야 할까? 예전에도 어쩌다 도저히 잠을 못 이기는 학생들이 몰래 자기는 했다. 그마저도 혼나거나 옆의 친구가 깨우곤 했지만, 지금은 한 둘을 빼고는 아예 수업 시작부터 모두가 엎드려 잔다. 그런데도 교사들이 깨울 엄두를 못 낸다. 왜 이런 현상이 발생할까? 우리는 그 문제의 원인을 짐작하고 있다. 이런 수업 대부분이 입시와 무관할 것이다. 혹은 학습의 의미를 느끼기가 힘든 수업일 수도 있다. 혹은 입시와 무관하더라도 지나치게 만연해진 현상이라 그럴지도 모른다. 우리는 이 문제를 어떻게 바라보아야 할까? 이 문제를 학습의 본질과 연관시켜서 봐야 제대로 살필 수 있다고 생각한다.

지금까지 학생들은 방관자적 입장에서 누군가에 의해 만들어진 지식의 수요자로만 간주되어 왔기 때문에 스스로 문제를 찾고 지식을 만들어가는 과정의 기쁨으로 소외되어 왔다. 즉 학생을 지식 소비자(knowledge consumer)로 규정해왔다.(한승희 외, 2000)

참으로 공감되는 이야기이다. 교사가, 학교가, 국가가 정해놓은 지식을 습득하고 그 지식을 얼마나 기억하고 있느냐에 따라 평가받다 보니 학생은 교실에서 가장 수동적인 존재로 전락하였다.

진학이라는 블랙홀에 빠져 가장 큰 학습의 희열을 뺏어간 학교 교육은 학생들이 학습의 노동에 시달리게 만들었다. 그러니 학생들은 진학과 상관없는 학습 노동이라고 판단하면 수업을 거부한다.

이 문제를 고치기 위해서는 총체적인 혁신이 필요하지만, 다행히 진학의 블랙홀은 입시 구조의 다변화로 조금씩 옅어지고 있다. 그러니 아이들이 교실에서 스스로 문제를 찾고 지식을 만들어가는 기쁨을 깨닫게 하는 것이 최우선 과제이다.

학생들이 기본적인 교육의 구조를 탐구하고 창의력을 발휘하며 느끼는 기쁨을 맛볼 수 있도록 하자. 이는 학습자가 더 이상 지식의 수요자에 그치지 않고, 지식의 생산자가 될 수 있는 구조로 변해야 한다는 의미이다.

학습자인 동시에 생산자가 되기 위해서는 자기 배움을 기획하고 결정하는 주체로 거듭날 수 있게 교육의 구조를 바꿔야 한다. 다시 말해 교육과정의 기획권과 주도권을 학생들에게 주어야 한다.

지금까지의 교육은 그런 적이 없었다. 교육에 있어 교육과정의 기획권, 주도권은 항상 교사에게 있었다. 이젠 바꿔야 한다. 학습 자발성을 살리기 위해서 배움의 욕구를 깨우고 이를 성취하기 위한 과정을 스스로 찾게 하자. 교사는 가르침의 위치에서 스스로 길을 찾게 돕는 조력자로서 위치를 바꾸어 보자. 변화가 시작될 것이고 놀라운 성장이 일어날 것이다. 우리는 몽실학교에서 매일 그 모습을 보고 있다. 이는 몽실학교 뿐 아니라 변화를 시작하는 곳 어디에서나 볼 수 있을 것이다.

Deeper Learning
깊은 배움이 일어나는 프로젝트 기반 학습

4차 산업 혁명 이야기가 온 세상을 뒤덮고 있다. 미래에는 과연 어떤 인재가 필요할 것인가에 대한 많은 이야기가 나오고 있다. 분명 4차 산업 혁명이 유발할 변화는 현재의 기준이나 생각으로 대응하기 어려울 것이다. 현재를 훨씬 뛰어넘는 기술적 변화는 인간의 삶을 크게 변화시켜 나갈 것이다. 이런 상황 속에서 우리 교육은 아이들이 맞이할 미래를 어떻게 준비할 것인가에 초점을 맞추어야 한다.

다만, 준비과정을 기술적 변화의 교육에만 국한해서는 안 된다. 기술적 변화의 속도는 우리가 이를 따라잡자고 해서 따라 잡을 수 있는 것이 아니다. 하드웨어와 소프트웨어의 발달속도를 비교하면, 소프트웨어가 언제나 하드웨어의 꽁무니를 쫓는 모양이다.

그러니 기술적 변화를 쫓으면 변화의 그림자만 밟을 것이고, 점차 그 노력이 무의미하게 될 것이 뻔하다. 이런 면을 볼 때, 학습은 기술적인 변화가 아니라 학습의 근본적인 가치를 추구해야 그 변화의 시류에 휩쓸리지 않을 수 있다.

학습의 근본은 배우고자 하는 욕구이다. 배움의 욕구가 있어야 학습을 시작하기 때문이다. 그동안 그 욕구를 무시한 채 사회적 요구에 따라 교육이 이뤄졌고, 이에 따라 학생들은 수동적으로 학습할 수밖에 없었다. 때문에 학습의 근본과 본질은 도외시되었다. 학습은 그저 안락한 미래를 보장받기 위한 도구로 전락했다.

학습하고자 하는 욕구를 되살릴 수만 있다면 기술적 변화는 충분히 극복될 정도로 빠르게 변하고 있다. 학습하고자 하는 욕구를 바탕으로 근본적인 학습의 과정을 추구한다면 좀 더 학습자가 주체적으로 학습을 할 수 있을 것이고 이를 바탕으로 자신의 삶을 능동적으로 구성해가며 성장할 수 있을 것이다.

표준화되고 획일화된 지금의 교육은 이 학습욕구를 크게 약화시키고 있다. 떨어진 학습욕구는 수동적인 태도를 강화해 삶의 주도성을 놓치게 만든다. 우리가 예측하고 있는 미래사회는 기존 교육과정으로 대비하기에는 어려운 상황으로 전개될 것이다. 정해진 틀 속에서 정답을 찾는 방식으로는 융합과 창조 중심의 미래사회의 문제에 제대로 대처할 수가 없다. 이를 바꿀 교육이 필요하다.

그럼 어떤 교육이 필요한 것일까?

4차 산업 혁명시대의 교육의 변화를 예측하고 각종 보고서에 따르면 시공간을 넘나드는 협력활동과 학습자의 역할을 더 이상 소비자가 아니라 개발자(maker) 또는 창작자(creator)로 전환시키는 학습활동, 실생활에서의 적용을 염두에 둔 프로젝트 학습, 과제 기반 학습 활동이 이루어지도록 학습을 설계해야 한다고 한다.(김진숙, 2016) 또 프로젝트 기반의 학습은 교과 내 지식에 머물지 않고, 사회 문제를 해결하는 경험과 연결되도록 깊이 있게 설계(이를 「Horizon Report」에서는 '디퍼 러닝(Deeper-learning)'으로 표현)해야 한다고 이야기한다.

그동안 진행되어온 지식 전달 중심의 교육이 아니라 협력, 창조, 적용을 고려한 교육이 필요하다는 이야기이다. 이런 교육은 지금의 전달 중심 교육방법으로는 불가능하다. 경쟁과 암기, 풀이 중심의 교육으로 어떻게 가능하겠는가?

그럼 어떻게 바꾸어야 할까? 몽실학교에서는 이를 학생주도 프로젝트에서 찾았다. 이를 학생주도 교육으로 그 흐름을 정의하고 있다. 실제로 우리 교육의 문제를 해결할 수 있는 실마리를 몽실학교의 학생주도 프로젝트에서 찾을 수 있다. 그럼 왜 학생주도 프로젝트와 학생주도 교육이 필요한지를 짚어보자.

앞에서 학습하고자 하는 욕구를 바탕으로 근본적인 학습의 과정을 추구한다면 학습자가 더욱 주체적으로 학습에 임할 수 있을 것이라고 했다. 여기서 가장 중요한 첫 번째는 학습하고자 하는 욕구일 것이고, 두 번째는 그 지속성일 것이다.

이 두 가지를 위한 교육이 학생주도 교육이라고 할 수 있다. 그동안 학교와 교사 중심의 교육 주도권을 학습자가 가지고 스스로 학습해나가는 것이다. 그동안 한번도 학습자에게 주도권을 제대로 넘겨 준 적이 없다. 학습자는 학교가, 교사가 제시한 교육 내용을 받아야만 했고, 소극적인 선택권만 가질 수 있었다. 요즘 이야기되는 고교 학점제는 그 선택권을 확대하여 학습자에게 좀 더 주도권을 넘겨주자는 제도이다. 그러나 그것도 한계가 있다. 우리는 미래교육을 맞이하여 교육의 주도권을 과감하게 학습자에게 온전히 넘겨야 한다.

학습자가 주도권을 가지고 교육내용을 기획하며, 그 내용을 진행하며 문제점을 직접 수정하기도 하는, 원하는 학습내용을 스스로 찾아나가는 시스템으로 전환해야 할 시점이 된 것이다. 학습자가 삶의 문제를 해결하는 위한 프로젝트를 기획하고, 함께 협력하여 문제를 해결하는 과정이 필요하다. 이 과정이 쌓이면 학습자는 협력, 융합, 창조의 과정을 체화하고, 어떤 문제적 상황에 직면해도 헤쳐 나갈 수 있는 힘을 기르게 된다.

학생들은 몽실학교의 학생주도 프로젝트로 이런 놀라운 성장을 몸소 증명하고 있다. 학습자가 직접 기획한 프로젝트는 학습의 동기를 유발하기에 자발성이 강하고, 협력하는 과정으로 상호호혜적인 배움이 일어나며, 이런 선순환이 지속성을 보장하는 것이다. 경쟁과 공부노동으로 오로지 진학만 바라보며 시달리는 삶보다, 우리 아이들이 행복한 미래를 살 수 있도록 학생주도 교육으로의 전환을 제시한다.

몽실학교로 비춰보는 미래교육의 방향

교육의 변화를 학생주도 교육으로 바꿔야 한다고 했던 학자들은 이미 여러 명 있다. '학습자는 변화의 파트너이자' (Hargreaves & Shirley, 2015a), '교사와 함께 교육과정의 공동 기획자와 개발자가 되어야 하며' (Schultz, 2017), '자신의 관심과 능력에 맞게 학습경로를 설정하고 그에 적합한 학습 내용과 학습방법을 결정하면서 학습에 대한 주도권을 가져야 한다'(Bray & McClaskey, 207 : Stoyanov, Hoogveld & Kirschner, 2010)고 했다. 학생주도 교육은 이미 개별화 교육과 함께 교육 패러다임의 전환을 요구하는 커다란 흐름을 형성하고 있다.

가르침 중심의 교육에서 학생주도 교육으로 바꾸고자 하는 요구는 자연스런 역사의 흐름인 것이다. 또한, 학생주도 교육이 요구되는 흐름은 4차 산업 혁명으로 대변되는 디지털 기술의 발달에 기인한 것이기도 하다.

> 디지털 테크놀로지 등장으로 전통적 학교 교육 모델과 디지털 테크놀로지 사이에서 불일치 현상이 발생하여 학교 교육 영역 내에서만 교육을 논하기 어려워졌기 때문이다.
>
> (Collins & Halverson, 2009, 계보경, 2016에서 재인용)

기존 학교 모델로는 디지털 기술의 발달에 따른 학습의 기회와 영역, 그리고 그에 따른 학습자들의 요구를 감당할 수 없는 상황에 이르렀다. 지식의 전달자가 더 이상 필요하지 않는 교육적 상황과 더불어, 스스로 접할 수 있는 쉽게 다양한 교육 콘텐츠를 볼 수 있는 상황이 되며 학교의 변화가 필요해진 것이다. 또한 발전되는 디지털 기술은 더 이상 지식의 전달자가 중심이 아니라 학습자가 중심에 있다는 의미이기도 하다. 학습 콘텐츠를 학교에서만이 아니라, 스스로 찾을 수 있기 때문이다. 그럼에도 불구하고 학교 교육의 변화는 더딘 속도로 진행되고 있어 학습자의 성장 속도를 못 따라가고 있다. 요컨대 학교 교육이 학습자의 요구를 담아내지 못하는 것이다.

그 변화의 속도를 좇기 위해서는 다양한 교육자원을 적극적으로 활용할 수 있게 학교를 더욱 개방해야 하고, 학습자가 더욱 다양한 학습의 기회를 접할 수 있도록 바꾸어야 한다. 더 이상 학교 내 자원으로 모든 교육이 가능한 시대가 아니기에, 이 상황을 적극적으로 바꾸어야 한다. 학교는 학습자 주도성을 근거로 다양한 교육기회와 인프라를 제공하며 학습자의 학습욕구를 충족시키는 시스템으로 바뀌어야 하는 것이다. 그것에 가장 적합한 교육이 학생주도 교육이고, 학교는 학습자가 교육과정을 기획하고 운영할 수 있게 교육 방식을 바꾸어야 한다. 또한 교사는 학생이 스스로 해내는 과정의 조력자 역할로써 교육자원과 인프라의 다리 역할을 맡아야 한다. 이처럼 학교는 다양한 교육기회와 인프라를 제공하고 소통하는 학습 플랫폼이 되어야 하는 것이다.

> 학습 플랫폼은 학습자가 중심이 되어 다양한 자료와 정보가 공유되고 활용되고 재활용되는 공간 학습 플랫폼은 학습자가 학교 내의 다른 학습자와 협력학습이나 팀학습을 할 수도 있고 학습자료를 선택하고 이해하며 재조직하면서 학습이 이루어지는 장이라고 할 수 있다. 학습 플랫폼은 학교에서 학교 내 다른 학습자와 대면적인 상호작용, 학교 밖에서는 지역사회에서 마을교육공동체 활동을 하면서 지역사회 주민과 상호교류, 온라인 가상공간에서 학습자료를 선택하고 조직하면서 학습이 이루어진다.(조윤정, 2017)

몽실학교는 인가 교육기관인 학교는 아니지만, 학교가 이런 모습이었으면 하는 바람으로 학교라고 이름 붙였다. 역설적으로 학교가 아니다 보니 현재 학교가 갖는 한계를 쉽게 벗어날 수 있었고, 이로써 앞에서 이야기한 학습 플랫폼의 역할을 충실히 수행하고 있다. 몽실학교로 다양한 교육 자원과 인프라가 학생주도 교육을 위해 모여들고 연결되는 중이며, 다양한 협력활동으로 학생들이 성장하고 있다. 또한 몽실학교만의 공동체성을 형성하고 있고, 무상교육이 실시되어 누구에게나 참여할 기회가 열리고 있다.

이러한 몽실학교를 미래교육을 선도해가는 한 사례로 주목하고 연구한 「미래학교 체제 연구 – 학습자 주도성을 중심으로」(조윤정, 2017)에서는 이러한 전환의 흐름을 담아 미래교육의 지향원리를 배움에서의 학습자 주체화, 삶과 연계된 학습, 학습의 시공간 확장, 교육격차해소 4가지로 들고 있다.

이는 학교가 학습 플랫폼으로서의 전환을 위해서 필요한 비전이다. 몽실학교에서 실시하는 것처럼 학교에서는 학생들이 교육과정을 기획하고 운영할 수 있어야 하고, 학생들이 제안하는 프로젝트는 삶과 연결되어 삶의 문제를 해결하는 내용이 되어야 한다. 또한 학생주도 교육이 일어나는 공간은 학교 안밖을 넘나들며 다양한 학습 자원과 인프라를 결합할 수 있게 개방되어야 한다. 동시에 이러한 교육 기회는 누구에게나 참여할 기회가 보장되어야 할 것이다.

이런 학습 플랫폼은 2030년 미래학교를 예측한 내용에도 비슷하게 그려진다. 선진국의 다양한 미래학교 연구자가 밝힌 2030년 미래학교는 '학습마을(learning village)'이라고 하며 마치 공원처럼 다양한 배경을 가진 사람들이 어울러 서로가 서로에게 배우는 장소가 될 것이며, 다시 소규모 학습공동체로 쪼개져 더 민주적이고 자유로운 학습이 가능하게 될 것이라고 예상하고 있다. 학습공원으로서 학교는 다양한 지역사회 구성원이 학교 교육에 참여하고, 학생은 지역주민과 활발하게 소통하면서 자연스럽게 학습할 것으로 예상한다. 미래학교에서 교사의 역할은 기업이나 지역사회 전문가와 학생을 적극적으로 연계하여 학생 개개인이 자신의 흥미, 열정, 재능 등을 바탕으로 성장할 수 있도록 돕는 역할을 하리라 예상한다. 관심사가 같은 학생끼리 스스로 학습의 주체가 되는 방식으로 프로젝트 수업에 참여하게 될 것이라고 한다. 거의 모든 내용이 학습 플랫폼으로서 학교 변화를 이야기하는 지점과 동일한 맥락의 이야기이다.

4차 산업 혁명이든, 2030년 미래학교든 모두 학생을 배움의 주체로

미래학습의 지향원리	내용	가치지향성	가치지향성의 내용
배움에서의 학습자 주체화	교육과정 기획자 및 지식관리자로의 학습자 재개념화	주체성 (Independent)	학습자는 자기 학습의 주인이 되어 자신의 학습을 스스로 관리하여야 함
삶과 연계된 학습	자신의 삶의 기반이 되는 마을과 연계	유의미성 (Relevant)	학습자는 현재 중요한 문제들을 확인하고 해결하며, 실제세계와 분리되어서는 안 됨
학습의 시공간 확장	비형식 및 무형식 학습과의 연계	확장성 (Scalable)	학습자는 언제, 어디서든 학습할 수 있어야 함
교육격차 해소	보편적 학습설계 원리 적용	보편성 (Universal)	모든 학습자가 성공 경험을 가질 수 있어야 함

미래학습의 지향원리(조윤정, 2017)

세우고, 학교가 학습 플랫폼으로 발전하며, 교사의 역할은 조력자로 학습자의 자발성을 최대한 끌어올리는 역할을 해야 한다고 이야기한다. 우리는 이 점에 주목해 앞으로의 교육 혁신을 고민해야 한다.

학생, 배움을 만들어내다

더혜윰 프로젝트에서 고등학생들이 주도적으로 교과 교육과정을 만들고 수업 진행하는 과정을 관찰하며 연구한 경기도교육 연구원의 조윤정 박사는 학습자 주도 학습이란 학습자가 배움의 주도권을 가지는 교육과정의 주체이고, 지식의 새로운 의미 구조를 만드는 생산자이자 텍스트 기획자로 만든다고 보았다.

학습자는 학습자 주도 학습에서 진정한 배움을 이룬다고 스스로 인식하고, 교사는 학습자를 교육과정의 주체인 동시에 생산자로 바라보면서 학습자 주도 학습의 현실적인 실천 가능성을 인식하게 된다고 이야기한다.

이런 전환은 교사가 학습자를 스스로를 가르칠 수 있는 배움의 주체이자 삶의 주체로 바라보기 때문에 가능하다.

이는 학습자를 지식만 전달받는 수동적인 존재가 아니라, 배움의 주체로 보는 관점의 변화에서 시작된다. 그동안 말로만 학생을 배움의 주체라 이야기했지, 정말 그렇게 생각한 적은 없었다.

학습자를 배움의 주체로 바라보면 그에 따라 교육의 방법도 바뀌게 된다. 이끌고 가르쳐야 할 존재로 바라볼 때는 모든 걸 교사의 관점에서 바라보고, 교수방법을 중요하게 여긴다. 학생은 지도 대상이고, 학교의 주요 결정에서 철저하게 배제되었다.

배움의 주체로 학습자를 바라볼 때는 모든 것이 바뀐다. 학습자가 주도성을 띔에 따라 배움의 공간도 바뀌게 된다. 학교의 의사결정에 학생들이 적극적으로 참여할 수 있게, 배움의 내용도 학습자에게 맞게 조직될 수 있는 것이다.

그걸 온전하게 지지하고 지원할 때 학습자는 배움의 주체를 넘어 삶의 주체로 거듭나게 된다. 그리고 이제는 이렇게 나아갈 수 있도록 학습자 상을 바꾸어나가야 할 때인 것이다.

교사, 배움을 돕다

| 몽실학교 길잡이교사의 약속 |

1. 아이들이 스스로 주인이 될 수 있도록 해야 한다.
2. 항상 우리가 어디까지 관여해야 하는 것인가를 고민해야 한다.
3. 가르치려 들지 말고 스스로 말하게 해야 한다.
4. 민주적인 방식으로 아이들이 스스로 결정하게 해야 한다.
5. 관계가 제일 중요하다.
6. 내버려둔다고 되는 것은 아니다. 함께해야 하고 같이 고민해주어야 한다.
7. 우리가 하고 싶은 것으로 세상을 이롭게 하자!

8. 꿈이룸 5대 가치(공동체, 책임감, 도전, 배려 나눔)처럼 철학을 스스로 세우게 해야 한다.

9. 누구나 책임감을 가지고 스스로 서면서 다른 사람을 이끌어나갈 수 있게 해야 한다.

10. 우리는 지역에서 함께 살고 있는 우리 아이들이 스스로 건강하게 성장할 수 있도록 하고 있는 것이다.

학생주도 교육에서 교사는 전통적으로 가르치던 존재에서 조력자로 바뀌게 된다. 이 때 가장 고민해야 하는 점이 교사가 어디까지 개입해야 하느냐의 문제이다.

교육의 제반 조건을 통제하고 지시하며 가르치는 것이 아니라, 학습자가 스스로 배움의 길을 찾아가게 돕기 위해서는 많은 인내와 적절한 개입, 그리고 지원이 필요하다. 그 적절한 정도는 정답이 없고, 상황에 따라 가변적이다. 이 가변성을 가늠하는 역량이 교사의 전문성이다.

학생주도 교육에서 교사는 흩어져 있고 정리되지 않은 학습자의 학습욕구를 발현시켜 구체적인 목표를 가지게 돕고, 필요한 정보와 그 접근 경로를 찾을 수 있게 지원하며, 목표 달성을 위해 함께 고민하고 조력하는 존재가 되어야 한다. 그래서 몽실학교에서는 교사가 아니라 길잡이교사라고 부르고 있다. 말 그대로 길잡이 역할을 해야 한다는 의미이다.

학생주도 교육에서 길잡이교사가 가장 전문성을 발휘해야 하는 부분이 학습 상황과 욕구에 맞는 적절한 발문, 그리고 조력이다. 또한 현재 수준에서 도약할 수 있는 스캐폴딩(scaffolding)을 전문적으로 제공할 때 학습을 심화 발전시킬 수 있다.

여기에 학생들과 함께 고민하고 활동하면서 학생 간의 협력 관계를 강화하며 공동체를 만들어야 하는 중요한 역할도 있다. 그리고 학습자의 욕구가 확장되는 지점에서 관련 분야의 전문가와 연결하여 학습을 심화할 수 있는 역량도 매우 중요하다.

누군가에게는 이 역할이 중요치 않아 보일 수 있지만, 결코 쉬운 역할이 아니다. 내용을 준비해 일방적으로 전달하는 강의와 달리, 세밀하게 학습자 전체 및 개개인의 목표 달성도를 가늠하며 총체적인 관점에서 프로젝트를 살펴야 한다. 강의식 방식에서는 고려할 필요가 없던 관계적 갈등 요소도 고려해 전 구성원이 함께 성장하도록 이끌기 위해서는 막대한 노력이 필요한 것이다. 동시에 배움에서 막히는 지점을 적절하게 뚫어주어야 하기 때문에 관련 내용에 대해 다양한 가능성을 통찰하는 전문성이 요구된다.

특히 이하의 지점에서 길잡이교사의 역량이 요구된다.

> 학습자 주도 학습은 학습자가 원하는 대로 학습자의 재미와 즉각적인 만족만을 충족시키는 학습이 되어서는 안 됨. 하그리브스(Andy Hargreaves)와 셜리(Dennis Shirley, 2015) 주장대로 학습자 주도 학습을 학습자들이 원하는 학습만을 무조건적으로 하도록 하는 것으로 정의해서는 안 되며 보다 고차원적이고 본질적인 학습이 이루어지도록 하기 위한 방법론으로서 바라보아야 할 것임.(조윤정, 2017)

위 글에서 지적하고 있듯이 학생주도 교육을 한다고 무조건 학생들이 원하는 방향으로 가야 한다는 의미는 아니라는 것이다. 학생의 의미 있는 배움을 위해서 학생이 배움의 주체가 되는 학생주도 교육을 하자는 의미이지, 학생들이 즉흥적으로 원하는 길로 가자고 해서 따른 것은 아니다.

학습의 욕구와 자발성은 발현되기 어렵고, 지속성을 가지기도 쉽지 않다. 이는 배움의 희열과 보람을 느낄 때 학습자 스스로가 추구하고 또 지속력을 띨 수 있다. 학생들의 재미와 즉각적인 만족으로 잠깐의 참여는 이끌어 낼 수 있지만, 결국 배움의 깊이는 얕고 단순한 경험에 그치는 경우가 많다. 그런 상태에서 이를 어떻게 심화 발전시키며 스스로 성장하게 할 것인가가 제일 중요한 것이다. 이를 위해서는 길잡이 역할에 대한 명확한 관점이 필요하다.

결코 방임해서는 안 된다. 배움의 주체로써 배움을 추구하는 행위에 의미를 부여하고, 그 의미를 추구하며 내면화할 수 있도록 적절히 지원하며 스스로 고민할 수 있도록 이끌어야 한다. 이럴 때 학습자는 도약할 수 있고, 또 만족을 느낀다. 그냥 내버려두면 한정적인 배움만 가능하고, 이는 단순한 경험으로써의 만족으로 끝난다.

적절한 지원이란 정말 어려운 말이다. 그 정도를 항상 고민하는 수밖에 없다. 물론 적절한 지원을 가늠하는 척도는 학생들이 다음 배움의 지점으로 원활히 도약할 수 있는가에 달려있다.

몽실학교 길잡이교사 중에는 물론 학교 교사도 있지만, 대다수가 비교육전문가로 구성되어 있어 이 문제가 항상 부각되었다. 처음 학생주도 프로젝트를 진행하는 학생들은 그냥 동아리 수준의, 학교에서 누리지 못한 자기만족만 추구하려 했다. 이를 좀 더 의미 있는 교육 경험으로 전환시켜 주기 위해서 끊임없는 고민이 필요했다. 비교육전문가들인 길잡이교사가 개인의 역량으로 전환을 이루기에는 어려운 부분이 많았다.

길잡이교사들은 함께 고민하면서 이 전환을 함께 일구었다. 학생주도 프로젝트를 단순 체험, 경험 위주의 활동이 아니라 공공성, 공익성, 공동체성을 추구하게 하였고, 함께 삶의 문제를 해결하는 과정으로 유도하였다. 그 정수를 한데 담은 문장이 바로 "우리가 하고 싶은 것으로 세상을 이롭게 하자"이다. 여기에 담긴 철학이 학생주도 교육을 좀 더 근본적이고 본질적인 목적을 추구할 수 있게 전환시킨 것이다. 이 문장의 의미를 학생들과 함께 토론하고, 지켜나가기 위해 끊임없이 소통한 것도 이 의미를 내면화하는데 큰 도움이 되었다. 이런 철학에 따라 수행한 프로젝트는 학생들이 공동체의 의미를 느끼고 경험하며 성장하도록 했다.

전국 청소년 자치 배움터 연대

2016년 9월 방치되어 있던 경기도교육청 구 북부청사를 리모델링해 몽실학교란 이름으로 새롭게 개장했다. 새롭게 단장한 몽실학교는 아이들이 자신들의 활동으로 일구었다는 자부심으로 가득 차 운영되는 동시에 아이들의 해방구가 되었다.

이미 몽실학교 이전, 꿈이룸학교 시절부터 청소년의 자발성, 마을교육공동체의 힘, 관의 지원이 함께 어우러진 모습이 알려져 청소년 교육에 관심을 가지고 다양한 방법으로 실천하는 많은 분들의 문의와 방문이 쇄도했다.

쉽게 이룬 성과가 아니었기에 탐방 온 많은 분들은 또 한 번 놀랐고, 몽실학교 모델을 벤치마킹해 각 지역에서도 새로운 몽실학교를 일구고자 도전하기 시작했다.

이처럼 많은 아이들이 스스로 참여하고 지역의 힘을 모으는 과정을 신기해하며, 그 노하우를 배우고자 하는 분이 늘어나자 나름의 역경과 노하우를 나누어야겠다는 생각이 들었다. 꿈이룸학교를 다니는 아이들도 자신들이 건강한 청소년기를 보낼 수 있음에 너무 고마워하고 방문하는 많은 분들께 전국의 많은 청소년들이 이 즐거움을 함께 누렸으면 좋겠다고 이야기하였다.

몽실학교로 리모델링하고, 더 많은 사람이 탐방을 오며 이 흐름은 가속되었다. 그러던 중 파주에서 오신 선생님 두 분과 몽실학교로 발전해온 과정을 나누다가 이 과정을 함께 나눌 수 있는 자리의 필요성을 떠올리고, 전국의 관심 있는 많은 분이 함께 모여서 노하우를 나누고 의견을 나눌 수 있는 워크숍을 개최하기로 했다.

그 첫 시작이 2017년 4월, 꽃은 피지만 아이들은 중간고사로 바쁠 때 우리가 모여서 함께하자고 약속하였고 첫 번째 워크숍을 몽실학교에서 진행했다.

공식 홈페이지가 없어서 페이스북으로 꿈이룸학교의 노하우를 듣고 싶은 분이나마 모이자고 했을 뿐인데 전국에서 50분이 넘게 모이셨다. 그 중에는 교사도 있었지만 마을 활동가, 청소년 단체 지도사, 장학사, 목사 등 다양한 구성원이 모여 지역사회에서 청소년 교육을 어떻게 하면 좋을지 꿈이룸학교 사례를 보면서 함께 고민했다.

이 워크숍의 백미는 전국에서 모인 마을 활동가와 몽실학교 청소년의 만남이었다. 몽실학교 청소년들이 스스로 여기서 어떻게 성장해왔는지, 어떤 활동을 하고 있는지, 또 자신들의 현재와 꿈을 덤덤하게 나누는 모습에 모인 분들 모두 감동하였다. 몽실학교와 같은 청소년 자

전국 청소년 자치 마을 배움터 워크숍의 모습들

치 배움터가 아이들에게 얼마나 소중한지 충분히 전해졌고, 함께 같은 길을 가고자 하는 의지를 일깨우기 충분했다.

이렇게 '전국 청소년 자치 배움터 연대'가 시작되었다. '작은학교 교육연대'를 본떠서 지역별로 다양하게 일궈가는 학교 밖 청소년 마을 배움터들이 함께 모여서, 서로의 고민과 성장을 나누며 함께 발전해가자고 마음 먹었다.

1년에 2차례로 장소는 청소년 자치 배움터 연대가 힘을 실어줄 수 있는 곳으로 옮겨 다니며 워크숍을 열기로 했다.

그래서 6월 30일에서 7월 1일까지 이틀간 진행한 2차 워크숍은 안성에서 열렸다. 안성은 청소년 자치 배움터를 만들기 위한 움직임이 다른 지역보다 빨랐던 지역이다. 안성 백성초를 중심으로 청소년이 모여들고 지역 어른들이 힘을 모아나가고 있었다. 안성 백성초는 곧 새

건물로 이전하고 지금 사용하는 건물이 비게 될 예정으로, 이 공간 이용에 대해 각지의 요구가 빗발치고 있었다.

백성초 교장선생님은 주중 야간과 주말에 청소년들에게 공간을 빌려주고 있고, 청소년이 지역 축제를 만들어가면서 활발하게 모임을 시작하고 있다. 하지만 인근 대학에서는 기숙사로, 도교육청에서는 체육건강센터로 이용하려는 생각이 있어 청소년 공간으로 이용하기 점점 어려워지고 있는 중이다. 때문에 이 지역에 힘을 실어주기 위해 안성에서 전국 청소년 자치 배움터 연대를 개최한 것이다. 역시 안성에서 많은 분이 참석하셨고 전국에 많은 분이 함께하는 것을 보고 청소년 배움터를 만들어나가는 의지를 다지는 계기가 되었다.

그 후 안성에서는 많은 변화가 일어났다. 관의 움직임에 기대지 않고 지역주민과 청소년이 힘을 합쳐 다양한 청소년 자치 배움터 활동을 시작했다. 곧 청년도 결합하여 힘을 더했고 학교의 지원에 교육지원청의 지원까지 이어져 점점 의정부 몽실학교와 비슷한 과정을 거치며 성장하고 있다. 이까지 성장할 수 있던 큰 원동력 중 하나가 바로 청소년 자치 배움터 연대의 힘이라는 생각이 든다. 함께 모여서 고민하고 나누는 자리가 얼마나 중요한지 알 수 있었다.

이후 전국 청소년 자치 배움터 연대 워크숍을 아예 1년에 2차례, 몽실학교의 사업으로 추진하기로 했다. 3차 워크숍은 2017년 12월에 개최하기로 하였으나 벌인 일이 많아 조금 미루기로 했다. 다시 추진할 3차 모임도 기대된다. 그동안 워크숍에서는 청소년 자치 배움터에서 성장하는 청소년의 모습과 보람을 이야기했다면, 3차에서는 청소년 자치 배움터를 만들어가면서 겪었던 애환을 나누기로 했다.

그저 관의 사업으로, 탑-다운 방식으로 할 수 있는 일이 아니기에 지역마다 힘든 일이 참 많았을 것으로 보였다. 그래서 고민을 나누면서 각자 상황에 발생한 어려움을 어떻게 헤쳐 나왔는지를 들어보면서 앞으로 닥칠 고난을 함께 이겨낼 힘을 키우기로 하였다.

전국 청소년 자치 배움터 연대의 워크숍은 힘닿는 한 계속 이어갈 예정이다. 이 책을 읽는 분 모두를 초대한다.

몽실학교 현장

몽실학교를 개교하고 전국의 많은 지역, 많은 사람이 몽실학교에 탐방을 왔다. 그 결과 지역마다 몽실학교 같은 청소년 자치 배움터를 만들고자 하는 움직임이 일어나고 있다. 그 움직임을 하나하나 살펴보면 지역마다 이렇게 많은 분이 청소년 교육을 위해 헌신하고 있음을 느낄 수 있다. 창원, 안성, 강릉, 전주 등 각 지역의 민간에서, 또는 관과 민이 힘을 합쳐 청소년이 숨통 틀 수 있고 또 맘껏 꿈을 펼칠 수 있는 배움터를 만들기 위해 노력하고 있다.

물론 쉽지는 않다. 인가 학교도 아니고 관에서 지원하는 청소년 수련관도 아니기 때문에 예산부터 공간까지 쉬운 문제가 하나도 없음에도 불구하고, 이를 하나하나 힘겹게 헤쳐나가고 있는 것이다.

하지만 과연 지역사회와 아이들의 자발성으로 이뤄지고 있는지 의문이 드는 경우도 생기고 있다. 청소년 자치 배움터 연대 워크숍에서 차근차근 의지를 다져온 경우가 아니라 공간을 중심으로 관 주도하에 기계적으로 진행되는 경우가 생기고 있는 것이다. 몽실학교는 자발적인 민간의 의지가 발현되면서 아이들이 스스로 만들어가는 와중에 관의 지원이 더해져 지금의 모습이 되었다.

몽실학교 혹은 유사 모델은 결코 관의 힘만으로 억지로 만들어낼 수 없다. 일부 관에서는 공간만 제공하면 만들 수 있지 않은가하고 생각하지만 공간은 필요조건일 뿐, 충분조건이 아니다. 공간도 필요하지만 그 이전에 가치관을 공유하는 교육 공동체가 단단하게 자리 잡아야만 가능한 모델이다. 여타 사업과 동일 선상에서 생각하면 그 지속가능성을 장담할 수 없다.

반드시 공간에 더해 교육 공동체, 청소년 자치 배움터라는 세 가지 요소가 결합되어야 가능한 모델이기에 공간이 있더라도 교육 공동체를 꾸리는 시간과 노력이 필요하다. 일부 지역에서 공간을 확보하고서 쉽사리 몽실학교라 칭하며 사업을 진행하는 움직임을 보고 상당히 우려스러웠다. 그래서 많은 고민 끝에 각 지역에 몽실학교를 만들려면 몽실학교의 교육철학을 정립하고, 이를 이어나갈 수 있도록 하는 것이 중요하다고 생각했다.

몽실학교를 개교한 2014, 2015년까지만 해도 전국에 공간이 별로 없었는데 해가 지날수록 학생 수가 격감하면서 통폐합 학교를 비롯한 여러 이유로 공간이 속출했다. 그러면서 제2의 몽실학교를 추진하려는 움직임이 일어나 재빨리 교육철학을 정립할 필요성이 생겼다.

적어도 지역별로 몽실학교와 같은 청소년 자치 배움터를 만들고자 한다면 몽실학교가 지금까지 걸어오며 일군 고유의 정신을 이어받아야 할 것이다. 비슷한 예로 프레네 학교를 들 수 있다. 프레네 학교가 되려면 프레네 헌장을 따라야 한다. 지역별 몽실학교도 몽실학교의 철학을 이으려면 믿고 따를 수 있는 헌장이 필요하다고 생각되어 이를 제시하고자 한다. 몽실학교란 이름을 쓰려면 적어도 다음 헌장을 충실히 따르는 노력이 필요하다.

| 몽실학교 헌장 |

1. 몽실학교는 청소년이 주체가 되어 스스로 운영해나가는 배움터이다.
2. 몽실학교는 청소년 스스로 삶에 기반한 교육과정을 만들어가는 배움터이다.
3. 몽실학교는 스스로 서서 서로를 돕는 사람으로 성장하는 배움터이다.
4. 몽실학교는 학생주도 교육 실현을 통해 진정한 배움을 추구하는 곳이다.
5. 몽실학교는 지역사회의 자발적인 협력을 통해 교육 공동체를 지향히며 만들어가는 배움터이다.
6. 몽실학교에서 학습자는 스스로를 가르칠 수 있는 배움의 주체이자 삶의 주체이며 교육과정의 생산자이다.
7. 몽실학교에서 교사는 배움의 자발성 발현을 통한 학생주도 교육 실현을 위해 노력한다.

이 헌장을 따르고 지킬 때 몽실학교의 취지를 제대로 살린 지역의 몽실학교가 될 수 있다는 생각이다. 몽실학교의 이름을 따서 무늬만 따라 해서는 아무런 의미도 없다. 이 헌장을 따를 때 진정 청소년에게 도움 되는 배움터로 자리매김할 것이라 생각한다. 이 헌장이 나침반이 되어 성장 있는 청소년 자치 배움터로서 자리 잡게 해 줄 수 있을 것이라 믿는다.

물론 몽실학교 헌장은 더 많은 고민과 논의를 거쳐 더욱 다듬어가야 한다. 하지만 이런 헌장을 만들면서까지 가이드를 제시하는 이유는, 이런 헌장의 내용이 기존 청소년 시설과 차별화되는 결정적인 지점이라 보기 때문이다.

몽실학교 헌장이 작동한다면 지역마다 우후죽순으로 생기는 청소년 센터를 제대로 견인할 수 있을 것이라고 생각한다. 동시에 헌장이 잘 지켜지고 있는지 아닌지를 판단하여 몽실학교의 성공적인 운영 여부 잣대로도 활용할 수 있을 것이다.

더디게 가더라도, 좀 적게 만들더라도 몽실학교만의 핵심적인 철학을 놓쳐서는 안 된다.

또 다른 몽실을 꿈꾸며

또 다른 몽실을 상상하다

아이들이 몽실학교에서 자기의 참모습을 만나고 행복해하는 것을 보았기 때문에 지역 곳곳에 몽실학교가 세워지길 바란다. 몽실학교라고 이름 붙은 공간은 청소년이 주인이 되는 공간, 그들이 만들 길을 기다려주고, 그 길을 채우는 활동을 지켜봐주며 소중히 여기는 공간이 되기를 희망한다.

몽실학교는 아동, 청소년의 공화국이다. 이 안에서 자기를 발견하고 삶을 계획하는 배움의 공간이 되기를 희망하고 나를 둘러싼 공동체를 자각하며 더불어 살아가는 방법을 배우게 될 것이다.

몽실학교는 다음과 같은 특징이 있다.

- 학생주도형 교육과정과 운영체계
- 공동체 지향성(공동체를 지향하는 것)
- 마을의 지원(민 · 관 · 학 협력)

이런 특징을 갖추지 못한 채 이름만 몽실학교로 열리는 공간은 프로그램만 운영하는 방과후센터와 크게 다르지 않다.

배움과 삶의 주도권을 돌려주는 일부터

공자는 남에게 보여주기 위한 위인지학(爲人之學)의 공부가 아니라 자신이 하고 싶은 공부, 자기를 위한 공부인 위기지학(爲己之學)을 설파한다. 배움의 출발은 자기 자신이어야 하고, 타인에게 보여주고 평가받는 배움이어서는 안 되며, 자신을 닦다 보면 그 배움은 저절로 타인에게까지 영향 끼칠 수밖에 없다는 의미이다. 그래서 나를 위해 공부하고 이를 실현하기 위한 공동체를 중시하는 관점으로 세상을 바라보게 된다.

공교육이 놓치고 있는 부분이자 공부해야 하는 이유와 목적의식을 일컫는 말이다. 지금의 우리 교육은 자기 자신에서부터 출발하지 않고 다른 이의 말과 지식에서 출발한다.

위기지학은 각자의 과정을 중시하고 이를 위해 모인 사람들은 배움의 공동체를 이루게 된다. 우리는 몽실학교를 운영하면서 교육이 무엇이고 배움이 무엇인지에 대한 본질적인 고민을 시작했다. 몽실학교의 철학인 "우리가 하고 싶은 것으로 세상을 이롭게 하자"도 이런 맥락에서 배움의 시작을 개인의 욕구에서 출발한다. 그리고 욕구는 비슷한 욕구끼리 상호작용해 협력적 배움을 만들어내면서 자연스럽게 소통하고 나누는 배움으로 확장되고 있다. 아이들의 프로젝트는 자신이 좋아하는 활동을 친구들과 나누면서 자연스레 나 아닌 다른 사람을 바라보게 하고, 이는 나를 둘러싼 공동체를 인식하게끔 한다. 그러면서 프로젝트의 내용이 진화하고 발전하며 아이 간의 관계도 넓어져 자연스레 네트워크를 고민하게 된다. 인간은 사회적 동물이라는 것을 실제 교육이 구현하는 것이다.

배움이 학교 담을 넘으니 내용이 다양해질 뿐 아니라 배움을 전하는 사람도 다양해졌다. 교사만 교육하는 주체라고 생각했던 틀을 벗어나 부모, 옆집 아저씨, 마을 전문가, 이웃 주민 모두가 배움을 전하고 있다. 삶과 배움은 분리되어 있지 않으며 누구나, 어디에서나 배우고 가르칠 수 있다.

학생중심 교육과정의 철학이 공교육에도 반영되어 학교가 변하고, 스스로를 세우고 서로를 돕고자 하는 철학이 교육에 반영되어 공교육의 질적 도약을 이루고자 하는 것이 바로 몽실학교의 목표다. 그리고 그러한 교육의 방향이 사회의 방향을 제시하는 것, 이것이야말로 몽실학교의 궁극적인 지향점이다. 학교 밖을 넘나들며 자유로운 배움, 스스로 만들어가는 배움을 만나면서 저마다 배움의 욕구를 일깨우고 배움의 본질을 발견하길 바란다.

마을교육생태계 복원이 우선

요즘 자주 입에 오르내리고 있는 마을공동체의 목표는 민주주의이고 마을교육공동체의 목표는 청소년이 스스로 주인이 되는 민주주의를 배워가는 과정이다.

마을교육공동체의 목표

1. 자기 자신의 권리를 자각하고

2. 개인의 권리를 실현할 수 있는 지역을 만들며

   (개인 권리의 실현으로서의 지역을 만들며)

3. 집단적인 권리를 실현함으로써 주인이 되는 것

   (집단적인 권리의 실현으로서의 주인이 되는 것)

배움의 주체가 되고 자기 삶의 주체가 되고 마을의 주인이 되는 것이 일차적인 교육의 목표가 되어야 한다. 함께 살아가야 함을 알고 자기를 둘러싼 주변을 인식하며 자신이 공동체 안에 있다는 것을 자각하며 다른 사람을 이해하는 것이 자립이다.

공동체 내에서 교육의 공공성과 민주주의가 발현될 수 있다. 이것을 담아내는 그릇이 결국 마을교육공동체이고, 교육이 나아가야 할 방향이 된다. 교실과 학교와 교과서를 벗어나, 학교 너머 마을로 나오면서 모든 것이 배울 거리이고 모든 이에게서 배울 수 있다는 것을 알게 되었다. 마을을 배움의 소재로 삼고 마을의 어른들을 교사로 모시는 것을 뛰어넘어, 아이들의 배움이 개인에서 공공으로 확산되고 결국 자신을 둘러싼 주변을 고민하고 바꾸는 시도로 이어졌다.

아이들이 배움의 주체가 되고. 자기 삶의 주체가 되고. 마을의 주인이 되며 더불어 사는 행복한 사회를 만드는 것이 마을교육공동체의 목표이다. 마을교육공동체는 지역을 기반으로 다양한 형태로 발전할 수 있다. 의정부의 마을교육공동체의 모습 또한 정형화된 모델이 아니라 한 사례일 뿐이다. 민주주의를 실현하는 진정한 마을교육공동체가 되기 위해서는 공동학습, 협동하는 노력, 먼저 듣고 나누려는 노력이 선행되어야 한다. '일상생활에서 민주주의를 어떻게 실현할 것인가? 마을 단위의 민주주의 실현, 마을 단위로 어떤 공동학습이 실현되어야 하는가?'는 지금 우리가 이웃과 함께 머리를 맞대고 풀어나가야 할 과제이다.

무조건 학교의 방과 후 활동이 마을로 이관되는 방식이 아니라 교육의 본질을 고민하는 근본적인 활동내용과 패러다임의 변화, 마을의 교육력을 회복하도록 사람과 연계망을 만드는 것, 곧 마을교육생태계의 복원이 우선되어야만 한다.

꿈이룸학교는 지난 3년간 단순한 교육 프로그램의 제공에 그치지 않고 청소년과 활동공간이며 운영방식을 함께 고민해왔고, 이러한 청소년의 도전은 경기도교육청 구 북부청사 건물을 몽실학교라는 청소년들의 자치공간으로 꾸려내는 성과를 거두었다.

그럼에도 불구하고 학생들의 자발성과 주체적인 운영방식을 담아낼 수 있는 행정적인 시스템과 관련 도움을 줄 담당자들의 인식개선, 마을교육공동체의 지속적인 지원환경은 계속해서 풀어가야 할 과제로 남아있다.

전문인력 지원

기존 경기 꿈의학교가 개인이나 비영리 단체에 의해 운영되는 경우가 많았다면, 꿈이룸학교는 지역의 교사, 학부모, 마을주민이 직접 아이들과 만나서 교육활동을 함께하고, 이러한 지원조직을 지역의 자원봉사센터와 결합하여 운영하고 있다. 의정부에서는 이렇게 아이들의 배움을 돕는 주체와 체계를 묶어 마을교육공동체라고 부르고 있다. 그러나 지역주민의 희생과 자원봉사센터 활용만으로는 아이들과 적극적으로 결합하기 모자라고 지속적으로 지원할 수도 없다. 지속성을 위해 길잡이교사 인력의 지원이 필요하다. 더구나 주로 방과 후와 주말에 운영하는 마을학교의 특성 상, 근무시간 외에도 공간운영에 대한 행정적인 지원 역시 필요하다.

청소년 중심 공간활용

꿈이룸학교는 학생이 찾아가는 꿈의학교이지만 내용은 학생이 만들어가는 형태로, 모든 교육내용을 학생이 스스로 기획하여 진행하되 다양한 내용을 포괄할 수 있게 마을교육 자원을 결집하고 있다. 그리고 몽실학교라는, 지역에 기반을 둔 공간을 만들어가는 꿈의학교, 찾아가는 꿈의학교, 마중물 꿈의학교 등을 함께 효율적으로 운영할 수 있도록 인프라와 공간을 제공하고 있다. 현재는 몽실학교라는 공간을 쓰고 있는 다양한 꿈의학교 학생주체가 모여 '몽실학교 실별 자치위원회'를 구성하고 있지만 주인의식을 갖고 의사결정을 원활히하며 같은 철학을 담아내는 교육과정 운영을 위해서는 공간대여의 차원을 넘어서 학생이 공간의 주인으로써 공간을 운영할 수 있는 시스템의 필요성이 대두되고 있다.

마을교육공동체

이러한 이유로 꿈이룸 운영위원회와 청년들은 소통과 운영을 중시하고, 모두가 평등하게 주인이 되는 협동조합을 고민하며 "청소년 문화예술교육 사회적 협동조합"을 준비하고 있다. 그리고 이 협동조합은 단지 체험하는 공간이 아니라 지역을 기반으로 경험과 배움을 쌓아 개인의 삶을 의미 있게 일구도록 청년의 진로와 자립문제를 함께 고민하고 있다. 동시에 불특정 다수가 이용하며 사용자가 매일 바뀌는 센터형 공간에는 어떤 체제가 적합한 것인지에 대해 계속 고민을 잇고 있다. 그리고 이러한 협동조합의 지속을 위해서는 협동조합 운영에 지역 어른들의 도움이 필요하고 마을기업, 마을협동조합과의 연대도 필요하다.

행정 및 예산

센터형 학생자치 배움터를 운영할 때 처음부터 직접운영, 위탁, 반위탁 중 가장 적합한 형태를 고민하였는데 이 과정은 경기도교육청의 조직개편, 조례제정, 예산과 결부되어 있어서 함께 풀어가야 할 과정이다. 단, 예산 계획은 이미 준비되어 있다.

청소년 자치 배움터 몽실학교의 의미를 극대화하기 위한 구상 중, 학교와의 연계과정을 위한 여러 방법을 고민하고 있다. 자유학기제 수업을 다양한 마을 자원과 결합하여 학교라는 교육 환경의 한계를 벗어나 학생이 더 자유롭게 기획하고 선택할 수 있는 자유학기 주제 선택 활동을 구상하였다. 2018년도에는 예산이 확보되면 실시할 계획이고 인근 북과학교육원 등 지역기관과 협업하여 자유학기제 수업을 함께 진행할 계획이다.

거버넌스

민·관·학이 함께하는 협치 구조 속에서 교육청의 역할, 지역학교의 역할, 마을의 역할을 정립하고 소통관계를 유지해나가는 것이 중요하고, 무엇보다 담당자간의 소통과 연대 구조를 만들어 나가야 한다. 경기 꿈의학교의 가장 큰 성과는 학생이 스스로 배움의 주체가 되었다는 점이다. 하지만 그 교육적 성과를 학교 교육에 접목하기에는 학교와 교사들의 결합이 너무 미약하다. 이 지점에서 교육청과 학교의 역할이 중요해진다. 교육청과 학교의 지원을 받아 학교 밖에서의 다양한 도전과 시도가 마을 교육 인프라와 결합되어 이뤄질 수 있다. 이처럼 전체적인 관점을 가지고 접근한다면 미래혁신교육의 방향을 센터형 청소년 자치 배움터에서 만나게 될 수 있을 것이다.

학점화 및 학력인정

또한 고교 학점제 대통령 공약과 발맞추어 몽실학교를 지역사회 배움터로 등록하고 교육과정 내 학점 이수 기관화시켜 학생들이 프로젝트 활동을 수행하고 수업시간과 학점을 이수할 수 있게 준비 중이다. 현재 2015 교육과정 내에서도 이미 가능하지만 실시하고 있는 곳은 한 군데도 없는 실정으로 교육과정 정책과와 협의해 2017년에 준비하고 2018년부터 실시할 예정이다. 교육과정 클러스터도 역시 가능할 것으로 예상되어 다른 학교에 가지 않고, 몽실학교에서 이루어지게 유치해도 좋은 활용방안이 되리라 본다.

또 진로지원과와의 협의를 거쳐 무검정고시 인정 기관으로 등록하여 학교 밖 청소년이 몽실학교에서 학습하고 학력을 인정받는 방안도 고민 중이다. 이럴 수 있으면 좀 더 많은 학교 밖 청소년이 안정적인 공간에서 다양한 배움을 추구할 수 있을 것으로 예상된다.

몽실의 조직과 위상

청소년 자치 배움터의 교육 패러다임을 구축하고 있는 몽실학교는 타 지역에서도 수립 과정은 다를지라도 학생 중심의 교육철학을 펼칠 수 있게 전파하고 지원함으로써 몽실학교의 일반화에 이바지하고 그 지향점이 왜곡되지 않도록 힘써야 한다. 청소년 자치 배움터의 모범을 창출하고 그 모범 운영 사례를 바탕으로 타 지역에도 이 같은 센터를 확산시키고 지원하는 것이 몽실학교 고유의 역할이 되어야 한다고 생각한다. 이를 위해 몽실학교는 교육청 직속기관으로서의 위상을 가져야 할 것으로 생각된다.

이러한 여러 과제에도 불구하고 꿈이룸학교가 센터형 학생자치 배움터로 자리를 잡아가는 과정에서 이 지역의 청소년들은 스스로 배움의 자발성을 회복하는 중이다. 협력 · 소통 · 배려의 마음으로 공동체성을 갖추게 되었고 자신들의 경험과 배움을 이웃과 마을로 확장해 자기 삶의 주인, 마을의 주인으로 성장하였다.

의정부에서는 학교와 마을이 한 방향으로 지역의 아이들을 바라보고 함께 교육을 고민하는 마을교육공동체를 경험하는 중이다. 학생이 스스로 배움의 주체가 되고 지역주민과 학교와 교사가 함께 넘나들며 소통하는 공간에서 우리는 미래교육의 방향을 모색할 수 있으리라 생각한다.

온종일 마을학교 정책 제언

돌봄, 방과 후 교육, 아이들 입장에서 바라보자!

　　　　대통령 공약인 온종일 마을학교에 대해 몽실학교 경험을 바탕으로 하나씩 이야기해보려 한다. 말이 무성한데 반해 누구도 진지하게 고민하지 않는 것 같다. 잘못하다가 이쪽저쪽 눈치만 보다 끝나는 최악의 정책으로 그칠 듯하다. 비슷한 그림을 그려가고 있는 입장에서 제대로 된 경험을 바탕으로 제언하고자 한다.

　먼저 현 정부는 우리나라 여성 경력단절 문제와 그와 연결된 돌봄 문제를 해결하기 위해 돌봄과 방과 후 교육을 담당하는 온종일 마을학교 정책을 제시하였다. 그러다보니 경력단절 여성 채용과 초등 전학년 돌봄 확대의 의미만 부각되고 있다.

　온종일 마을학교를 이렇게만 접근하면 교육현장에는 아무런 도움이

온종일 마을학교

A형 (학교 안 마을학교)		B형 (학교 밖 마을학교)
아침	아침 돌봄학교 (7시~9시)	아침	아침 활동 프로그램 (7시~9시)
수업	정규 교과 수업 (9시~13시/17시)	수업	학교 밖 아이들 지원프 로그램(9시~13시/17시)
저녁	돌봄학교: 13시~19시 청소년학교: 17시~22시	저녁	돌봄학교: 13시~19시 청소년학교: 17시~22시

맞벌이 가정
사교육 의존

종일
보살핌
필요

돌봄,
방과 후
학교 질↓

방과 후
문닫는
학교

방학 중 계절학교
(썸머, 윈터스쿨)

경력단절여성, 학부모가 교사로! 지역 내 고용창출

안 된다. 돌봄과 방과 후 교육은 애당초 잘못 설계되어 학교로 들어갔다. 학교의 프로그램은 이미 포화상태라 더 이상 늘어날 수 없다. 그런데도 학부모는 학교가 제일 안전하고 저렴하다는 생각에 무조건 학교에 맡기려는 상황이라 두 주체가 첨예하게 대립하고 있다. 이를 한쪽 편만 들어서 밀어붙이다기는 그 원망을 쉬이 감당하기 힘들게 될 것이다.

그리고 무엇보다 중요한 건 아이들이 안중에 없다는 것이다. 부모들은 아이들을 맡길 곳만 찾고 있고, 학교는 이미 포화 상태인 업무를 더 늘리지 않으려 하는 것이다. 학교에서 아이들은 학원에 가지 않고 방과 후 교육을 받으며 부모가 데리러올 때까지 소위 '뺑뺑이'를 돈다.

온종일 수업하는 아이들은 얼마나 고통스럽겠는가? 학교는 수업이 끝나자마자 방과 후 수업을 위해 교실을 비워야 하고 방과 후 수업은 다음 수업을 위해 얼른 아이들을 쫓아내야 한다. 중고생도 마찬가지다. 온종일 학교에서 수업하다가 방과 후에도 수업하고, 또 학원으로 가서 수업한다. 쉴 틈 없이 수업하고 경쟁을 강요당하는 아이들이 어떻게 제대로 자랄 수 있겠는가?

초등 돌봄교실은 여유 공간이 없으니 1, 2학년만 하고 그마저도 소수 인원에 그치고 있다. 학부모는 규모 확대를 원하겠지만 학교로서는 그 업무를 원하는 사람이 없고, 더 맡아서는 정작 수업 시간에 맡고 있는 아이들에게 소홀할 수밖에 없기 때문에 맡을 수 없는 처지이다. 그렇다보니 교육부가 궁여지책으로 승진 점수를 무기 삼아 업무를 떠넘기는 상황까지 온 것이다. 돌봄교실에 있는 아이들은 학교를 마쳤는데 왜 또 학교에 있어야 하냐고 짜증낸다. 우리 아이들이 짜증나게 만들어 놓고서 말로는 건강하고 바르게 자라기를 바란다 하니 우리 어른들이 얼마나 잘못하고 있는지 더 말할 필요가 없다.

일단 돌봄과 방과 후 교육을 아이들 입장에서 바라보는 것에서부터 출발해보자. 부모들이야 아이 맡길 곳이 없다는 생각뿐이고 학교는 힘드니까 발 뺄 생각만 한다.

지금 필요한 건 아이들이 학교를 마치고 집이 아니더라도 편하게 쉴 수 있고, 강요가 아니라 원하는 배움을 찾고 스스로 시도해볼 수 있는 배움터이다. 아이들을 위한다면 이런 배움터를 설계하고 출발해야 하는 것이다.

이 시도를 위해서는 먼저 온종일 마을학교를 '아이들 입장에서 공간을 찾고 설계한 배움터를 운영해보자'는 생각이 제일 중요하다. 이 생각을 함께 공유하고 전제할 때 문제를 하나씩 차근히 해결하고, 나아가 제대로 자리 잡을 수 있다. 일부 지역에서 이미 방과 후 학교를 지자체가 맡는 방식으로 전개하기 시작했음에도 아이들 입장에서 생각하지 않고 업무만 학교에서 지자체로 옮기다 보니, 아이들의 삶은 전혀 변하지 않았다. 아이들은 여전히 힘들고 여전히 강요된 배움을 당하고 있는 것이다. 반드시 온종일 마을학교 먼저 아이들 입장에서 바라보아야 한다. 다시 말해 아이들 입장을 고려하지 않는 온종일 마을학교 정책은 교육적 효과를 기대하기 어렵다.

그 다음으로 중요한 문제는 공간 확보일 것이다. 온종일 마을학교는 공간이 제일 중요하기 때문에 공간 확보가 관건이다. 여기에는 몇 가지 전제가 필요하다.

첫 번째 전제는 온종일을 학교에서 빼야 한다는 것이다. 이는 학교의 업무를 덜어주기 위함이 아니라 온종일이 학교에서 이루어지는 한, 아이들이 중심에 있는 돌봄이나 방과 후 교육이 불가능하기 때문이다. 학교에 있어도 학교와는 독립된 공간, 행정, 교육내용이 필요하고, 학교 밖에 공간이 있으면 더 좋다. 정책 설계자 이야기를 들어보니 온종일 마을학교는 학교 안 마을학교, 학교 밖 마을학교로 나누어지는데, 학교 안 마을학교도 이름만 들어보면 오해할 수는 있겠지만 지금처럼 학교 안으로 들어가는 체제는 아니라 한다. 즉, 학교 안에 있어도 학교 체제와의 분리를 전제하고 있다.

문재인 대통령 공약으로 돌봄교실을 6학년까지 늘린다고 해서 학교가 지금 술렁이는데, 지자체를 중심으로 운영할 계획이기에 벌써부터 걱정하지는 않아도 될 것 같다. 물론 반드시 학교와는 분리되어야 한다. 정책 입안자들이 고민 없이 그냥 학교로 밀어넣는다면 서로에게 엄청난 재앙이 될 것이다.

두 번째 전제는 앞에서도 거론했듯 그냥 돌봄과 방과 후를 지자체로 업무를 옮기는 건 아무런 교육적 의미가 없다. 돌봄과 방과 후를 아이들 입장에서 새롭게 설계해야 한다. 프로그램 나열식으로 아이들을 돌리는 것이 아니라 충분한 쉼이 있는 공간과 배움을 선택하고 주도할 수 있는 형태의 교육과정이 나와야 할 것이다. 충분한 연구와 검토를 통해 교육 내용을 고민해야 한다. 그렇지 않으면 아이들의 삶은 변화 없이 그냥 업무 담당자만 바뀌는 것이 된다.

이 두 전제를 바탕으로 공간 확보에 대한 방법을 이야기해보겠다. 학교이면서 학교와 분리되는 공간을 확보해야 한다. 앞뒤가 안 맞는 말 같지만 지금같이 학생 수가 격감하는 상황에서는 가능한 이야기이다. 물론 관련 법규 개정은 필요하다.

방안 1

먼저 학생 수 감소로 인한 학교 내 유휴 공간을 조사하여 확보 방안을 찾을 수 있다. 몽실학교 인근에 있는 의정부 중앙초등학교도 100년 전통의 50학급 이상에 네 동 건물의 학교였지만 지금은 12학급에 그치고 있다. 따라서 건물 한 동 자체가 비어 있고 활용도 역시 미비하다. 중앙초등학교학교 같은 사례는 전국적으로 상당히 많다.

이런 경우를 조사하여 학교마다 건물 한 동을 확보하고 관리는 지자체가 맡으면 된다. 학교는 방과 후 교육과 돌봄교육을 지자체에 온전히 넘기고 오로지 학교 교육에만 집중하면 된다.

이를 위해서는 반드시 분리된 건물에 대한 책임과 그 속에서 이루어지는 학생 지도의 책임을 학교와 분리해야 한다. 이를 위해서는 현재 국회에도 상정된 방과 후 학교장 법안부터 시작해 관리 및 책임 주체를 분리하는 법안을 만들어야 한다. 이렇게 분리한다면 학교도 그리 반대할 이유는 없을 것이다. 현재 상정된 방과 후 학교장 법안은 같은 학교 건물 내 방과 후 학교장을 두기에 책임을 현 학교장과 나눌 수 없어 호응 받지 못하는 것이다.

이렇게 분리된 시설은 청소년 방과 후 교육기관으로도 충분히 활용할 수 있다. 관리 주체가 분리되었기에 주말까지 청소년들이 이용할 수 있고 자연스럽게 쉼과 배움의 장이 될 수 있다. 그 일례로 안성의 백성초는 교장의 권한으로 과감하게 청소년들에게 주중 야간과 주말에 학교 공간을 개방한 결과, 청소년들이 자치 배움터를 훌륭하게 만들어가고 있다.

방안 2

적정규모 사업으로 통폐합 학교가 계속 나오고 있다. 물론 작은 학교의 폐교는 지역 교육 생태계를 위협하기도 하나 학생 수가 크게 감소하고 있는 상황이기에 불가피한 측면이 있다. 이 현상에 찬성한다는 뜻은 아니다. 다만 현상적으로 통폐합되는 학교 시설이 있다면 이를 방과 후 교육과 돌봄교육 시설로 활용할 수 있을 것이다. 여기에 청소년 방과 후 교육기관의 역할을 더하고 이를 지원하기 위한 마을교육공동체를 만들어간다면 오히려 시골 지역의 교육 공동체 생태계를 복원시키는 데에도 일조할 것으로 예상된다. 학교 역시 폐교 이미지를 극복하는 데 도움 될 수 있을 것이다.

청소년 공간화도 중요하다. 몽실학교도 청소년이 자라고 나간 뒤에 이들이 다시 지역으로 돌아와 후배들과 함께 생활하는 선순환을 이루고 있다. 아이들 스스로가 이 선순환 구조를 잘 이해하고 있기에 교육적으로도 크게 도움 된다. 나아가 청소년이 청년으로 성장하고 스스로 자립하는 네트워크를 만들고 있다. 통폐합되는 학교의 경우 학교 밖 청소년도 주중에 활용할 수 있어 큰 도움이 되리라 본다.

방안 3

지역 곳곳에 있는 지자체 협력 청소년 시설을 학교 밖 마을학교로 지정할 수 있다. 청소년 수련관을 비롯한 청소년 관련 시설이 많기에 학교 밖 마을학교의 추구하는 지점을 잘 접목하면 충분히 결합할 수 있을 것으로 예상된다. 현재 지자체 청소년 시설은 프로그램 중심이기 때문에 학생들의 호응을 이끌어 내는 데 어려움을 겪고 있다. 이 부분에서 청소년 주도성을 강화하여 배움터를 학생들이 만들어가게 한다면 얼마든지 바뀔 수 있다. 이를 위해서도 지자체가 나서야 한다.

지자체가 책임감을 가지고 나서기 위해서는 온종일 마을학교 정책 추진을 더 이상 교육부가 아니라 여성가족부가 맡아야 한다. 교육부는 청소년 부분의 교육 내용을 인정하고 생활기록부 기재부터 진학에 도움 되도록 행정적으로 협력해야 한다. 그래서 여가부와 교육부의 제대로 된 협력이 절실하다. 서울 한 구청의 경우 청소년 수련관에서 좋은 교육 내용을 실시하고 있지만 지자체라는 이유만으로 활동을 전혀 인정받지 못하고, 이로 인해 참가 학생도 점차 줄어들고 있다고 한다. 학교 밖의 좋은 교육을 교육청이 인정하고 활성화한다면 교육적 시너지 효과는 충분할 것이다.

방안 4

학생 수 격감으로 폐원되는 유치원 건물이 엄청 많다. 이 시설도 마을 곳곳에 위치하고 있기 때문에 정부 정책으로 잘 인수하면 훌륭하게 학교 밖 마을학교로 충분히 활용할 수 있을 것이다.

방안 5

경기도 화성에서는 지자체에서 '이음터'라는 학교 복합화 시설을 설립했다. 학교와 연결되어 있고 주변의 학교에서 쉽게 이용할 수 있게 열려져 있으며, 향후에 곳곳에 세워질 예정이라고 한다. 재정이 풍족한 지자체에서는 이렇게 새로운 개념으로 학교 밖 마을학교를 세워 시작할 수도 있을 것이다.

지금 살펴보았듯 공간은 이제 얼마든지 있다. 이를 어떻게 온종일 마을학교로 엮어내느냐가 관건이다. 관련 법규 손질을 우선해야 하고 차근차근 지역의 상황에 맞게 공간을 확보해나가면서 준비해야 한다. 이를 위해 총괄적인 고민을 할 수 있는 단위가 만들어져 하나씩 몇 년 이상을 보면서 준비해나가야 제대로 해낼 수 있을 것이다. 이미 교육청 등지에서 관련 내용을 조사하고 있고 자료도 있으니 협력하여 함께 고민하는 단위를 만들어가면 좋겠다.

온종일 마을학교 교육 내용 제안

　　　　온종일 마을학교 교육 내용은 아침 돌봄부터 온종일까지 다양한 과정으로 전개할 수 있다. 다만 예전처럼 수업만 계속하는 형태의 방과 후 교육이 아니라 학습자가 원하는 교육 내용으로 얼마든지 조직할 수 있는 형태여야 한다. 물론 지도자와 학습자 모두 이런 경험이 별로 없기 때문에 어려움이 예상된다. 몽실학교에서 이런 교육 내용을 진행하며 쌓은 노하우를 벤치마킹을 해갈 수 있겠다.

몽실 온종일 마을학교 교육 프로그램

(1) 아침 활동 과정(아침7~9시)

(2) 학교 밖 아이들 과정(9시~17시)

　· 학생주도 프로젝트 과정

　· 작업장 학교

(3) 학교 연계 과정(9시~22시)

　· 자유학기제 연계 과정

　· 고교 무학년 학점제 과정

(4) 방과 후 과정(13시~22시)

　· 현재의 문 · 예 · 체 중심의 방과 후 교육 형태

　· 학교 교과목 보충 과정

(5) 돌봄 과정(13시~22시)

· 초1~6학년 돌봄 교실

· 청소년 휴식 공간 운영

(6) 청소년 자치 프로젝트 방과 후 및 주말 과정

· 학생주도 프로젝트 과정

· 연구 프로젝트 과정

(7) 방학 계절학교(썸머스쿨, 윈터스쿨)

실제로 전국에서 탐방 온 기관 및 센터에서 몽실학교를 벤치마킹하는 걸 보면 시행착오를 줄이고 빠르게 정착할 수 있을 것 같다.

청소년이 참가하는 과정은 학생주도 프로젝트로 설계하여 본인들의 욕구를 기반으로 진로와 연결되는 활동을 지역의 전문가와 연결하여 진행하면 좋다.

청소년이 청년이 되어 지역에 안정적으로 자리를 잡게 되면 다시 청소년의 보호막이 되어준다. 몽실학교에서는 청소년들, 특히 고등학생들이 동생들은 챙기며 리더로 거듭나고 있다. 그리고 곧 졸업하여 다시 지역의 마을 교사로 돌아오는 안정적인 선순환이 일어나고 있다.

몽실학교 1층 북카페는 상당히 넓고도 편하게 있을 수 있는 공간이다 보니, 청소년들에게 인기 있는 곳이다. 꼭 무엇을 하지 않아도 괜찮기 때문에 다양한 사람을 만나고 쉬기도 하며 자기가 하고 싶은 것을 한다. 이처럼 온종일 마을학교는 충분한 쉼이 보장되는 공간으로 먼저 존재해야 한다. 계속 뭔가를 해야만 하는 곳으로 만들면 피로에 지친 아이들은 외면할 수밖에 없다.

온종일 마을학교 인력 운영

온종일 마을학교 학교장 임명

앞에서 밝혔듯이 온종일 마을학교장은 따로 임명해야 한다. 현재는 학교 내에서 발생한 모든 일의 책임을 학교장이 지다보니 그 책임을 이기지 못해 어떤 공간의 대여도 허락하지 않게 된다. 애당초 학교로 잘못 들어간 돌봄과 방과 후 교육이다. 학교는 원래 기능에 충실하고 나머지 교육은 분리시켜야 한다. 공간을 한 층 내지는 한 동으로 분리하여 온종일 마을학교장을 임명하고 책임을 분리시키자. 단 마을학교장은 상징적인 정도의 현재 학교장 역할과 달리 실무와 행정을 함께하는 인력이어야 한다.

온종일 마을학교 교사 확보

공약에 의하면 온종일 마을학교 교사를 방과 후 강사 인력의 숫자만큼 생각하고 계획을 수립하고 있다. 온종일 마을학교는 강의만 하는 곳이 아니다. 방과 후 교육 강사의 질을 떠나 충분한 쉼과 돌봄을 보장해야 하는 곳이기에 방과 후 교육 강사로 벌충한다는 생각을 버려야 한다. 명확하게 교육공동체를 통해 지역의 교육력을 높이겠다는 생각을 가지고 지역에 살고 있으며 지역교육공동체 운영 철학을 가진 사람이 필요하다. 따라서 이런 사람을 길러 교육공동체를 구축해나갈 수 있어야 한다. 또한 온종일 마을학교 교사는 강의보다 관계를 따뜻하게 만드는 힘이 중요하다. 그래서 그들에게 필요한 것은 자격증이 아니다. 따뜻한 관계를 배울 수 있는 과정을 선행하고 학생주도 교육을 도울 수 있는 퍼실리테이터 교육이 필요하다. 이 역량은 해당 마을에서 인턴 과정 등을 거치며 기를 수 있다.

온종일 마을학교 운영진 확보

온종일 마을학교는 온마을이 함께 참여한다는 생각으로 지역교육공동체 협의체를 구축하고 협의회를 통해 운영해야 한다. 아이만 맡기면 끝난다는 식의 사고를 버리고, 함께 참여하는 교육을 하겠다는 의지를 다져야 한다. 그래서 온종일 마을학교 운영위원회를 마을학교 교사와 청소년으로 함께 구성하여 운영의 투명성과 자발성을 높여야 한다. 또한 온종일 마을학교를 위탁받아 운영할 협동조합과 비영리 단체가 충분히 참여할 수 있도록 여건을 보장하여 다양성을 갖춘다면 더 원활한 운영 형태를 만들 수 있을 것이다.

온종일 마을학교 정책 추진에 있어 유념할 점

단순 돌봄의 기능을 넘어 미래교육적인 관점에서의 설계

지금 온종일 마을학교를 보고 고용 창출을 이야기해서는 곤란하다. 고용 창출은 부수적인 기능일 뿐이고, 그에 앞서 교육의 모순을 해결하는 역할에 집중할 수 있도록 해야 한다. 그래서 가장 신경 써야 할 점은 기존 돌봄이나 방과 후 교육처럼 프로그램이나 강좌 중심의 운영이 아니라, 미래교육의 관점에서 배움의 자발성을 최대한 살리는 방향으로 마을학교를 운영이 필요하다는 것이다. 또한 정규교육과정이 아니라 할지라도 이 활동을 교육적으로 인정받고, 지자체의 지원을 이끌어내기 위해서는 교육부와 여가부의 협력이 필요하다.

지역사회 인프라 여건에 맞는 추진

온종일 마을학교의 운영은 반드시 공동체 지향적인 철학을 근간에 두고, 그 지역에 거주하는 다양한 지역교육공동체의 결합을 필요로 한다. 따라서 지역사회 인프라를 고려하면서 그 여건에 맞게 추진해야 할 것이다.

일률적 적용이 아닌 점진적 추진

온종일마을학교는 일률적인 탑-다운 정책으로 진행할 일이 아니다. 지역마다 공간 확보 상황이 다를 수밖에 없기 때문에 상황을 고려해야 한다. 또한 지역의 교육공동체도 결합해야만 가능하므로 점진적으로 추진해야 한다.

법률적 문제 해결

온종일 마을학교는 학교의 기능을 보완하는 측면이 있지만 학교는 온전히 학교 역할을 수행할 수 있게 책임을 분리시켜야 한다. 따로 책임에 관한 법률을 수정하고 학교와 분리하여 온종일 마을학교를 독립적으로 운영해야 한다.

　이러한 온종일 마을학교는 지역사회와 협력하여 교육복지의 실현을
추구함으로써 지역 교육공동체 형성에 크게 기여할 것이다. 실제로 몽
실학교는 이런 모습으로 나아가고 있다. 몽실학교를 중심으로 자발적
인 배움의 장이 펼쳐지고 이를 지역이 함께 지원하며 책임지면서 지역
교육공동체가 확장되고 있다. 현실적으로도 충분히 가능함을 보여주
고 있는 것이다. 몽실학교가 지역별로 정착할 경우, 아동과 청소년 교
육 발전에 분명 큰 보탬이 될 것이다. 이를 위해 함께 나서야 한다.

제 2 부

즐거운 몽실,
성장하는 몽실

다섯째 마당

학생이 활동하는 몽실

학생이 바라보는 몽실학교

야! 뭐해? 꿈이룸학교로 가!

:: 정대희

꿈이룸학교에 어떻게 오게 되었나요?

저는 의정부고등학교에서 1학년 때 조용히 지내다 지금의 청소년 운영위원장님과 만두 선생님이 홍보하러 오셔서 관심이 생겨 호기심으로 들어왔다가, 친구들도 재미있고 선생님들도 친절하셔서 다니는 내내 즐거웠습니다. 그래서 지금까지 다니고 있습니다.

처음 이곳에 와서 하게 된 일은?

이곳에 처음으로 들어와 하게 된 일은 '내가 무엇을 하고 싶은지 생각해보기'였습니다. 선생님께서 꿈이룸학교에 대해 설명해주시고 프로젝트를 구상할 수 있도록 시간을 주셔서 '내가 다니면서 무엇을 할까?' '어떤 활동을 해야 성실히 다닐 수 있을까?' '내가 좋아하는 무엇과 관련되어야 하지 않을까?' 라는 고민을 하다 '요리'라는 해답이 나왔습니다.

수많은 사람 앞에 나서서 제가 생각해낸 프로젝트를 발표해야 했는데, 저는 뭐하나 할 때 겉으로는 티가 잘 나지 않지만 머릿속으로는 수많은 두려움과 생각으로 두통이 자주 오는 겁쟁이라 많이 긴장을 했습니다. 발표는 해야 하는데 두렵고…. 망설이다가 용기를 가지고 '에라 모르겠다!' 라는 식으로 무대 위로 올라갔습니다. 그때의 제 머리 속은 하얘져서 기억은 잘 나지 않습니다만 결국 '셰프' 팀 이라는 첫 프로젝트를 시작했습니다.

나에게 '꿈이룸학교'란?

저에게 꿈이룸학교란 '집보다 편할 때도 있는, 벗어나기 싫은 곳'입니다. 친구들도 많고 선생님들께서도 편히 대해주시고 정말로 빈말 없이 집보다 편하고 즐거운 때가 많은 곳이니까요.

꿈이룸학교 안에서 잊을 수 없는 일과 그때의 심정은?

기억이 남은 일…. 정말 잊을 수 없는 사건이 하나 있습니다.

제가 셰프 팀 활동을 하다가 믹서에 새끼손가락이 갈려 병원에 가게 된 적이 있었습니다. 그 당시 저도 놀랐지만 저보다도 동생들과 길잡이 야매 선생님께서 너무 놀라고 걱정하셔서 애써 담담한 척, 안 아픈

척하면서 동생들을 진정 시켰습니다.

　선생님께서는 빨리 병원가자고 저를 차에 태워 병원을 데려가시는데 평소에는 그렇게 당황하시는 모습을 본 적이 없었습니다. 그때 그 모습을 보면서 감동스러우면서 조금 신기하기도 했습니다. 선생님께서는 저를 병원에 데려다주시고 나서 팀원들 진정시키고 활동 마무리 하시러 다시 꿈이룸학교로 돌아가셨습니다. 가시고 시간이 얼마 지나지 않아 길잡이 솔방울 선생님께서 오셔서 저가 얼마나 다쳤는지 확인 하셨습니다. 한숨을 돌리시고 저와 치료 시간을 기다리면서 대화를 해 주셨습니다. 곧이어 길잡이 꿈짱 선생님께서도 오시고, 저희 아버지께서도 오셨습니다. 꿈짱 선생님께서는 아버지와 대화하러 나가시고 나서 저는 병원도 왔겠다, 팀원들도 선생님이 가셔서 진정하고 마무리되었겠지? 싶은 마음과 제 옆에 솔방울 선생님이 계셔서인지 긴장이 풀렸습니다.

　그러자 많은 생각이 물밀 듯이 밀려왔습니다. '우리 셰프 팀 어쩌지?' '내가 다쳐서 영향이 가면 어쩌지?' '더혜윰의 언론 팀 활동도 해야 하는데' 등…. 저 때문에 꿈이룸학교에 피해가 가는 것이 싫었고, 부모님이 이 일 때문에 꿈이룸학교에 못 가게 하면 어쩌나 싶은 등등의 생각으로 머리가 꽉 차서 두통이 왔습니다. 당시에 손가락이 아픈 것보다 그런 걱정 때문에 눈물이 맺히기도 했습니다. 하지만 잘 마무리와 해결이 되어서 지금도 다니고 있습니다!

스스로 어떤 점이 가장 많이 변했다고 느끼는지?

　제가 꿈이룸학교로 와서 가장 많이 변했다고 느끼는 것은 '저를 돌아보게 된 것'입니다. 그전에는 별로 저를 생각할 생각을 못했기 때문입니다. 저는 예전에 저보다는 학교의 학업, 친구와 선생님의 눈치, 집에서는 부모님의 눈치와 동생들 등 주변의 눈치를 보느라 저를 챙기려는 엄두도 내지 못했고 또 너무 바빴습니다. 매일 정신없이 눈치보고 다녀서인지 괜히 심기가 날카로워져서 친구들과도 자주 싸우고 가끔 선생님과도 실랑이하다 벌을 받고 이성친구와도 싸우다 헤어지는 등 여러 가지 방황을 많이 했습니다. 그런데 꿈이룸학교에 와서는 이곳에서 여러 사람을 만나고, 학교와는 다른 여러 교육 방식을 보고 그때마다 나 자신을 돌아보는 계기를 키울 수 있게 되었습니다. 그때부터 저는 '내가 무엇을 좋아하지?' '내가 하고 싶었던 것이 무엇일까?' 등의 생각을 하게 되었고 자연스럽게 저를 돌아보게 되었습니다.

손을 다쳤을 때 한 말(저 때문에 꿈이룸학교가 없어지면 어떻게 해요?)이 많이 알려져 있는데 그 말을 했을 때의 심정은?

다쳤을 당시 너무 정신이 없어서 중간 중간만 기억나지, 제가 무엇을 했는지 무엇을 말했는지 뚜렷하게는 기억이 나지 않아요. 하지만 아마 제가 다니는 꿈이룸학교에 이상이 있을까봐 겁나서 했던 말 일 것 같습니다.

오기전의 자신과 지금의 자신에게 한마디해준다면?

과거의 저에겐 "야, 뭐해? 꿈이룸학교로 가! 뭐하고 있어!"라고 말해주고 싶고요, 지금의 저에겐 "지금까지 수고했다. 앞으로도 잘 부탁해!"라고 말해주고 싶네요.

꿈이룸학교에 대한 자신의 생각을 자유롭게 말해주세요

꿈이룸학교가 좀 더 알려져서 다른 친구들도 와서 많은 걸 느끼고 즐거웠으면 좋겠어요! 다른 곳에서도 꿈이룸학교 같은 시설이 만들어져서 이 기분을 함께했으면 좋겠어요! 그리고 꿈터에 기숙사가 생기면 좋겠어요!

꿈이룸~ Forever☆☆☆!!!!!

지금까지 해본 프로젝트에서 가장 인상 깊었던 것과 그 이유

아무래도 꿈이룸학교에 와서 처음으로 용기내서 만든 셰프 프로젝트 팀이 가장 기억에 남습니다. 처음 만나는 나이 차가 조금 나는 팀원들과 야매 선생님과 가끔은 어떻게 할지 막혀서 쩔쩔매고 실랑이도 조금씩 있었지만, 셰프 팀원들과 고군분투했던 날들이 아직도 어제처럼 느껴집니다.

물론 셰프의 뒤를 이어받은 '밥집' 프로젝트, 친구들의 추억을 되살리는 '향수' 프로젝트, 셰프와 밥집에 창업을 더한 '배고팡', 여행을 떠나 밖에서 활동하는 '길을 따라서' 또, 더혜윰의 편견으로 억압 받아온 청소년들을 주제로 파헤쳐본 언론 팀, 청소년 우울증의 위험도를 알기 위해 공부한 심리 팀 등등 지금까지 제가 한 모든 프로젝트가 각자의 잊지 못할 추억과 의미가 담겨있다고 생각합니다.

꿈이룸학교를 다니면서 생기게 된 꿈이 있다면?

개인적인 공부를 하면서, 미래에 꿈이룸학교의 길잡이교사로 경험을 쌓고 꿈이룸학교 친구들과 즐겁게 지내는 것이 꿈입니다.

※ 이 글은 몽실학교에 다니고 있는 정대희 학생과 2017년 8월 22일에 인터뷰한 내용입니다. 인터뷰 및 정리는 꿈이룸출판 팀 오지승 팀장이 진행했습니다.

진짜 내가 깨어나고 자라는 학교

:: 이예진

현재 우리사회의 학교는 대부분 여덟 살부터 스무 살까지, 초등학교에 입학하여 고등학교를 졸업할 때까지 아이들이 다니고 생활하는 곳이다. 예전처럼 가난하면 공부할 기회가 없는 것도 아니고 여성이라는 이유로 남자형제의 학비 마련을 위해 교육의 기회를 얻지 못하는 사회가 아니다. 그렇기에 내 또래 거의 모든 아이들은 학교를 다니고 학교에서 거의 모든 것을 배운다.

일반적으로 학교의 역할은 '학생들에게 한 사회에서 성인으로서 역할을 효과적으로 수행할 수 있도록 교육을 하는 것'이라고 한다. 학교에서 배우는 것은 사회 구성원 모두가 공유하고 있는 지식, 사회 규범과 가치이기에 앞으로의 삶과 전문적인 직업을 수행할 때 필요하다고 말한다. 학교는 개인이 사회 속에서 필요한 기본적인 생활 방식, 지식을 가르치는 곳이고, 그 곳에서 이루어지는 교육은 개인의 사회적인 입장과 지위를 갖추게 해주는 것 중 하나로 작용하고 있다. 그러므로 학교는 시험으로 학생들의 능력을 판단하고 성적이 높은 학생일수록 사회화에 잘 도달하였다고 본다. 또한 성적이 높은 학생은 사회적으로 좋은 직업을 차지하고 그것이 성공한 삶이라고 생각한다.

　나 또한 그런 학교를 중학교까지 다녔다. 모두가 같은 수업을 듣고 비슷한 발표를 하며 좋은 성적을 받기 위해 수 없는 경쟁을 했다. 그 안에서 아이들은 지치고 힘들어 포기하기도 한다. 그렇게 지치고 포기하는 아이들을 사회에서는 루저(loser)라고 말한다. 그것이 싫고 불편했지만 성적이 좋아 좋은 대학을 가는 삶이 성공하는 것이라고 배웠기에 그렇게 살았다. 하지만 고등학교 원서를 넣을 때쯤에 나는 많이 지쳐 있었던 것 같다. 그 때 처음 대외활동을 경험했다. 의정부교육지원청에서 진행하는 베트남 평화봉사기행이었는데 봉사란 타이틀에 혹한 친구의 꼬드김에 함께 가게 되었다. 생애 첫 해외여행에 우리가 기획하는 여행일정만으로도 독특한 경험이었다. 하지만 그 기행은 나에게 새로운 배움을 보여주었다. 기행에서 배운 베트남 전쟁 당시의 역사적 내용은 교과서에서는 절대로 배우지 못 하는 것들이었다.
　기행을 함께 다녀온 친구들 중에는 대안학교 학생들도 있었다. 학교 안에서의 삶이 전부였던 나에게 그 친구들의 이야기는 충격이었다. 아이들이 직접 주제를 선택하고 프로젝트 형식으로 배움을 스스로 만들어가는 모습이 항상 수동적인 삶을 살던 나에게는 새롭게 다가왔다. 이 계기로 나는 마을에서 청소년 공간을 만들기 위해 모였던 기획단 활동에도 참여하기 시작하며 처음으로 학교가 아닌 의정부, 나의 마을에서 다양한 사람들과 어울려 활동을 시작했다.
　나는 의정부 꿈이룸학교에서, 마을에서 성장하고 있다. 마을에서 관계를 쌓고 삶을 배우며 꿈을 꾸는 중이다. 가장 먼저 관계를 쌓으며 협력하는 법과 더불어 살아가는 법을 배웠다. 또한 우리 마을을 사랑하게 되었고 마을이 배움터가 될 수 있다는 사실을 알게 되었다. 꿈이룸학교는 청소년이 만들어가는 프로젝트 형 마을학교이다. 꿈이룸학교에서는 마을 프로젝트를 기획하고 진행한다. 처음 마을 프로젝트를 시작할 때 주제가 공간, 길, 사람이었다. 마을에는 다양한 공간이 있고 그 공간들 사이에는 길이 있으니 우리는 그 공간과 길을 사람으로 채워나가자는 의미를 담아서 정했다.

　나는 공간 팀으로 활동하며 우리 마을에서 청소년들에게 필요한 공간들을 고민하고 실제로 그 공간들을 만들어 운영하는 프로젝트를 진행했다. 노래방이 있었으면 좋겠다는 생각으로 노래방 기계를 설치하여 노래방을 만들었다. 또 영화관이 용돈을 받아 문화생활을 즐기는 청소년에게 비싼 것 같다는 생각을 했다. 그리고 영화만 보고 끝이 아니라 감상 후 함께 이야기를 나누는 것도 좋겠다는 생각에서 '빨간극장'이라는 프로젝트를 진행했다. 주제를 정하고 주제에 맞는 영화상영회를 열어 함께 영화를 감상한 후 이야기 나누는 활동을 했다. 우리공간에 필요한 가구를 직접 목공을 배우며 만들기도 했고, 벽화그리기도 했다. 프로젝트를 처음 해보기도 했고 팀장까지 맡아 힘들었지만 매번 새롭고 신기하며 재미있었다. 프로젝트를 처음부터 기획하고 진행하면서 강의식 수업에서는 얻을 수 없는 다양한 경험을 했다. 정해진 답이 없었고 우리가 답을 만들어내야 했다. 성별, 나이, 다니는 학교도 모두 다른 환경의 사람들이 같이 맞춰가고 서로 배워가며 진행하였기에 결과물뿐만 아니라 과정 속에서 더 많은 것을 얻었다. 나이와 상관

없이 나보다 어린 친구들에게서도 배울 수 있다는 점을 알게 되었고, 함께 문제를 해결한 후의 성취감도 느낄 수 있었다.

마을 프로젝트는 나에게 우리 마을을 떠나고 싶지 않은 곳으로 만들었고, 마을에서 함께 더불어 살아가는 삶을 꿈꾸게 만들었다. 그래서 나는 꿈이룸학교에서, 마을에서 더욱 재미있는 활동들을 꿈꾸었다.

두 번째로, 내가 재미있어 하고 관심 있는 일을 찾았다. 2016년 어린이날에는 의정부에 사는 어린이들을 위한 행사를 열었다. 매년 어린이날마다 아이들과 놀아주고는 싶지만 상황이 여의치 않은 부모님들이 항상 돈만 왕창 쓰고 돌아오게 되는 어린이날에 동네 언니오빠들이 동생들을 돌보아주는 프로그램을 기획했다. 오전에는 우리들이 부스를 운영하며 놀아주고 오후에는 다 같이 뛰어노는 미니운동회도 준비하여 함께했다. 덥고 힘들면서도 웃는 아이들을 보며 행복했다. 동네의 어린이들, 언니오빠들, 어른들이 다 함께 즐기며 너무 뿌듯해서 올해도 어린이날 행사를 준비했다.

아이들뿐 아니라 어른들도 함께 즐기고, 할머니, 할아버지들도 우리에게 노인들을 위한 행사도 만들어 달라 하실 때 뿌듯하기도 하고 '우리가 마을에서 새로운 문화를 만들었구나' 라는 생각도 들어 즐거웠다. 어린이날뿐 아니라 10월 말에는 2년째 온마을잔치가 열린다. 의정부 동아리 네트워크의 동아리 발표와 꿈이룸학교 마을 프로젝트의 체험부스들, 지역의 다양한 단체들이 운영하는 부스 등으로 볼거리, 먹거리, 놀거리가 가득한 마을 축제를 학생들이 직접 기획하고 진행했다. 정말 다양한 연령층의 사람들이 어우러져 즐거워하는 모습을 보며 준비한 우리들도 행복하게 즐겁게 참여했다. 한 학교의 축제가 아닌

온 마을의 축제를 준비하며 값진 경험을 많이 했다.

어린이날 한마당, 온마을잔치뿐만 아니라 플리마켓, 토크콘서트 등 행사를 기획하고 진행하는 경험을 하며 나는 기획, 진행이 재미있다는 사실을 깨달았다. 학교를 다닐 때 나는 한번도 기획자를 진로로 생각해본 적이 없었다. 항상 나는 왜 꿈이 없을까를 고민했었는데 여러 가지 활동을 하다 보니 내가 재미있는, 재능이 있는 일을 찾았다.

나는 이렇게 마을에서 다양한 활동을 하며 지낸다. 그 안에서 많은 사람들과 관계를 맺으며 많은 것을 배웠다. 부모님과 학교 선생님 외에는 가까운 어른이 없었는데 마을의 다양한 어른들과 지내게 되었다. 같은 학교 친구들 말고는 친구를 만들기 어려웠는데 의정부의 각 학교와 다른 학년의 친구들도 생겼다. 우리는 서로에게 배우며 서로에게 큰 도움이 되는 존재다. 우리를 항상 뒤에서 지켜보며 도움이 필요할 때 적극적인 지원을 해주고 다시 도와주는 길잡이 선생님들께 감사하다. 그 모습을 배운 졸업생들이 우리를 도와주는 길잡이로 활동한다.

처음 꿈이룸학교를 시작할 때 마을교육공동체 구축을 목표로 학교가 마을이고, 마을이 학교가 되며 한 아이를 키우기 위해 마을 전체가 힘을 모을 때 마을에서 자라고 배운 아이들이 다시 마을을 위해 일하는 아이들로 성장하게 될 것이라는 이야기를 하였는데, 그것이 현실이 되었다.

자라온 환경, 다니는 학교, 나이, 성별 모두가 다른 사람들이 어울려 서로에게 배운다. 마을의 다양한 어른들을 만나며 자신의 고민도 나누고 삶도 배운다.

마을에서 자란 학생들이 성인이 되어 자신보다 어린 동생들과 함께 활동하며 이끌어준다. 꿈이룸학교의 길잡이교사로 아이들을 만나며 청년들끼리 뭉쳐 새로운 작당도 하고 있다.

경기 북부에서 문화 콘텐츠를 만드는 협동조합을 기획해 청년들의 자립을 위한 플랫폼을 만들고 있다. 그 청년 협동조합은 꿈이룸학교의 청소년들과 연계하여 활동을 하고 졸업한 후에도 오는 학생들이 마을에서 계속 활동을 할 수 있는 곳을 만들 것이다.

이런 활동들을 하며 나에게 마을은 진짜 내가 성장하고 자라는, 학교 같은 공간이 되었다.

나는 마을에서 청소년이 자신의 삶의 주체로서 스스로 배움을 찾는 과정과 그 과정 속에서 마을이 함께하는 것이 마을교육공동체라고 생각한다. 마을에서 함께 더불어 자라며 경쟁이 아닌 협력 속에서 각자의 재능을 찾고 장점을 살린 활동을 하며 모두가 빛나는 배움을 이루면 좋겠다. 또한 마을에서 자란 아이들이 다시 돌아와 마을에서 일을 하는 것이 마을교육공동체의 힘이고 장점이라고 생각한다. 내가 청년이 되었을 때 마을에서 함께할 수 있는 사람들이 있다는 것은 큰 힘이기 때문이다.

나에게 마을은 학교보다 큰 배움터였다. 수동적으로 참여하는 강의식 수업에서 배우는 지식도 필요하지만, 내 삶의 주체로 내가 스스로 찾아가는 배움은 꼭 필요하다고 생각한다. 나는 마을에서 사람들을 만나며 협력과 공동체를 배웠다. 또 활동을 하며 학교에서는 좋은 성적만

챙기느라 몰랐던 나의 재능을 찾았다. 무엇인가를 기획하고 진행할 때 재미를 느꼈고 행사가 끝난 뒤의 뿌듯함이 좋았다. 나뿐만 아니라 활동을 하며 자신의 꿈을, 장점을 찾는 친구들이 많았다. 학교는 많은 지식을 학생들에게 알려주고, 그 지식들은 살면서 도움이 되기도 한다. 하지만 학교에서 배우는 지식만이 배움은 아니라고 생각한다. 나는 마을에서 다양한 사람들과 만나고 여러 가지 활동을 하며 배운 점도 많았다. 그 배움이 나와 우리를 성장시켰다고 생각한다. 나는 마을에서 청년이 되어 청소년들과 마을의 사람들과 더불어 살아갈 것이다. 더 다양하고 재미있는 활동을 하며 우리 마을에서 살아가려고 한다.

반건조 오징어에서 물 만난 고기로

:: 배서영

제가 꿈이룸학교를 처음 접하게 되었던 때는 지금으로부터 약 2년 전인 2016년 초였습니다. 중1이 끝나고 찾아온 겨울방학, 저는 다가올 중2 때의 학교 반 배정을 보기 위해서 매일 학교 홈페이지를 계속 들락날락거리곤 했는데, 그때 홈페이지에 올라온 모집공고를 우연히 보고 아직 감이 잘 잡히지 않으면서도 호기심이 생겨 부모님을 설득한 후 친구와 함께 신청을 하여 2016년 3월 말쯤 꿈이룸학교에 첫발을 디뎠습니다.

4월 한 달간 진행한 적응하고 친해지는 프로그램이 끝난 후에 본격적인 마을 프로젝트가 시작되었고, 제일 처음 프로젝트를 제안하고 소개하는 시간 때 '이 프로젝트는 예를 들어 짜장면을 먹을지 짬뽕을 먹을지 같은 문제처럼 애매한 상황에 처했을 때 이러이러해서 이걸 먹는 게 더 좋다! 라는 결론을 내보는, 즉 일상생활에서의 애매한 상황에서 해결책을 찾기 위해 토론을 해보는 프로젝트입니다' 라는 그때 당시 팀장 형의 그 말에, 정확히는 그 비유에 꽂혀 저와 제 친구는 의견일치로 둘 다 그 팀에 들어가게 되었습니다.

프로젝트 초반에 어색한 기류가 흘렀던 건 잠깐이고 팀원이 완전히 다 모이게 되자 바로 다음모임에 단합을 하게 되며 고기뷔페와 노래방에 갔고, 저는 그날 이곳은 평범하지 않은 프로젝트답게 부원 또한 평범하지 않고 다들 개성이 엄청나다는 걸 알게 되었습니다. 음료 몰카를 한다고 모든 음료와 양파소스를 섞은 후 그걸 원샷했던 윤성 형, 노래를 굉장히 잘 부르시면서도 신해철 광팬이셨던 상윤 형, 자신만의 소울로(?) 노래방에서 계속 랩을 하며 그 분위기를 즐기던 서현이 등 그날 노래방에서 불렀던 노래 순서까지 기억날 정도로 강렬한 인상을 받았고 그날 바로 부원 모두가 엄청 친해지게 되었습니다. 특히 그날 제일 마지막에 상윤 형과 윤성 형의 'Up Town Funk'는 정말 최고이자 강렬한 기억으로 남았을 정도입니다.

확실히 토론을 하는 팀 이다보니까 서로 말할 때 부끄럼 없이 제일 처음 의도했었던 편안한 분위기가 조성되어야 했는데, 그거 하나만큼은 정말 잘 조성되어 우리는 토론을 할 때면 간식을 딱 사서 책상위에 놓고 먹으며 무겁지 않은 분위기, 그러나 조금은 진지한 분위기에서 자신의 주장을 거리낌 없이 잘 말할 수 있었고 애매한 주제 속에서 나오는 4차원적인 발상(창의적인 발상)은 분위기를 더 잘 띄웠습니다. 게다가 서로 말을 계속 해야 하는 프로젝트이다 보니, 다른 팀처럼 한 주제를 향해 달려가거나, 무언가 하나를 만들 때 집중이 필요해 멤버끼리 '아는 정도', '친하지만 따로 놀 정도는 아닌' 관계가 아니라, 계속 서로 의견을 주고받으며 프로젝트 팀원 모두의 관계가 정말 좋았던 것 같습니다.

이러다보니 저는 어느새 이 팀의 모임날인 토요일이 굉장히 기다려지기 시작했습니다. 평일 학교에서도 모임에 같이 다니는 서현이(친구)와 맨날 같이 들떠서 온종일 프로젝트 얘기만 하고, 할 말이 없을 때도 프로젝트 얘기를 하고, 심지어 밤에 집에서 통화할 때도 그 얘기만 하고…. 솔직히 말해서 팀에서 토론을 하고 그에 결론을 내는 것보다는 거기 사람들과의 형성된 관계가 너무 좋았던 것 같기도 합니다.

또한 '토론'에 모든 게 집중된 게 아니라 주제부터 결론까지가 다 특이한 발상에서 시작해 그 과정에서 주고받는 수많은 얘기들 자체가 의미도 있고 너무나도 재미있었습니다. 그리고 이 프로젝트와 저희의 개성에 맞추어주시던 길잡이 선생님까지 좋았습니다.

그래서 그런지 매주 토요일 모임 날이 너무나도 기다려졌고 가는 날이 되면 굉장히 설레면서도 기대에 부풀어 학원 보충이 끝나고 나면 점심도 거르고 늦을까봐 바로 달려가고…. 최대한 모임에 빠지지 않고 싶었고 어쩔 수 없이 못 가는 날에 느꼈었던 아쉬움의 크기는 엄청났던 것 같습니다. 그리고 프로젝트가 있는 날 프로젝트가 끝나고 나면 기분 좋게 집에 가서 자기 직전 누워있을 때까지도 그날의 일들을 떠올리며 계속 흐뭇하게 있기도 하고 실수했던 게 생각나면 이불킥을

날리던 게, 매일 쓰던 일기장에 오늘의 일을 다 담기 버거워 두세 장씩 쓰던 게 아직도 생각이 나며 그때의 일기를 볼 때면 정말 그때의 일들이 다시 펼쳐지면서 웃음이 저절로 얼굴로 퍼지곤 합니다. 너무 좋았던 관계여서인지, 이 팀은 마을 프로젝트가 끝나고 그 다음 프로젝트인 온마을잔치 프로젝트로 이어져 일상생활의 애매함과 환경정화를 더해서 대입시킴으로서 우리는 다음까지 이어지게 되었습니다.

가끔 축제나 부스 같은 걸 준비하는 과정에서 전시해야 될 것들을 만들고 토론 후 나온 결론을 모두가 볼 수 있게 적어서 붙이는 일 등 그런 귀찮거나 하기 싫을 수 있는 일도 했습니다. 그렇지만 그땐 그 프로젝트에 빠진 나머지 가장 열심이었던 팀장 형을 따라 저도 굉장히 열심히 참여했고, 그땐 그 일들마저 너무너무 즐거웠던 것 같습니다.

이 프로젝트의 이름은 '딜레마지션'입니다. 그리고 저는 이 프로젝트에서 약 2016년 5월부터 10월까지 활동하면서 거의 매주 토요일을 계속해서 기다려왔던 것 같습니다. 중간쯤부터 서현이(같이 가던 친구)가 잘 나오지 못하고 후반부에는 결국 서현이 없이 혼자서 모임장소에 가게 되었지만 혼자든 같이든 간에 그 프로젝트가 너무 좋아서 저는 빠지지 않고 계속해서 끝날 때까지 매주 토요일과 일요일을 기다려왔던 것 같습니다. 지금 이 프로젝트는 다 끝나 해산되고 가끔 서로의 얼굴을 볼까말까 하는 상황이지만, 저는 이때의 그 기억으로 지금까지 꿈이룸학교를 더 굳게 믿고 주변 지인이 어떻든 간에 꿋꿋이 혼자 계속해서 나오고 있는 것 같습니다. 프로젝트에 한 번 몰두해 빠져버리면 빠져나올 출구는 없이 1년, 2년 앞으로도 쭈욱 잊히지 않을 그런, 당시의 프로젝트 그 자체보다도 중요한 것을 얻는 기분입니다.

저는 또한 중2 때 이 프로젝트의 영향으로 중3 때는 마음이 맞는 친구와 함께 토론동아리를 학교에서 동아리로 창설하여 1년 동안 공동 부장으로서 토론동아리를 이끌어나갔습니다. 그 덕분인지 저는 2년 동안 계속 토론을 해오면서 사람들 앞에서 의견을 말하고 학교에서 발표할 때 크게 긴장하지 않고 좀 더 제 의견을 뚜렷이 정리해서 말을 하는 거나 머릿속으로 할 말을 다시 한번 정리해보는 습관도 기르게 되었습니다.

다시 말하지만 이것들은 하나의 프로젝트를 선택하게 되면서부터 시작되었습니다. 사실 제일 처음 이 꿈터를 다니기 시작할 때는 공부에 방해가 되고 성적이 떨어지게 될까봐 부모님의 걱정도 크고 저도 또한 약간의 두려움이 있었지만, 오히려 중1 때에 비해 성적과 전교 등수가 올랐고, 특히 1학년 때는 기대에 못 미쳤던 국어성적이 2학년 때는 1년이 다 지나고 총 평균 때 수행평가와 시험 모두 100점으로 유일하게 퍼펙트 점수를 찍게 되었습니다. 물론 제가 아직 중학생이고 고등학교를 아직 가보지 않아서 그런 것일 수도 있겠지만, 가끔 예전보다 발전된 제 모습을 발견할 때면 그때의 영향이 매우 컸던 것 같다고 생각합니다.

매일매일 같은 일상인 집-학교-학원-집을 반복하면서 마치 반건조 오징어와도 같았던, 주말에는 하도 한가해서 애니나 웹툰을 보거나 잠만 잤었던 제가 꿈이룸학교를 다니게 되며 달라지기 시작했습니다. 그곳에 가게 될 날을 기다리게 되면서 지루한 평일을 이겨낼 수 있는 에너지를 얻고 사람들을 만나는 것에 대한 두려움을 잊으며 그날이 왔을 때 설렘을 느끼며 점차 활동적인 사람이 되었던 것 같습니다. 또한 지금까지 여러 프로젝트를 해오면서 쌍둥이 남자동생도 못하는 드릴 사용도 해보고 복지에 대해 깊숙하게 들어가 보기도 하며 또한 토론까지 경험해보았습니다. 학교에서 그냥 보냈을 수도 있었던 하루하루를 참 알차게 보내고 있다는 생각이 들었습니다.

몽실의 '꿈'꿍이

:: 한예준

내가 지난 3년간의 시간 동안 지켜봐온 몽실은 꿈을 이야기하고 표현하며 펼치는 곳이다. 그 꿈을 간직할 뿐만 아니라 마을에 펼쳐내기 위해 계속 모여서 작당하며 요상한 꿍꿍이들을 벌이는, '꿈'꿍이를 벌이는 곳이다.

그렇다면 '꿈'이란 무엇일까? 이런 질문을 함께 던져볼 수 있을 것이다. 우리는 항상 꿈을 이야기하고 꿈을 꾼다고 이야기하지만 꿈이 무엇인지 질문 해볼 기회는 별로 갖지 못한다. 나 또한 꿈을 가져야 한다고, 꿈은 소중하다고 이야기해왔지만 꿈이 무엇인지 생각해볼 기회는 별로 갖지 못했다. 나는 이곳 몽실에서 생활하며 아주 반드시 필요하고도 소중한 그 질문을 나 스스로에게 던져볼 수 있었다. 그리고 그 질문을 함께 나눌 사람들도 생겼다.

꿈은 뭘까? 지금 이 질문에 대한 나의 대답을 글을 통해 나눠보려고 한다. 나는 아주 어렸을 때부터 영화감독이라는 꿈을 가지고 있었다. 영화를 좋아하고 사랑하기에 영화를 만드는 직업이 영화감독이라는 것을 알고 나의 꿈을 선택한 것이다. 그렇게 나는 어딜 가든 "넌 꿈이 뭐니?"라는 질문에 당당히 "영화감독이요!"라고 대답했다. 그리고 확실한 꿈을 가지고 있다고 칭찬해주는 말들에 기뻐하며 자신감을 키워왔다. 그렇게 멋진 '꿈'을 갖게 된 나는 그 꿈을 지키기 위해 노력했다. '영화감독' 외에 다른 곳에는 눈을 두지 않고 그 길만을 바라보았다. 당장의 즐거움 보다는 '영화감독'이라는 타이틀을 가지고 있는 나의 먼 미래의 모습을 꿈꿨다. 그게 옳은 것이며 나를 위한 길이라고 굳게 믿었다.

그렇게 살아온 나는 몽실학교(당시 꿈이룸학교)에서 활동하며 더 넓은 판에서 자유롭게 하고 싶은 일들을 펼쳐가며 좋은 사람들과 지내는 게 좋았던 나는 몽실학교에서 열심히 활동하기 시작했다. 근데 몽실학교에서 활동을 하며 놀라운 경험을 했다. 이름도 몽실학교이며 꿈에 대해 끊임없이 이야기하는 이곳에서 활동하는 사람들 중에는 내가 생각해온 '꿈'이라는 것을 가진 사람이 많지 않았다. 자신이 좋아하는 것이 무엇인지도 정확히 알고 주체적으로 자신의 삶을 만들어가며 즐겁게 활동하는 이 멋진 사람들은 어찌 그 당연한 '꿈' 하나도 가지고 있지 않은 것인가 하는 의문이 들 수밖에 없었다.

그러나 그 의문은 몽실학교에서 오랫동안 활동을 하며 서서히 풀리기 시작했다. 나 또한 변화하고 있는 것이었다. 영화감독이 되기 위한 일이 아닌 것에는 눈을 돌리지 않으려 하고 나의 단점이 보일 때 영화감독이라는 타이틀 뒤에 숨어버렸던 내가 영화 이외의 다른 일들에 재미를 느끼기 시작했다. 그러면서 진짜 나를 발견해나가고 있었다. 사람들과 의견을 나누고 작당하길 즐기는 나를 만났고 함께 무언가를 만들어갈 때 행복한 나를 만났다. 나는 영화를 좋아하지만 내가 영화는 아니라는 사실을 알게 되었다. 나는 영화도 아니고 영화감독도 아니다. 단지 사람들과 함께 작당을 꾸미고 이야기 나누고 또 영화를 만들고 나누기를 즐기는, 나는 나다. 그렇게 나는 나만의 꿈을 키워가고 있었다. 그리고 꿈을 키우기만 할 필요도 없다는 걸 알게 되었다. 항상 꿈을 꾸고 매일 그 꿈을 이뤄가며 살 것이다.

나의 꿈은 내가 살고 있는 마을에서 나와 함께할 사람들과 끊임없이 무언가를 작당하고 만들어내고 즐기며 살아가는 것이다. 물론 영화의 꿈을 버린 것은 아니다. 영화를 좋아하는 모습도 나이기 때문이다. 이 꿈을 영화와 함께 만들어갈 것이다. 앞으로 영화와 함께 나와 함께 사람들과 함께 꿈을 꾸며 살아갈 내 삶이 기대가 된다. 이제 더 이상 꿈을 선택하지 않을 것이다. 꿈은 내가 만들고 우리가 만드는 것이다. 이로써 앞에 말했던 의문은 완전히 풀렸다. 여기 몽실에서 각자 삶의 터전에서 우리 모두 각자의 꿈을 만들며 저마다의 '꿈'꿍이를 벌이며 살아갔으면 좋겠다.

중2병 날리기 끝판왕, 몽실학교

:: 김석영

중학교 2학년, 어른이 돼서 하고 싶은 것이 무엇인지도 모르겠고 학교가 끝나면 학원에서 온종일 공부만 하는 것이 일상이었던 나는 담임 선생님을 통해 몽실학교라는 곳을 알게 되었다. 솔직히 이곳에 오기 전 나는 많은 고민을 했다.

우선 온종일 내 시간표에 꽉꽉 차 있는 학원 스케줄 때문에 이곳에 올 엄두가 나지 않았다. 또, 중간에 들어가려다 보니 이미 크고 단단한 공동체가 형성되어 있던 이곳 사람들과 쉽게 친해질 수 있을지 걱정도 되었다.

다행히도 첫 번째 고민이었던 학원은 부모님과 이야기를 통해 쉽게 풀렸다. 선택은 내가 하라고 말씀하셨고 나는 공부시간을 많이 뺏기지 않을까 하는 불안한 마음은 있었지만 한번 다른 삶을 살아보고 싶은 마음이 더 컸었던 것인지 학원을 버리고 이곳을 선택했다.

두 번째 고민은 이곳에 오자마자 해소되었다. 사람들은 처음 보는 나를 반겨주었고 여러 나이대의 친구며 길잡이 선생님과 친해질 수 있었다. 그런 분위기 덕분에 자연스럽게 프로젝트의 팀원이 되어 활동하였다.

처음엔 두루뭉술하게 무언가 만들고 싶던 나는 영상을 제작하는 팀인 영상공작소 프로젝트 팀에 참여하였다. 처음 해본 데다 쉽지 않은 일임에도 시나리오를 쓰고 영화를 촬영하는 것이 굉장히 재미있고 보람찼다. 다음 모임이 기다려지고 설렐 정도로 말이다. 팀원들과 영상을 만들면서 카메라, 시나리오 작성, 편집까지 자연스럽게 배우게 되었고, 교과목 외의 것에 대해 파고들어 공부해본 적 없던 내가 스스로 자연스럽게 영상에 대한 책을 읽고 영상을 보며 공부를 하고 있었다. 평소에 공부하던 느낌과는 많이 달랐다. 영상에 대해 이야기를 하거나 영상 공부를 하다 보면 시간이 정말 금방 갔다.

나는 영상이라는 거대한 카테고리 중에서 짧은 시간 안에 많은 이야기를 담고 있는 광고와 단편영화가 매력적이라 느꼈다. 그래서 프로젝트가 끝난 이후에도 프로젝트의 팀원이나 주위 사람들과 함께 단편영화와 광고 영상 등을 제작해 많은 사람들의 피드백도 듣고 공감도 얻어 냈다. 그 후 꿈이룸학교 마을 프로젝트에서 '몽실필름'이라는 영화 제작 프로젝트를 제안하여 활동을 하며 팀장을 맡게 되었고, 갈등을 조정하는 역할을 하며 조금 더 성숙해지고 그 속에서 공동체 생활을 하는 법을 배우기도 하였다. 프로젝트 활동 외에도 청소년이 직접 정책을 만들어 판매하는 정책마켓과 남원 교류 캠프, 각종 행사를 돕는 노란 조끼, 실별 관리 팀 등 다양한 활동을 하였다. 나에게는 하나하나 잊지 못할 경험들이다.

다양한 활동과 영상 작업을 하다 보니 공부와 멀어지지 않을까 하는 부모님과 주변 사람들의 걱정이 있기도 하였다. 하지만 오히려 공부에 목적이 생겨 더욱 집중할 수 있었고 할 일이 많은 만큼 시간을 조정하고 계획을 세워 공부하는 법도 익혔다. 솔직히 많이 힘들긴 했다. 열심히 하는 친구들의 공부량을 따라잡기 위해 시간을 정말 금 같이 썼기에 잠을 잘 여유도 별로 없었다.

하지만 이 한 해가 스스로 가장 많이 성장한 동시에 바쁜 만큼 보람찬 때였다는 생각이 든다. 언제 이렇게 바쁠 수 있을까라는 생각도 들었고, 앞으로 광고인이 된다거나 그 이외의 일들을 한다 하여도 이곳에서의 경험은 든든한 버팀목이 될 것 같다.

주변의 우려와 달리 목적이 생기고 공부를 해서인지 다행히 성적은 더 올랐고, 막연히 특목고만 바라보던 내가 광고제작자(Creative Director)라는 꿈을 갖게 된 후 관심이 생긴 IT특성화 고등학교 한국디지털미디어고등학교의 디지털콘텐츠과에 지원할 수 있는 성적에도 이르게 되었다.

이곳에서 촬영 연출 기획 등 영상에 대해서도 충분히 공부하고 여러 사람들과 함께 실적물도 다양하게 제작할 수 있었기 때문에 디지털미디어고등학교에 입학할 수 있지 않았을까 한다.

이렇게 몽실학교는 내가 좋아하는 것이 무엇인지 알 수 있게 해준 곳이고 이곳에서의 성장을 통해 광고제작자라는 꿈이 생겼으며 이 꿈에 한 발 더 다가갈 수 있었다. 이곳에서 한 다양한 경험과 이곳에서 만난 사람들이 나의 삶에 큰 도움이 되었고, 앞으로도 도움이 될 것 같아 한없이 감사하다.

기숙사 학교에 들어가게 되어 이곳에 계속 다니지 못하는 것이 아쉽지만 다른 청소년들도 이곳 몽실학교에서 꿈을 찾고 그 꿈에 한 발짝 더 다가가면 좋겠다.

작은학교 유자청의 기록

:: 조항기

작은학교 유자청

유자청은 '유유자적 청소년'의 줄임말로 몽실학교에 소속된 학교 밖 청소년 과정이다. 함께 모여 놀고, 먹고, 프로젝트로 배우는 유자청은 이름의 뜻대로 유유자적한 삶과 더불어 사는 삶을 추구한다.

유자청은 매 학기마다 구성원들의 흥미를 모아 합의를 거쳐 메인 프로젝트를 결정한다. 2016년에는 '우리 사이(우리들의 사회이슈)'라는 이름으로 GMO(유전자 변형 식품)를 공부하고 이를 토대로 자료집 발간과 발표회를 진행했다. 그리고 2017년에는 창업에 도전, '옥땅영화제'라는 마을 문화를 만들었다. 한 달에 이틀씩, 총 세 달 동안 영화제를 열었으며 청소년, 음악, 음식이란 주제를 선정해 그에 걸맞는 영화와 토크쇼를 준비해 진행했다.

메인 프로젝트 외로 진행됐던 것들은 운동, 여행, 페미니즘, 목공, 바투카다 등이 있다.

유자청 소감문

유자청에 들어오게 된 계기는 약 6개월 동안 무기력하게 지내던 나를 안쓰럽게 보신 부모님이 이것저것 알아보다 지인의 추천으로 알게 된 유자청을 추천해주신 덕이다. 내가 유자청에 처음 들어와서 하게 된 프로젝트는 '우리사이(우리들의 사회이슈) – 바른 먹거리'였다. 프로젝트를 하는 동안 나는 전혀 알지 못했던 GMO에 대해 알게 되었고 집중적으로 탐구하게 되었다. GMO를 알아보고 토론하며 우리나라이외에도 다른 나라의 GMO관련 법률이나 사례를 찾아보았다. 이 활동은 먹거리에 대해서 다시 생각할 수 있는 밑거름이 되었고 지금은 음식을 살 때마다 원산지 표시를 더 집중적으로 보게 되었다.

그리고 다음 해에 하게 된 프로젝트는 창업 프로젝트다. 창업 프로젝트를 기획하면서 여러 창업 아이템을 생각하고 탐방도 자주 하였다. 처음 생각하게 된 창업 아이템은 플랫폼이었다. 플랫폼을 기획하고 그 플랫폼 안에서 우리의 물품을 기획해서 판매해보자! 라고 생각해서 우리의 아이템을 구상해보았다. 그리고 이왕 하는 거 평소에 인식이 좋지 않던 학교 밖 청소년에 대한 인식도 바꿔보자! 해서 학교 밖 청소년을 기반으로 한 캐릭터들을 만들기로 하였다. 그 캐릭터들로 다양한 굿즈를 만들어 판매할 생각이었다. 하지만 우리의 캐릭터를 만들어 낸다는 것은 그리 쉬운 일이 아니었다. 생각만큼 쉽지 않았고 우리는 캐릭터를 만든다는 기획을 접게 되었다.

하지만 이 실패로 우리는 얻은 것이 많았다. 우리는 실패를 경험함으로써 창업은 흔하지 않고 독특한 아이템을 구상해야 한다는 것을 깨닫게 되었다. 이런 깨달음을 바탕으로 우리는 일단 우리가 좋아하는 것에서부터 시작해보자는 생각을 하게 되었다. 그래서 생각해낸 기획이 '마을문화 만들기'였다. 마을문화라는 콘텐츠를 생각해내자마자 우리는 영화제라는 아이템을 생각해냈다. 그리고 거기에 마을에서 쉽게 접할 수 있는 옥상이라는 소재를 합하여 '옥땅영화제'를 만들게 된 것이다.

내가 유자청 활동을 하면서 스스로 반성하게 된 점이 있다. 지금까지 내가 너무 편하게만 지내려고 했다는 것이다. 영화제를 기획하면서 나 스스로 책임을 맡는 것을 항상 회피하고 다른 사람에게 떠넘기려 했다는 것을 알게 되었다. 항상 깊게 생각하지 않고 어떻게든 되겠지 라는 생각을 자주 했던 것 같다. 편하게만 지내려다보니 책임을 회피하는 일이 많아진 것이었다. 그리고 나는 항상 자기주장을 잘 표현하지 못했는데, 이것도 지금 생각해보니 다른 사람에 의견에 묻혀가고 싶어서 편하게 지나갔으면 하는 마음이었던 것 같다. 그렇게 지내다보니 내 생각을 잘 말하지 못하게 된 것 같다. 지금은 이 부분을 고치려 하고 있고 무언가 일을 맡으면 그것에 대한 책임을 맡으려고 노력한다. 이러한 점 이외에도 더 많은 것을 깨달았고 배우고 있고 변화하려고 노력하고 있다. 또 유자청에서 옥땅영화제를 하고 다른 여러 활동도 하면서 깨닫는 것도 많았고 배운 것도 많아서 스스로 성장한 것 같다는 생각이 들었다. 이제는 편하게만 살려고 하지 않는다. 무언가를 하더라도 그곳에서 나 스스로의 배움을 찾으려고 노력한다.

무엇보다 가장 중요한 것으로 무언가를 두려워하지 않고 도전해보는 정신이 생긴 것 같다. 정말 유자청을 다니게 된 것은 나에게 행운이고 인생에 전환점이 된 것 같다. 요즘 자주 드는 생각이 있다. 정말 자퇴하길 잘했다는 생각이다. 학교를 나오지 않았다면 나는 정말 평범한 학생에 불과하거나 혹은 평범에도 못미치는 학생이 되었을지도 모른다. 자퇴를 하면서 학교에서는 절대 경험해보지 못할 정말 수많은 경험을 해보고 깨닫고 배웠다. 유자청에서 활동했기에 가능한 일이기도 했다. 나 혼자였다면 불가능했을 수도 있다. 유자청 친구들에게 정말 고맙고 감사하다. 유자청에서 활동했기에 나의 19살은 정말 행복했다.

그리고 유자청에 들어오도록 해주신 부모님, 정말 감사합니다!

몽실학교에서 이렇게 성장했어요 - 국회 몽실 정책 토론회 발제문 중에서

:: 장세인

먼저, 발표를 시작하기 전에 청소년이 목소리를 낼 수 있는 이런 귀중한 자리를 마련해 주신 것에 대해 감사드린다는 말을 전하고 싶습니다. 안녕하세요. 저는 의정부여자고등학교에 재학 중인 고등학교 3학년 장세인입니다. 오늘 저는 여러분께 몽실학교와 함께한 저의 성장 스토리를 얘기해드리고자 합니다.

저는 재작년에, 여기가 몽실학교일 때 처음 오게 되었습니다. 그때는 지금처럼 제대로 된 공간이 없어서 방바닥에서 두세 팀씩 회의했던 기억이 나는데요, 제가 처음 했던 활동은 '당신의 전단지'라는 마을 프로젝트로 광고를 하기 어려운 전통시장을 위해 우리가 전단지를 만들어보자는 야심찬 목표를 가지고 시작했습니다. 결과적으로 전통시장 홍보 웹자보와 CF 등을 만들었고 몽실학교 길잡이 선생님들의 명함 또한 디자인했죠. 이때까지만 해도 마을을 위해 내가 무엇을 할 수 있을지에 대한 생각이 전혀 없었는데 이 프로젝트를 하면서 내가 의정부 전통시장에 조금이나마 도움이 되었고 (우리의 이런 작은 움직임에도) 마을 상인 분들이 많이 고마워하시는 것을 보고 굉장히 뿌듯했습니다.

그 다음으로는 관심 있는 분야별로 고등학생이 모여서 주제를 잡아 논문을 쓰고 발표하는 더혜윰 프로젝트에서 공학 팀으로 활동했는데요, 작년에 엄청나게 화제가 됐던 미세먼지를 주제로 잡았습니다. 학생들이 일과 중 가장 많이 있는 교실 속의 미세먼지 농도 인지가 힘들다는 생각을 가지고 학생들이 미세먼지 농도를 인지하여 적절한 조치를 취할 수 있도록 유도하기 위해 미세먼지 탐지기를 만들어봤습니다. 학생들이 주도적으로 주제와 방향을 잡았기에 학교 수행평가와 다르게 참여도 좋았고 제 왜곡된 기억일 수도 있지만 다들 재밌게 활동했던 것 같습니다.

그리고 또 작년에 새로 도입한 창업 프로젝트에서 '위잉위잉'이라는 프로젝트를 시작하게 되었습니다. 이 프로젝트는 몽실학교의 옥상에서 도시양봉을 해보는 프로젝트였습니다. 사실 도시양봉이라는 것이 생소하고 워낙 익숙하지 않아서 어려움도 많았지만 차근차근 양봉에 대한 지식도 쌓고 벌과 교감도 하면서 이렇게 작은 생명체가 우리 환경에 미치는 영향과 현재 인간들의 무차별적인 개발로 인한 생태계 파괴에 대해 생각하게 되었고, 지금까지의 제 행동들을 반성하게 되는 뜻깊은 시간이 되었습니다.

사실 맨 처음 프로젝트를 참여할 때는 공동체보다는 저의 호기심과 도전 욕구를 채우는 목표로 시작했지만 계속해서 다양한 프로젝트를 친구들과 함께하다 보니 저도 모르게 사람들과 좋은 관계를 맺으려고 노력하고 다 같이 해냈을 때의 기쁨을 느끼면서 공동체 의식이 함양되었던 것 같습니다. 또 몽실학교에서 학교 선생님이나 친구들 이외에 학교 밖 친구들이나 마을 주민 분들, 청년들, 다른 학교(다른 지역) 친구들까지 다양한 사람과 이야기할 수 있었던 것이 좋았습니다. 그런 과정에서 현재 대한민국의 공교육에서 피터지게 입시 전쟁을 치르는 학생으로서 획일화된 교육의 모순이나 문제점 등을 인지하게 되었습니다. 그리고 이를 바꾸고 싶다는 생각이 들었고 그러기 위해서는 공부를 열심히 해야 한다고 생각하게 되었습니다. 그래서 요즘 열심히 공부를 하고 있습니다.

프로젝트는 어떻게 보면 힘들고 번거로운 활동일 수도 있지만 이 활동을 하면서 저는 성장했고 세상을 바라보는 시야도 넓힐 수 있었습니다. 지금까지 계속 몽실학교가 저에게 주었던 긍정적인 영향들을 입에 침이 마르도록 이야기 했는데도 아직 몽실학교의 장점 자랑은 끝나지 않았습니다. 무엇보다 몽실학교가 저의 마음을 사로잡은 이유가 있는데요, 제가 친구들에 몽실학교를 소개할 때 '나의 힐링 공간이다'는 말을 많이 말합니다. 사실 학교가 끝나고 저의 일과는 방과 후 수업을 듣고 가끔 야간 자율학습을 하는 정도인데요, 방과 후에 친구들과 함께 시간을 보내고 싶을 때 돈이 없는 저희들은 몽실학교로 가곤합니다. 그래서 저에게 몽실학교는 단순히 프로젝트를 하는 것 이상의 '쉼'을 주는 곳이라고 생각합니다.

기존에 청소년을 위한 기관이 없었던 것도 아닌데 왜 굳이 몽실학교일지 의아하신 분도 계실 것입니다. 저는 몽실학교가 있기 전에는 의정부 청소년회관이라는 곳을 갔었는데요, 지금은 더 이상 가지 않습니다. 단도직입적으로 청소년 회관과 몽실학교의 차이점을 물으신다면 제 생각엔 몽실학교는 청소년이 만들었다는 생각이 강하게 듭니다. 한마디로 우리의 공간이라는 자부심이 느껴진다는 것입니다. 반대로 청소년 회관은 저희의 공간이라기보다는 마을 복지 센터 같다는 생각이 듭니다. 이 차이점은 되게 사소해 보이지만 우리의 공간이라는 자부심은 제가 몽실학교에 뿌리를 내린 큰 이유 중 하나입니다.

무료로 이러한 좋은 공간에서 다양한 친구들과 우리가 하고 싶은 것을 하면서 남을 도와준다는 것은 기존에 틀에 박힌 공교육을 받던 친구들에게 새로운 배움을 제공했고, 단순히 선생님의 강의를 듣는 것만이 교육이 아니라는 신선한 충격을 주었습니다.

그리고 제 개인적인 생각이지만 보다 많은 학생들이 몽실학교에서 활동을 잘 할 수 있는 원동력은 물론 넉넉한 지원과 훌륭한 공간도 있겠지만, 개인적인 시간도 쪼개서 같이 있어주시고 우리가 방향을 잘못 잡아 허둥댈 때 옆에서 도와주신 길잡이 선생님들의 노력도 크다고 생각합니다. 이 자리를 빌어 항상 고생하시는 꿈짱 선생님과 길잡이 선생님들께도 감사하는 말을 전하고 싶습니다.

저는 앞으로 몽실학교를 발돋움 삼아 저의 꿈을 위해 더 나아갈 것입니다. 그리고 지금 이 자리에는 없지만 몽실학교에는 자신의 꿈을 펼치기 위해 노력하는 학생들과 청년들이 많습니다. 그들이 모두 날개를 펼 수 있도록 몽실학교가 계속 이어지길 바라고 더 많은 친구들이 몽실학교에서 활동하고 자신의 꿈을 찾아갈 수 있기를 희망하며 이상 발표를 마치겠습니다. 지금까지 저의 이야기를 들어주셔서 감사합니다.

길잡이교사가 바라보는 몽실

청년이 청소년과 마을을 만날 때

:: 이한솔

　몽실학교에 찾아온 그 누구든지 두 가지 만남을 경험한다. 하나는 청소년이요, 다른 하나는 마을이다. 이 두 가지 만남은 현재 몽실공동체가 어떻게 구성되고 운영되는가를 설명하는 명확한 기준이 된다. 몽실학교의 참여주체들은, 특히 청년은 청소년과 마을을 만나면서 성장한다. 이제 길잡이교사의 많은 비중을 차지하게 된 청년 길잡이교사는 청년이라는 세대 특성과 길잡이교사라는 역할을 함께 맡으며 몽실학교에 자리한다. 현재 몽실학교에는 약 20명의 청년이 함께 결합하고 있다. 그리고 그 숫자는 해가 지날수록 늘어나고 있다.

　이 괄목할 만한 숫자는 꿈이룸학교가 시작된 지 3년 만에 이룬 쾌거이자, 마을학습공동체가 새로운 형태로 나아가야 한다는 점을 시사한다. 많은 청년 길잡이교사는 꿈이룸학교에서 청소년기를 보내고 스무살 청년이 된 후 길잡이교사가 되기를 선택했다. 교육공동체가 추구하는 가치를 학습한 이들은 청년이 되었을 때 공동체에 대한 이해를 보장할 수 있고, 기존 활동가들이 놓치는 부분을 섬세한 감각으로 잡아낼 수 있다. 즉, 교육공동체에서 학습자가 활동가로 성장하도록 만드는 것은 중요한 과업 중 하나다. 청년의 존재가 마을에 얼마나 큰 활력을 불어넣을 수 있는지를 우리는 몽실학교에서 현재 직, 간접적으로 경험하고 있다.

청년이 청소년을 만날 때

청년 길잡이교사가 갖는 가장 큰 힘은 '고민'에 있다. 마을공동체의 주요 구성원은 마을의 어른들이 대부분이다. 그들은 학부모이자, 마을의 어른이자, 이 사회의 기득권이다. 그들의 고민 지점은 분명 청년 길잡이교사의 고민 지점과 크게 다르다. 길잡이교사는 몽실학교가 어떻게 지속가능성을 얻을 수 있는가, 또 학생이 스스로 교육과정을 만들어내고 학생자치를 실현할 수 있을까 고민한다. 이는 마을이 중심이 되는 공동체 운동의 구조적 안정성을 확보하기 위한 노력들이다. 하지만 청년 길잡이교사의 주요한 고민지점은 '내가 어떻게 청소년들과 만나야 할까?'이다. 물론 마을의 길잡이교사도 끊임없이 관계와 소통, 공동체에 대한 물음을 던지고 이를 해결해나가기 위해 노력한다. 그럼에도 청년 길잡이교사는 각자의 '불완전함'을 극복하기 위해 성찰하고 스스로에게 질문을 던진다. 또 여러 시행착오를 통해 스스로가 프로젝트와 함께 성장한다. 다시 말해, 청년들의 고민은 이타성을 추구하는 이기심으로 귀결된다. 더불어 사는 삶을 살고자 하는 스스로의 역량에 대한 고민인 것이다.

몽실학교에서 성장한 청년들의 예를 들어보자면, 청소년기에 학습자의 위치에 있던 이들은 몽실학교의 주인이었다. 학생 스스로가 교육과정을 수립하고 그를 진행하면서 주도적으로 프로젝트를 이끌었다. 하지만 스무 살이 되면서 길잡이교사의 역할은 청소년기 프로젝트를 이끌어나가던 학습자와는 판이하게 달라진다. 또 몽실학교에서 성장하지 않았지만 몽실학교에 길잡이교사로 유입된 청년의 경우는 그동안 접해보지 못한 공간의 환경에 적응이 필요하다. 학생자치가 실현되는 교육 환경을 이해하고 공동체 안으로 편입되어야 한다. 청년 길잡이교사는 이렇게 두 가지 경로로 몽실학교에 유입된다. 그 과정은 단지 교육 단체에 들어오는 것도, 동아리처럼 느슨한 공동체 속에 들어오는 것도 아니다. 그 과정에서 각자가 청년으로서, 몽실공동체의 구성원으로서, 또 길잡이교사로서 어떤 역할을 해야 하는가 각자의 방식으로 탐구해나간다.

길잡이교사는 퍼실리테이터, 촉진자다. 촉진자는 앞에 나서서 프로그램을 진행하는 교수자도 아니고 지식을 전달하는 강사도 아니다. 참여 학습자의 자발성을 존중하며 그 안에서 지켜져야 할 가치를 보존하고 마을의 네트워크를 구축하는 역할을 맡는다. 마치 외부에서는 몽실학교의 다양한 프로젝트 학습이 순전히 학생들의 자발적 욕구에 의해서만 발현되는 것으로 바라보곤 한다. 하지만 그 안에는 수많은 길잡이교사가 학생들과 관계를 맺으며 프로젝트를 살뜰히 챙기고 몽실학교가 단지 '관'의 일부가 아니라 마을교육공동체의 중심이 될 수 있도록 애정과 품을 쏟고 있다. 때문에 처음 스무 살이 되고, '학생자치'와 '마을교육공동체'의 수혜자에서 그 가치를 수호하고 이행해야 하는 행위자가 되었을 때 느끼는 고민과 혼란은 결코 작지 않다. 학습자에서 길잡이교사로의 전환은 어렵다. 그 어려움은 새로 유입된 청년에게도 마찬가지다. 무엇보다 우리가 흔히 상상하는 교사의 이미지와 길잡이교사는 본질적으로 다르다는 사실이 이 성장의 과정을 더욱 어렵게 만든다.

그렇기 때문에 청년들의 고민은 교육의 본질과도 연결된다. 교육은 학습자의 '변화'를 촉진한다. 교사 개개인은 누군가의 삶에 큰 지표가 되며, 켜켜이 쌓이는 학습 경험은 학습자가 성장하는 데에 큰 영향을 준다는 사실에 큰 자부심은 물론 사명감을 가져야 한다. 이는 몽실학교에서 성장한 청소년, 그리고 청년이 된 청년 길잡이교사라면 누구보다 잘 이해하고 그 역할의 중요성 또한 실감할 것이다. '내가 어떻게 청소년들과 만나야 할까?'라는 질문 속에는 잘 보이지 않지만 '내가 교육과 학습을 매개로 누군가의 삶에 개입할 자격이 있을까?' 하는 질문이 숨어있다. 이러한 부담감은 길잡이교사가 학습자 개개인과 맺는 하나하나의 관계부터 전체 프로젝트의 진행까지 반영된다. 평생교육 전공자로서 '교사'의 자격에 대해 많은 고민을 해왔다. 학업 수준을 떠나 교사가 갖추어야 할 가장 기본적인 소양은 '스스로의 자격기준에 의구심을 가지고 끊임없이 학습자와 소통하는 것'이라 생각한다.

최근 길잡이교사 역할 매뉴얼을 정해보자는 의견이 길잡이회의에서 발의 되었다. 새로 유입되는 청년 길잡이교사들이 본인과 학습자의 관계, 또 본인과 프로젝트 사이의 관계 맺음에 대한 고민을 해결하기 위함이다. 몽실학교가 프로젝트 학교인 만큼 프로젝트마다 학습자는 물론 학습 과정 자체도 천차만별이다. 이런 역할의 길잡이교사에게 매뉴얼이란 것이 있을 수 있을까?

처음 몽실학교에서 길잡이교사를 시작했을 때 캄비아 연극 프로젝트를 맡았다. 연극 프로젝트는 고등학생 위주로 구성되었다. 그리고 그들은 각자의 역량을 발휘하여 자발적으로 역할을 분담하고 온전히 스스로 창작극 하나를 만들어냈다. 그 이후 캄비아 연극 팀은 한 단계 나아가 '학생이 만들어가는 꿈의학교'를 신청해 학생이 주도적으로 만들어가는 연극무대를 이어갔다.

이와 동시에 '추억우체국'이라는 영상 팀을 맡았다. 이 팀은 캄비아와 다르게 어린 청소년들(초6~중2)로 이루어졌다. 추억우체국은 오랜 기간 영상을 제작하기 위해 더딘 과정을 겪었다. 그리고 마지막엔 그들 스스로 영상 한 편을 찍을 수 있었다. 위 두 팀의 학생들이 요구하는 길잡이교사의 역할은 달랐다. 두 팀의 나이는 물론 구성원들의 성격까지 판이하게 달랐기 때문이다. 그 속에 길잡이교사가 어떤 역할을 맡아야 하는가 혹은 얼마만큼 개입해야 하는가에 대한 논의는 매 시간마다 찾아오는 고민이었다.

그럼에도 두 프로젝트를 진행하면서 내린 고민의 결론은 꽤 간단했다. 참여하는 학생들에게 물어보는 것. 길잡이교사의 도움이 얼마나 필요한지를 묻는 것이다. 지레짐작으로 좋은 타이밍에 개입해야 한다고 생각했지만 그것 역시 독단적인 판단이었다. 교사라는 이름을 가진 이상 그 발화에는 일종의 권력이 발생할 수밖에 없다. 그 권력이 발생하기 전에 관계를 만들고 관계 속에서 대화를 나누며 함께 프로젝트를 진행해나가는 것이 가장 중요하다.

이렇게 구구절절 길잡이교사로서 겪어온 일들을 풀어내는 이유는 이 프로젝트 경험이 비단 나의 성장에 국한되지 않기 때문이다. 2017년 처음 길잡이교사를 시작한 청년들은 이제 1년차 길잡이교사가 되었다. 나 또한 그들과 함께 길잡이교사를 시작했다. 1년이 지난 지금 청년 길잡이교사 1년차가 된 청년들은 각자의 방법으로 아이들과 소통한다. 그리고 분명 함께 성장했음을 느낀다. 처음 가지고 있던 고민들을 학습자들과 함께 풀어내고 기존의 길잡이교사들과 함께 나누었다. 얼마나 성장했느냐 측정하는 기준도 애매하고 1년의 경험으로 자신의 역량에 대한 의구심을 모두 걷어낸 것은 아니지만, 청년 길잡이교사는 분명 조금씩 노하우를 쌓아가고 있다.

청년이 마을을 만날 때

이처럼 청년 길잡이교사는 스스로의 역량을 의심하고 청소년들과 관계 맺음을 통해 성장하면서 몽실공동체를 이루고 있다. 청년 길잡이교사들이 늘 하는 고민과 자신의 역량에 대한 의구심과 스스로 전문분야를 개척해나가고자 하는 욕구는 어쩌면 몽실학교의 여러 가치와 상충하기도 한다. 시간적 여유가 없을 수도 있고 자신이 원하는 전문경험(지식)을 쌓지 못해 만족하지 못하기도 하다. 또한 스무 살 이후 만나게 되는 새로운 분야의 인간관계를 경험하면서 기존에 가지고 있던 마을공동체를 향한 소속감이 약해질 수도 있다. 하지만 이것이 과연 청년들 개개인의 이기심에서 비롯된 문제일까 하는 질문을 다시 던져보아야 한다.

청년에게 마을은 꼭 필요하다. 경쟁이 없는 성격의 집단 속에서 소속감을 가질 수 있는 공동체는 더욱 절실하다. 그리고 마을공동체, 교육공동체, 마을네트워크 등 거의 모든 네트워크 사업조직에도 청년이 필요하다. 청년은 공동체 안에서 세대를 잇고 창의적인 활력을 불어넣는다. 그런데 필요조건을 넘어 충분조건이 충족됨에도 청년들이 유독 보이지 않는 이유는 무엇일까? 그리고 현재 20여 명의 청년이 결합하고 있는 몽실학교는 앞으로 청년들과 함께 어떤 방식으로 마을을 꾸려나가야 할까?

먼저 청년 세대에게 닥친 시련을 이야기해보자. 모든 청소년은 스무 살이 넘는 순간 청년이 된다. 단지 음절 하나 빠졌을 뿐인데, 그 단어가 주는 무게감을 버티기란 꽤 버겁다. 모두가 한 번은 거치는, 청년이라는 꼬리표는 사회 초년생이라 읽히며 또 열정으로 쓰인다. 좁은 취업 문턱과 경쟁사회 속에서 20대 청년들은 각자의 방법으로 좁은 구멍을 통과하기 위해 자신을 예리한 칼날을 가진 무기로 갈고닦아야 한다는 강박관념 속에 살아가고 있다. '자신을 훌륭한 상품으로 개발해야 한다'고 주장하는 자기계발 서적은 항상 베스트셀러 상위권을 차지하고 있고, 경쟁을 통해 자신의 자리를 만들며, 일련의 기준을 충족하면 많은 돈을 벌 수 있다는 신화 속에 살아간다. 이 사회가 만들어 놓은 청년 성공신화는 여러 방식으로 존재하지만 안타깝게도 더불어 사는 삶은 그 범주에서 논외다. 수많은 청년이 시장에 방치되어 있다. 고로 청년들은 어디에나 있지만 또 어디에도 없다.

현재 공동체를 만들기 위해 정부부처는 공동체 사업을 적극적으로 추진하고 있다. 이와 더불어 청년 고독 문제를 해결하기 위해 각 정부부처와 지역사회는 청년 지원 사업을 양산하고 있다. 하지만 그 방식은 또다시 경쟁이다. 공모를 통해 정부 예산을 민간단체에게 사업을 일임한다. 정부와 지자체의 노력으로 다양한 청년조직이 형성되었지만 사실 그 청년들의 '마을 내 자립'을 위한 고민은 부족해보인다. 정부의 지원이 끊기면 사실상 자생 가능한 청년조직은 거의 없다. 청년이 마을에 구성원으로 살아가기 위해서는 '자립'이 필수적이다. 자립할 수 없는 곳에서 청년은 살아가지 못한다. 그리고 청년 구성원의 자립을 보장하지 못하는 마을공동체는 그 지속가능성을 보장할 수 없다. 단순히 예산을 편성하고 얻어내는 시혜적 성과가 아니라 청년 세대가 겪는 불안감을 마을 단위로 풀어나가야 한다. 청년 문제를 유행타는 정치 이슈로 받아들일 것이 아니라, 현대사회의 구조적 모순이 표출된 사안으로 인식하고 사회에 뿌리내린 권위주의와 경쟁 구도를 무너뜨려야 한다.

몽실학교의 청년 길잡이교사는 현재 20대 초반 학업을 이어가는 청년이 대부분이다. 그리고 소수 몇몇은 학업을 이어가지 않고 생계전선에 뛰어들었다. 몽실학교에서 청년의 존재는 청소년과 마을을 잇는 중요한 매개가 된다. 몽실학교의 다양성에도 크게 한몫을 하고 있다. 분명 청년 길잡이교사는 몽실학교를 기반으로 형성된 마을공동체 안에 살아가고 있다. 한 공간을 기준으로 다양한 사람을 만나고 그들과 함께 호흡하며 삶에 대해 질문할 수 있는 공동체다. 이 공동체는 각 청년에게 큰 위안이 된다. 다양한 사람과 몽실공동체의 구성원이라는 정체성을 가지고 만날 수 있으니 말이다.

현재 학업을 이어가고 있을 어린 나이의 청년들이기에 자립에 대한 욕구는 크지 않지만 향후 5년 내에는 분명 자립 욕구가 표출할 것이다. 그리고 몽실공동체 안에서 청년들의 욕구를 해소하기 위해 다양한 시도가 이어지고 있다. 하나는 전문 활동가 양성을 위한 행정적 구조 마련이고, 다른 하나는 협동조합과 같은 특수한 공동체를 조직하는 것이다.

몽실학교에서 성장한 청소년이 청년 길잡이교사가 되고, 마을의 청년이 몽실학교의 운영에 함께 참여하는 구조는 마을교육공동체가 선순환하는 가장 긍정적인 모델이다. 길잡이교사로 활동한 청년은 몽실학교와 프로젝트 학교에 대한 이해가 다른 외부 유입 인력보다 더 빠르고 유기적이다. 또 마을이 중심이 되어 진행되는 몽실학교의 생리상 몽실공동체에 대한 이해와 협력은 필수다. 마을의 청년들이 몽실학교에서 근무할 여건이 마련된다면 몽실학교가 마을을 배제하는 관치의 위협에서 벗어날 수 있으며 다양한 상상력을 실현할 '미래교육'의 선구적 모델이 될 수 있을 것이다. 무엇보다 청년 활동가가 생기는 것은 마을 내 청년 조직을 지속 가능하게 운영할 운영주체를 양성하는 과정이기 때문에 청년 공동체 역시 활력을 얻을 수 있다.

또 하나의 시도는 바로 청년 공동체를 조직하는 것이다. 청년들은 자발적으로 협동조합을 조직했다. '스무살이' 협동조합은 다수의 청년 길잡이교사가 조합원으로 가입하고 있으며 다른 길잡이교사 역시 후원자 조합원이라는 명목으로 가입했다. 청년 협동조합의 가장 큰 목표는 마을공동체 속 청년의 자립이다. 스무살이 협동조합은 몽실학교와 긴밀하게 연계하여 마을교육사업, 문화사업을 구상하고 실천한다. 아직 자생하기 어려운 협동조합이지만 조합이 있음으로 청소년에 국한되어 있던 몽실학교의 한계를 극복하고 마을 전체를 아우르는 학습, 문화공동체가 형성될 계기를 마련할 수 있을 것이다. 또 길잡이교사들은 비영리법인으로 체계적이고 지속가능한 공동체를 만들기 위한 노력을 기울이고 있다. 그 안에 청년조직을 명시하고 다양한 마을활동을 해나갈 예정이다.

'마을 내 자립'은 청년이 마을의 구성원으로서 살아갈 여러 재원을 스스로 마련할 수 있는 여건을 갖출 수 있고, 또 지속적으로 네트워크를 만들며 또 그 속에서 경쟁이 아닌 협력의 삶을 살아갈 기반을 마련하는 상황을 뜻한다. 물론 수입도 중요하지만 어떻게 마을과 공존할 수 있는가에 대한 물음이다. 결국 마을 내 자립은 네트워크 사업이고 공동체 속에서 더불어 사는 삶을 추구한다는 의지이다. 청년들은 자신이 가진 능력을 개발하고 전문성을 높이기 위해 학습하고 경력을 쌓아간다. 그리고 그것이 각자의 업에서 발현되는 것이다. 그 과정에서 마을은 청년이 자신이 가진 전문성을 나누고 또 다른 구성원이 가진 전문성을 공유하는 상호호혜적 공간이 되어야 한다. 앞서 설명한 청년 길잡이교사가 가지고 있는 '이타성을 추구하는 이기심'의 실험장이자 무대인 것이다. 그렇게 청년들은 마을의 구성원이 되고 마을공동체는 지속 가능성을 확보할 수 있다.

협동조합과 비영리법인 등의 조직화 사업, 그리고 마을을 조직하는 활동가 양성. 이 두 가지는 현재 몽실공동체가 시도하고 있는 마을공동체 모델이다. 이러한 모델은 단지 지원 사업으로 단발적인 청년, 마을을 조직하는 사업을 넘어 지속가능성을 도모한다. 앞으로 더 많은 시도가 이루어질 것이다. 이는 몽실학교가 기관의 성격을 넘어 마을의 중심이 되는 과정이다. 그리고 이러한 노력이 미래사회의 선구적 모델이 되기를 희망한다.

함께 살아가자

청년 길잡이교사는 불완전하고 아직 많이 부족하다. 그럼에도 청년들은 스스로 성장하기 위해 노력하고 또 각자의 성장이 마을에 환원되어 선순환 구조를 만들어내고자 노력 중이다. 청년들은 청소년을 만나면서 자신을 성찰하고 프로젝트 속에서 다양한 경험을 하며 성장한다. 청소년들은 청년들과 소통하며 그들의 삶과 크게 다르지 않은 삶을 사는 이들과 긴밀한 관계를 맺을 수 있다. 청소년의 성장과 그것을 지켜보는 과정은 청년에게도, 청소년에게도 경이로운 경험이 된다. 청년들은 청소년들과 마을에서 살아가며 삶의 위로를 얻는다. 마을 또한 청년에게서 활력을 얻는다. 이 상호호혜적 관계 맺음이 몽실학교의 또 다른 역할이다. 아직 부족한 것이 많다. 눈앞에 놓인 수많은 장애물과 아직 접하지 못한 난관들이 있다. 이를 극복하기 위해 모든 몽실공동체의 구성원이 함께 서로의 이야기를 경청하고, 누구 하나 소외되지 않을 네트워크를 구축해 나가야 한다. '함께'라는 가치를 잃지 않는다면, 그 길은 마냥 고통스럽지는 않을 것이다. 청년도, 청소

년도, 또 마을의 사람들 모두,

'함께 마을에서 살아가자.'

공교육 교사가 생각하는 몽실

즐겁게 배우고 놀랍게 성장하다

:: 홍제남(서울영림중 교사)

Ⅰ. 난관에 부딪친 혁신, 학생자치 배움터를 만나다

2017년 상반기 경기도교육연구원에서 진행한 '미래교육체제연구'에 공동연구자로 참여하며 미래교육의 사례로 몽실학교를 처음 접했다. 그곳이 어떤 곳인가 궁금한 마음이 들던 차에 마침 기회가 생겨 2017년 6월에 몽실학교를 방문하게 되었다. 로비에 앉아 일행을 기다리며 아이들을 바라보자니 뭔가가 머릿속에서 빙그르 회전하며 툭 터지는 새로운 느낌이 들었다. 아이들은 밝은 얼굴로 서로 조잘조잘 대화를 주고받으며 활기차게 이리저리 오가거나, 모임별로 이곳저곳에 모여 앉아 즐겁고 진지하게 이야기하고 있었다. 자유로움과 밝음, 활기참과 진지함이 함께 공존하는 것처럼 느껴졌다.

2011년부터 진행된 서울형 혁신학교를 서울 남부지역에 있는 오류

중학교에서 혁신학교 준비와 운영의 전 과정에 주도적으로 참여하며 실천한 경험이 있던 나는, 혁신학교의 성과와 한계를 누구보다 가까이서 직접 보고 겪어왔다. 기존의 교육시스템이 제도적으로 크게 달라지지 않은 상태에서 진행된 혁신학교운동은 초기의 여러 성과에도 불구하고 혁신학교 성과를 지속·확대·발전해가며 정착해야 할 현 시점에서 여러 난관에 부딪친 상황임을 부인할 수 없다. 개별 아이들의 상황이며 맥락과 동떨어진 획일적인 국가교육과정과 성취기준, 상대 평가와 한줄 세우기, 이와 연계된 상급학교 입시제도, 국가교육과정을 대변하는 천편일률적 교과서, 교과서의 틀을 벗어나기 어려운 교육과정 재구성, 주로 학교의 울타리 안에서 이루어지는 삶과 연계성이 떨어지는 제한된 교육환경은 혁신학교정책 이전과 별반 달라지지 않았다.

이런 교육환경으로 인해 단위학교 교육과정 운영의 자율성은 극히 제한적일 수밖에 없다. 이는 학생들의 삶의 맥락에 맞는 학교·교사 차원의 창의적 교육과정 재구성에 많은 제약이 되고 있다. 더불어 여전히 과도한 양과 형식적 절차에 치중된 행정업무, 공립학교 교원의 순환전보제도 등은 교육혁신 성과의 안정적 정착을 가로막는 방해 요인이 되고 있다.

이런 한계를 제도적으로 극복해야 함에도 현실은 여러 요인으로 인해 변화가 더디고, 의미 있는 혁신학교는 찾아보기 힘든 것이 현재 공교육의 실정이다. 이런 교육여건 속에서 대다수의 아이들은 별다른 교육적 의미를 찾기 힘든 학교생활을 고된 노동처럼 그저 묵묵히 참고 견디며 수행하고 있을 뿐이다.

이런 답답한 공교육의 현실 속에서 학교가 아닌 지역사회에 있는 개방적이고 자율적인 학생자치 배움터인 몽실학교는, 아이들에게 한 줄기 따뜻한 빛과 시원한 바람을 느낄 수 있는 공간이 되고 있다. 아이들이 편히 숨 쉬고 놀 수 있는 곳, 다양한 사람들과 의미 있는 공동체 관계를 경험하며 자신이 무엇을 원하는지 실천적 탐색을 하며 자신의 꿈을 찾고 실현하며 성장해가는 공간으로 자리매김해가고 있다.

아이들은 이곳에서 진짜 학습의 즐거움을 느끼며 자신에게 필요한 진짜 학습으로 점차 깊이 몰입한다. 아이들이 몽실학교에서 이토록 스스로 즐겁게 학습에 몰입하는 이유와 조건, 그리고 그것이 갖는 의미는 무엇일까? 학생들의 이야기를 토대로 살펴보고자 한다.

II. 학생, 진짜 학습의 주체가 되다

몽실학교는 학생들이 모든 프로젝트, 행사, 학교운영 등의 활동과정에 계획부터 실행, 평가까지 주체로 참여하고 있다는 점이 가장 큰 특징이다. 이 과정에서 학생들은 자신을 주체적 존재로 인식하고 주도적으로 학습하며 성장하고 있다.

1. 나의 교육과정 만들기 – 하고 싶은 걸 해봐

가장 주요한 몽실학교의 학습활동인 모든 프로젝트에는 정해진 교육과정이 없다. 학생들이 하고 싶은 교육과정을 스스로 만들어 프로젝트 활동으로 구성하여 진행한다.

학생1: 학교는 하기 싫은 것도 해야 하니까 그게 안 좋은 것 같아요. 하기 싫은데 억지로 해야 하니까.

- 중략 -

연구자: 그럼 여기는 하고 싶은 내용을 정하는 단계부터 학생들이 한다고 생각하나요?

학생2: 네. 실제로도 그래요. 일단 프로젝트가 지금 끝났는데 이제 다음 프로젝트를 할 때도 선생님들이 뭐 이런 이런 프로젝트가 있으니까 거기에 참여할 사람 손들어. 이런 식으로 하는 게 아니라, 학생들이 하고 싶은 프로젝트를 먼저 기획해보는, 그런 시간을 가져요 항상. 그래서 학생들이 진짜 하고 싶은 게 뭔지 알고 할 수 있게 해요. 자기가 하고 싶은 프로젝트를 기획해서 마음 맞는 사람들끼리 모이고 그 사람들끼리 프로젝트를 진행한다는 게 굉장히 의미 있는 거 같아요.

학생3: 학교에서는 일단 선생님이 주시는 주제이기 때문에 거기에 맞춰서 저희가 생각을 하다보니까 저희가 뭘 진행해도 그게 막혀 있는 느낌? 그런 거죠.

학교에서 교사는 국가교육과정에 있는 많은 지식을 학생들에게 가르친다. 학생들은 늘 주어진 교육과정을 받아들여야 하는 교육의 대상일 뿐, 교육과정구성은 전적으로 소위 교육전문가라는 집단에 의해 주도된다. 그러나 가르쳐도 학생들이 배우지 않고 오히려 고통과 거부감을 느낀다면 한나 아렌트(1958)의 말처럼 '우리가 활동할 때 진정 행하는 것은 무엇인지'를 깊이 성찰해볼 문제일 것이다. 우리는 왜 이 일을 하고 있으며 앞으로 언제까지 계속해야 하는가?

학생4: 어…. 만약에 누가 '넌 스트레스 어디서 받아?' 하면 그럼 먼저 학교라고 말할 것 같아요. 그래서 만약, 이 과정(학교수업)이 괜찮냐? 그러면 아뇨, 저는 절대로 아니라고 할 것 같아요. 이거는, 너무 불공평하다. 자기 진로에 맞지 않는 과목을 하라 그러면 너무 아닌 것 같아요.

학생들에게도 자신들의 교육과정을 자신이 직접 구성한다는 것은 매우 새롭고 놀라운 경험이다. 자기의 교육과정을 스스로 만드는 경험은 학습의 주체에 대한 정체성을 새롭게 세우는 계기가 된다. 아래 이야기는 몽실학교의 출발의 중요한 시발점이자 토대가 된 비몽사몽 토론회에 참여한 한 학생의 경험과, 또 다른 학생이 1년 전 몽실학교에 와서 들었던 생각에 대한 이야기다.

학생5: 충격이었죠. 그러니까 저는 어떻게 보면 생산자가 아니라 소비자 입장이었던 것 같아요, 그 당시에는. 제가 생각하는 교육 말고, 그냥 그 사람들이 교육을 만들어서 주면 저는 배우는 입장인 거라고 생각을 했거든요. …(중략)… 그냥 어른들이 만들어준 그대로의 교육과정과 과목을 따른 게 아니라 우리도 의견을 낼 수 있다는 이야기는…. 그 때 처음에는 망치로 쾅앙! 머리 맞은 느낌. 뭐라 그래야 될까요. 내가 아무리 의정부여중(혁신학교)에서 특별한 수업방식을 거쳐왔다고 하더라도…. 그래도 학생인데 그래도 되나 하는 마음이었죠.

학생6: 평가. 그러니까 그걸 배우려고 하는 게 아니라, 이미 알고 있는 걸 저희가 음···. 일을 하는 거거든요, 공부라는 일을.

연구자: 공부라는 일을 해서?

학생6: 공부가 아닌 것도 되게 많아요. 막 발표나 PPT 작성이나 이런 것도 그런 일을 해서 좋은 점수를 얻으려는 목적이 큰 것 같아요, 배우려는 목적보다. 그러니까 수업시간에 자고···. 수행, 이 거 이거 자면 깎는다 이러면 눈을 번쩍 뜨는 애들도 있고 ···(중략)··· 그러니까 평가의 장이 아닌, 뭔가 여기 와서 처음에 든 생각이 '직접 한다고?' 이런 부분이 정말로 특이했거든요. 그땐 좀 낯설었어요. 쌤들이 가르치고 배우고 이러는 게 교육인 줄 알았는데 그냥···. 처음엔 다 신기했어요.

학생들이 교육과정의 '소비자'에서 '생산자'로서 자신에게 필요한 학습에 맞는 교육과정을 스스로 구성하며 학습을 기획하고 진행하는 학습의 주체자로서 정체성을 확립해가는 장면이다. 혁신학교 또한 아무리 수업방식이 새로웠다고 해도 여전히 학생들은 교사가 제공한 수업을 따랐을 뿐이라고 생각한다.

이와 달리 몽실학교에서는 학생들이 주체적으로 자신들이 하고 싶은 프로젝트를 구성하면, 학생들의 학습활동을 지원하고 촉진하는 길잡이교사가 학생들과 함께한다.

학생3: 예를 들어서 제가 했던 '위잉위잉'(도시양봉 프로젝트) 같은 경우는 일단 새로운 걸 들일 게 많았어요. 벌통도 들여야 하고 양봉용품도 들여야 되는데 그런 건 선생님이 거의 처리해주셨단 말이에요. 그런 거나 아니면 팀 회의 진행 할 때도 얘기하다 보면 딴 길로 빠질 때가 많거든요 저희가. 그럴 때 딱 잡아주시고, 그리고 뭐 솔직히 저희가 학생주도라고 하지만 100% 학생주도는 아니기 때문에 옆에서 조언이나… 갈피를 못 잡고 있을 때 방향이나 이런 걸 제시해주시거나 하는 역할, 무척이나 중요하죠.

학생들은 교육과정의 생산자가 되어 자신의 학습과정에 학습의 주체로 즐겁게 참여하고 있다.

학생7: 저는 항상 스스로 하는 걸 좋아하거든요. 자꾸 간섭하면 명령을 받고 있다는 느낌도 들고 그랬는데 정말 저희끼리 주제를 정하고 정한 주제 내에서 저희가 스스로 탐구하고… 선생님께서 해주시는 건 정말 길잡이 역할만 해주시니까. 더혜움에선 스스로 할 수 있다는 점이 제일 좋았고, 그리고 또 음 평소에 궁금한 게 되게 많아요 제가. 근데 꿈이 생명공학 쪽이라고 생각도 들기도 해서, 제가 이쪽으로 좀 더 공부를 해보고 싶다 탐구를 해보고 싶다라고 생각을 하고 주변에서 궁금해 했던 것들을 직접 조사를 하고 결과물을 내서 그런 점이 좋은 거 같아요.

연구자: 집이 학교에서 굉장히 멀잖아요.(일산 거주) 바쁘고 그럼에

도 여기에 꼬박 오는 이유는 뭔가요?

학생8: 처음에 올 때는 너무 멀지만 그래도 생기부를 채우러 가야지 하는 마음이 10이었어요. 그러니까, 처음에는 순전히 생기부 때문에 왔었죠. 학교에서 역사를 배우지 않았기 때문에 역사 활동을 하러 가야겠다 해서 생기부를 10으로 뒀는데, 지금은 1도 안 되는 것 같아요. 지금은 그냥 매주 매주 이 친구들과 얘기하는 게 즐겁고 새로운 지식과 생각을 나눌 수 있는 게 좋아요. 지금은 즐거움이 8, 9 정도 되지 않을까요?

2. 도전하며 꿈 찾기 – 실패해도 괜찮아

아기는 태어나는 순간부터 생존을 위한 학습을 시작한다. 인간은 태생적으로 스스로 학습하는 존재로, 자신의 학습을 스스로 구성할 수 있고 자신에게 관심 있고 필요한 학습을 할 때 즐겁게 임할 수 있다.(Peter Gray, 2015) 주변의 사람이나 사물 등의 환경과 끊임없이 상호작용하고 수많은 실패와 도전을 거치며 자신의 학습을 실행하며 성장해간다.

그러나 학교는 실패를 용인하지 않는다. 공부와 시험의 실패는 곧 성적과 상대적 서열로 나타나고 이는 다시 상급학교 입시로 직결된다. 대학의 실패는 인생의 실패로 간주되는 우리 사회에서, 평가에서 낮은 점수를 받은 학생들은 점차 학습에 대한 의욕과 흥미를 잃고 자신감을 상실하게 된다.

학생9: 성적으로만 판단한다는 거는 1등급만 뽑는 대학교가 있고

2등급만 뽑는 대학교가 있고 8등급은 진짜 갈 곳이 없다는 뜻이
잖아요. 그래서 선생님들은 1등급 애들에 맞춰서 거의 시험문제
를 내는 편이기도 하고. …(중략)… "1등급이여야 된대. 그래야 내
가 가고 싶은 곳을 간대." 이런 말이 엄청 부담감을 줘요. '어차피
1등급도 못 나오는데 왜 이걸 공부해야 되지?' 싶어요.

연구자: 등급이 안 나오면 의욕이 안 생겨요?

학생9: '대학교를 갈 수 있어?' 이게 좀 커요. 친구들이랑 얘기할
때도 '아 오늘 시험 망쳤으니까 나 대학 못가는 거네' 이렇게 되게
부정적이게 돼요.

연구자: 그럼 공부하는 이유가 대개는 다 대학을 가기 위한 수단
이란 말인가요?

학생9: 공부에 재미를 붙이는 게 아니라 성적이 잘 나와야 되니까
재미를 붙일 새가 없죠. 재미있다는 건 내가 여기 흥미를 갖고 공
부한다는 뜻인데…. 투자해야 된다. 투자해야 돼. 이게 딱 강박적
으로 되니까 부담감만 크고 …(중략)… 우리는 하기 싫은데 놀고
싶은데 왜 공부를 해야 돼? 그게 더 크잖아요. 너무 성적으로만
판단하는 거 같아요.

아기는 첫걸음을 떼기 위해 셀 수조차 없이 많은 실패를 거듭한다.
실패를 수없이 거듭한 후라야 아기는 위대한 첫걸음에 성공한다. 우리
는 흔히 '실패는 성공의 어머니'라고들 말을 한다. 그러나 현재 우리나
라의 학교 교육은 학생들에게 실패를 용인하지 않음으로써 다시 용기
내어 도전할 기회를 빼앗고 있다. 실패를 용납받지 못하는 학생들에게

는 점수를 높게 잘 받을 정답이 무엇인지가 중요할 뿐, 진정한 학습은 관심사가 아니다.

> 연구자: 학교에서도 수행평가를 할 때 학교에서 다양한 수행평가를 하는데 (몽실과) 차이점과 비슷한 점은 뭔가요?
>
> 학생7: 어떻게 보면 비슷할 수도 있는데, 학교에서 하는 건 주제를 줘요. …(중략)… 무엇을 조사하라고 주시고 평가기준이 있잖아요. 뭐를 만족해야 2점, 불만족하면 1점…. 저희는 다 그거를 맞춰서 필요한 걸 넣느라 혈안이 되어 있는데, 여기(몽실학교)는 정말 궁금한 것만 해소될 정도로 쓰면 되니까 그런 부분들에서 차이가 있죠.
>
> 연구자: 학교에서는 평가기준이 있어서 결과적으로 어떤 영향을 끼치는 거 같아요?
>
> 학생7: 조금 야비하게 흘러가요. 그 부분만 채우면 된다는 식으로…. 스스로의 탐구가 아니라 그냥 점수 받으려고만 하는 수행평가가 엄청 많죠.
>
> 연구자: 야비하다고 했는데 왜 그렇게 표현을 하나요?
>
> 학생7: 음…. 최선을 다한 게 아니거든요. 최선을 다한 게 아니라 그냥 필요한 것만 뽑아서 복사하고 붙여 넣고, 이런 과정이 제 스스로를 피해가는 느낌이라 야비하다고 표현했어요.
>
> 연구자: 점수를 잘 받기 위해서 한 건데 야비하다는 건 마음에 안 든다는 느낌도 드는 건가요?
>
> 학생7: 마음에 안 들지는 않아요. 왜냐면 점수 받기 되게 좋아요

…(중략)… 어느 정도 많이 해본 친구들은 그냥 삼십 분이면 애들 한 시간짜리 하는 거만큼 뚝딱해놓고 쉴 수 있으니까, 마음에 안 들지는 않는데…. 그게 뭔가 깊게 탐구를 하는 데 도움이 안 된다는 거죠.

반면 몽실학교는 학생들의 도전을 격려하고 실패해도 실패를 통해 배울 수 있다는 자신감을 심어주고 있다. 학생들은 이 속에서 자신이 하고 싶은 다양한 활동을 실패의 두려움 없이 마음껏 도전하고 실천한다. 실패를 겪기도 하지만 그 실패를 통해 배우고 성찰하며 다시 도전하면서 계속 성장해나가고 있다.

연구자: 몽실학교에 나오는 동력은 뭔가요?
청년1: 우선 환영을 해줘요. "왔니?" 이런 인사, 그런 게 좀 있고, 그리고 제 의견을 무시한 적이 없어요. 귀담아들어요. 제가 이 프로젝트를 하고 싶다 하면 (일반적인) 사람들은 결과를 중심으로 보잖아요. '아 내가 봤을 때는 네 결과가 안 좋아서 이 프로젝트를 안했으면 좋겠어.'라는 반응을 보인다면 몽실학교는 '어디 한번 해봐. 네가 하고 싶으면 해봐. 하고 나서 실패해도 그게 너의 경험이고 너의 인생에 도움이 돼.' 이런 식. 그러니까 네가 한번 해보고 실패해도 너에게 도움이 되고, 성공해도 네게 도움이 되니까 한번 해보고 시작해봐 이런 거고, 이제 일반학교 그런 데는 '아니 조금…. (이건 아닌데)'
연구자: 프로젝트가 잘 안 되긴 했지만, 그럼에도 불구하고 팀에

서 얻은 게 있었나요?

학생10: 일단은 사람들을 얻었어요. 팀원들이 정말 좋아요. 그리고 도전이 필요하다는 걸 알게 되었어요. 무언가를 도전하지 않는다면 변화란 없다는 걸 깨달은 거죠. 저희의 도전은 시내에 나가는 거였어요. 자꾸 하다보니, 도전에 익숙해졌어요. 창업을 할 때. 또 뭐 있지? 저희가 그리고 인원이 되게 적었거든요. 4명 … (중략)… 근데 한명 한명 다 자기 해야 할 일을 했던 거 같아요. 자기가 해야 할 일 다 같이 하고 그랬던 거 같고, 그리고 창업 프로젝트는 창업할 때 고려할 요소가 되게 많다. 머리가 아팠어요. 저희는 나오는 돈이기 때문에 흑자와 적자를 굳이 구분할 필요는 없는데 저희는 매우 적자였거든요. 근데 내가 정말 0원으로 시작한다면 여기가 아니라 밖에서 하면 정말 흑자를 내야 하는 거잖아요. 여기서 고려할 요소를 체크하고 가는 거죠. 고려할 요소가 정말 많다는 걸.

연구자: 앞으로 이게 실패한 경험이지만 의미 있는 과정이었다고 할 수 있을까요?

학생10: 네. 일 년이 아깝진 않아요.

실패한 창업 프로젝트였지만 도전하는 것의 중요성을 경험을 통해 체험하며 도전의식을 배웠고, 창업을 할 때 고려해야 할 다양한 요소를 생각하게 되었으며, 무엇보다도 실패한 활동이었지만 앞으로 함께 할 소중할 사람을 얻었다고 말하고 있다. 반면에 학교에서의 모든 활동은 성적으로 평가되어 입시에 반영되므로, 실패할 소지가 있는 시도를 마음껏 할 수가 없으며, 모둠별 수행평가를 함께하는 친구들에게도 점수가 걸려있어서 '불안해서 못 맡기겠다. 차라리 혼자 하는 것이 낫다'라고 생각하게 된다고 하였다.

몽실학교에서는 자신이 하고 싶은 것을 관심이 같은 친구들과 함께 실행하고 실패를 통해 배우며 성장하고 있다. 이것은 몽실학교가 '실패해도 괜찮아'라고 아이들을 격려하며 도전을 지원하고, 아이들은 성적에 대한 걱정 없이 마음껏 하고 싶은 것을 시도할 수 있는 기회와 시간을 가졌기 때문에 가능한 일이다. 이 과정에서 학생들은 자신이 정말로 좋아하고 잘할 수 있는 자신의 꿈이 무엇인지 탐색하고 있었다.

> 학생10: (더)혜윰은 공부하고 연구할 시간을 주고, 창업 프로젝트는 실패할 시간을 주고, 마을 프로젝트는 프로젝트 할 시간을 주는 데, 거기는 시간을 안 줘요.
>
> 연구자: 거기가 학교?
>
> 학생10: 네. 안 주거나 줘도 적게 주고 짧게 주고. 그래서 여기서 (몽실학교) 더 눈에 띄는 애들이 많아요. 뛰어난 애들이. 아마 학교의 다른 애들도 여기오면 잘할 것 같긴 한데.
>
> 연구자: 그런 게 학교에서는 잘 안 드러난다는 거죠? 그런 이유는 뭘까요?
>
> 학생10: 일단 애들이 말 그대로 직접 재능을 보여줄 시간이 없어요. 따로 시간을 내지는 않잖아요. …(중략)… 아 또 생각나는데, 차이점인데 학교는 학생들이 말할 기회가 없는 거 같아요. 여기는 말할 기회가 많잖아요.

학생들은 몽실학교에서는 학교와는 다르게 실패에 대한 두려움 없이 하고 싶은 일에 도전하고 충분히 자신을 표현할 기회와 시간을 가지며 자신의 재능과 꿈을 찾아가고 있다.

3. 주인 의식 – 나는 몽실학교의 주인이다

몽실학교에서는 교육활동뿐만 아니라 운영 전반에 학생들이 주체로 참여하고 있다. 현재 몽실학교 학교운영위원장 또한 학교 밖 청소년이 맡고 있는데, 이는 상징적 직위가 아니다. 학생들은 몽실학교의 몽실학교 운영방향 및 규칙 결정, 각종 행사 기획 및 진행, 프로젝트 예산 편성 및 집행, 공간 꾸미기 등에 실제적인 주체로 참여하고 있다.

> 학생6: 학교에서는 배우고 평가받는 입장이고, 여기는 학생이 없으면 교육이 이루어질 수 없어요. 그러니까 거의 모든 부분을, 99%가 학생들이 맡고 책임을, 그에 대한 책임도 학생들이 지고 이런 구조다 보니까 학생들이 조금 더 책임감 있게 하고 …(중략)… 선생님, 그러니까 모든 선생님, 선배, 후배 모두가 동등하게 되는 것 같아요. …(중략)… 지금 같은 학교에서 학생이 주체가 되는 교육이다 라고 말을 하면 너무 뻔뻔한 거 아닌가?
>
> 연구자: 학생들이 99%하고 있다는 거는 어떤 측면을 보고 그렇게 얘기를 하는 건지 좀 더 설명해주세요.
>
> 학생6: 학생들이 그 활동을 하지 않으면, 그러니까 그 활동에 대해서 책임을 지거나 하지 않으면 그 프로젝트는 진행이 되지 않아요. 그러니까 학교 같은 경우는 안 되면 그냥 안 되는 애를 끌

고 오는데, 여기는 그렇게 안 되는 애들이 생겨버리면 그게 돌아 가지 않는다는 얘기죠. 하고 싶어서 온 사람들이기 때문에 여기 에 오는 거고 …(중략)… 그 학생이 만약에 참여를 안 해버린다거 나 이러면 정말 답이 없어져요.

연구자: 그러니까 거의 학생이 거의 99% 해야 되는 시스템이다?

학생6: 네 길잡이교사는 말 그대로 도와주시는 분들이거든요.

자신들이 하고 싶은 교육과정을 만들어서 시작한 프로젝트는 처음 부터 직접 계획하고 진행하는 활동이므로 학생들이 주체가 된다. 길 잡이교사는 학생들의 활동을 지원하는 역할을 수행할 뿐이므로, 학생 들이 참여하지 않는 프로젝트는 진행이 되지 않는다. 그래서 프로젝트 활동에서 학생들의 역할을 99% 라고 생각하고 있었다.

프로젝트 활동뿐만 아니라 학교운영이나 예산, 공간에 대해서도 학 생들은 학교 보다 몽실학교에서 운영의 주체이자 주인으로 참여하고 있다고 생각하고 있었다.

청년1: (학교)예산을 그러면 어디다가 쓰나요?

연구자: 어디 쓰는지 전혀 몰라요?

청년1: 네. 근데 여기는 저희가 다 알 수 있잖아요. 예산 상황을. 여기 식비를 어느 정도 쓸 수 있고.

연구자: 그걸 어떻게 알아요?

청년2: 예산 초기에 팀장 프로젝트 할 때….

청년1: 선생님들이 제안해줘요. 오십만 원씩 해서 프로젝트 알아서 하기. 이런 거?

청년2: 거기에 80%는 재료비로 쓰고 나머지는 식비로 쓰고.

청년1: 거기에 맞게 우리가 프로젝트를 짜는 거고. 주어진 조건에 맞게 프로젝트를 하는 거 같아요.

학생11: 여기 오면 사람도 있고 주말에는 내가 하고 싶은 프로젝트 활동도 할 수 있고, 오후에는 운영위원회처럼 같이 활동을 하면서 참여해서 이곳이 내 공간인 걸 느낄 수도 있고, 뭐 다양한 일들이 있겠죠. 사실 저는 이곳이 제 공간이라고 생각해요.

연구자: 나의 공간이다? 그건 무슨 뜻인가요?

학생11: 자기가 주인이라고 생각하라잖아요. 다 여기가 자기 주인이면은 사람들 다 같이 만나서 회의도 하고 그런 거죠. 다, 각자, 여기 다니는 모든 사람, 모두가 여기 주인이니까. 그럼 다 같이 만나서 얘기도 하고 책임도 지는 거죠.

－중략－

학생11: 내가 주인이니까 내 의견이 있어야 되잖아요. 모든 내가 주인이니까 내 의견이 들어갈 수 있는 공간인 것 같아요.

  몽실학교의 운영방향과 프로젝트 활동은 물론이고 몽실학교 운영에 필요한 예산 계획과 집행의 모든 과정을 학생들이 함께 계획하고 실행하고 있다. 이런 과정에서 학생들은 몽실학교가 자신들을 교육시킬 대상으로 여기는 일방적 교육의 공간이 아니라, 자신들이 주인의식을 갖고 참여하며 함께 만들어가고 활동하는 공간이라고 생각하고 있다.

4. 자아 발견 - 모르는 사람을 사랑할 수는 없다

몽실학교의 생활 속에서 아이들은 자신이 누구인가에 대해 탐색하며 알아가는 기회를 가지고 있었다. 이것은 자신이 좋아하는 것, 자신이 잘할 수 있는 것, 무엇을 위해 어떻게 살 것인가에 대해 진지하게 고민하는 계기가 되고 있다.

> 연구자: 그 친구가 (몽실학교에 대해 소개하는) 얘기 했을 때 기대나 느낌은 어땠는지?
>
> 청년3: 하고 싶은 걸 할 수 있다는 생각에, '하고 싶은 걸 한다'는 말을 처음 들었어요. 솔직히 좀 어려운 말이잖아요. 하고 싶은 걸 한다는 거. 저는 그때 그게 어렵게 느껴졌어요. 그걸 직접 이해하려고 갔죠. 그 호기심이 컸었어요. 그래서 그 이후로 하고 싶은 걸 하러 갔죠.
>
> 연구자: 그 얘기는 하고 싶은 걸 하고 싶었다는 뜻이죠?
>
> 청년3: 제가 하고 싶은 게 뭘까도 궁금했고 남들이 하고 싶은 게 뭘까도 궁금했고 그리고 정말 제가 하고 싶은 게 있다면 할 수 있을지도 궁금했었어요. 그래서 무작정 하게 됐어요.
>
> 연구자: 하고 싶은 걸 할 수 있다고 하는 게 어렵다고 느껴진 이유는 무슨 말인가요?
>
> 청년3: 사실 제 친구만 해도 하고 싶은 걸 못 하는 친구가 많아요. 명문대를 가거나 그런 문제를 떠나서 명문대를 가서 아직도 그 친구들은 그 과에 왜 갔을까 라는 생각을 해요. 그리고 뭔가 남에 비춰졌을 때 만족스러운 삶을 사는 친구들, 그러니까 집안도 만

족스럽고 학교도 만족스럽고 외관상으로도 멀쩡해 보이는 친구들이 사실 그렇게 우울해 보이거든요. 제가 개인적으로 만나보면요. 그런 친구들을 만나면 (뭔가를) 하고 싶다고는 항상 말은 하지만 진짜 하고 싶은 게 뭔지 못 찾는 친구들이 많은 거 같아요. 그거는 사실 어른들도 마찬가지고…. 제 친척 어른들도 항상 저희한테 얘기하시죠. 그런 얘기를 하시는 걸 보면 참 어려운 질문이죠. 제가 느끼기에는.

현재의 입시위주 교육환경 속에서 학생들은 자신을 되돌아볼 심리적, 시간적, 물리적 환경을 제공받지 못하고 있다. 다만 상대평가의 교육평가 시스템에 적응하기 위해 즐겁지 않은 공부를 힘들게 견디며 참아내고 있거나, 그 대열에서 이탈해 학생시절이 빨리 가기만을 기다리며 꾸역꾸역 버티고 있을 뿐이다. 공부 이외의 다른 재능과 특성계발은 학생 개인이 해결해야 할 문제가 되어버렸다.

몽실학교에서 학생들은 자신이 하고 싶은 것이 무엇이고 자신이 무엇을 잘할 수 있는 사람인지 실험하고 탐색하며 자기를 찾아가는 기회를 제공받고 있었다.

연구자: 아까 본인이 요리(프로젝트)를 한다고 했는데, 여기 오면서 자신의 진로에 대해서 좀 더 생각했던 점이 있나요?

학생12: 제가 아까 말했듯이 (학교에서) 동아리(만들기)를 실패했잖아요. 그래서 그냥 여기 와서 요리를 하게 되니까, 할 수 있는 기회가 되니까 계속 하면서 그냥 취미 생활처럼 생각하고 있었는데

하다보니까 기회가 왔어요. 막 오자마자 제가 머리에 맞은 듯한 생각을 번쩍 하면서 이거 해야겠다 하고 생각이 돼서. 좀 그러니까 되게 포기하고 있었는데 이게 기회가 오니까 준비는 이미 돼 있고 그래서 적극적으로 했죠.

- 중략 -

학생12: 그러니까 계속 여기 안 오고 그 상태로 학교에 계속 있었으면 이미 포기 상태에서 그러든가 말든가 신경 안 쓰고 있었을 텐데, 여기 와서 계속 (요리관련) 활동을 하고 있는 거죠.

- 중략 -

연구자: 바로 하게 되었다는 거죠? 여기서의 이런 것들이 경험이 되어서?

학생12: 네. 근데 여기 안 왔다면 그냥 무관심하게 지나갔을 것 같아요. 학교에서 잠만 잤을 거예요.

위 학생은 학교에서도 요리 동아리를 만들고자 시도했었다. 요리동아리를 하고 싶어서 스스로 공고문을 만들고 함께할 친구들을 모아 지도교사를 섭외했다. 그러나 지도교사를 구할 수 없었고 예산, 활동 장소 및 시설 등의 문제로 동아리를 포기할 수밖에 없어 모였던 친구들에게도 매우 미안한 마음이었다고 한다. 그러던 중 우연히 몽실학교를 알게 되어 자신이 좋아하는 일을 할 수 있게 된 것이다.

몽실학교에서 학생들은 자신의 장점을 발견하고 자신감을 회복하며 성장하고 있다고 느끼고 있었으며, 스스로에 대한 자부심을 키우고 있었다.

학생9: (성격이) 더 밝아졌어요. 뭔가 항상 집에 처박혀 있거나 그 랬던 적도 많고 나는 왜 친구가 없지? 이런 어두운 시기가 많았어 요, 작년에는. 근데 여기 오면서 저를 필요로 하는 사람들이 많더 라고요. 누나가 있어 재밌어. 이렇게 말해주는 사람도 있고, 오늘 만나면 안 돼? 이렇게 말하는 친구들도 있고. 그래서 나를 필요로 하는 사람들이 많구나. 나 이렇게 재밌는 사람이구나. 그런 것도 좀 알고.

학생11: 처음에는 전화 같은 거, 옛날에 어릴 때는 여기 오기 전 에 막 전화 같은 것도 잘 안 하고 전화 오면 끊고 메시지로 하고 그냥 그랬거든요.
연구자: 다른 사람들과요?
학생11: 네, 어디 물건, 저는 물건 시키는 것도 잘 못하고 그랬어 요. 근데 뭐 지금은 잘 다녀요. 사람들 많이 만나면서. 그런 변화 도 있고 저 자신의 심적인 변화도 있겠죠. 좀 더 제 진로나 여러 고민이 좀 더 깊어진 것 같아요. 살면서.

학생5: 나도 할 수 있다? 일단은 뭐라 해야 될까…. 제가 제 공간 을 찾은 것 같았어요. 내가 나로서 있을 수 있는, 그런 곳? 왜냐면 집에서는 저를 케어해줄 수 없는 상황이었고요. 학교만 하더라도 알게 모르게 진학한 중학교에서도 알음알음의 소문들 때문에 애 들이 멀리하는 것도 있었고요. 그러다보니까 많이 힘들었는데 여 기에 오면 어쨌든 나는 내가 뭘 맡고 있는 게 있고 그걸 해낸 덕에 많은 선생님들께 칭찬을 받거나, 그런 거?

　아이들은 타인과의 긍정적 관계 속에서 자신도 몰랐던 모습을 발견하고 성장하면서 자기 삶의 공간을 찾아가고 있었다. 홀로 있었으면 개인적, 가정적, 환경적인 여러 요인에 눌려 힘들었을 상황에서 자신들의 성장과 변화를 경험하면서 자아발견이 매우 중요하며 학교에서도 이런 기회가 주어져야 한다고 생각하고 있었다.

　　학생10: 학교에서는 자아를 알게 해주지 않아요. 알게 해줄 필요가 있다고 생각해요.
　　연구자: 자아를 발견하는 것이 뭐라고 생각하나요? 그리고 필요하다고 생각하는 이유는 뭔가요?
　　학생10: 특별한 건 없고 자기가 무얼 할 때 좋아하는지, 뭐할 때 실수를 많이 하는지를 아는 것 같아요. 자기의 성격을 구체화해가는? 그런 거요. 나를 알면 뭐를 행할 때 자신감? 대담함? 같은 게 생기는 거 같아요. 내가 이걸 좋아하니까 잘할 수 있겠지. 내가 저번에 실수를 했으니까 다시 잘해봐야지 이런 거. 그리고 가장 중요한 거는 자기를 사랑하게 되는 거 같아요..
　　연구자: 자기를 알면 왜 자기를 사랑하게 된다고 생각해요?
　　학생10: 모르는 사람을 사랑할 수는 없으니까? 사람마다 다른 거 같긴 한데, 자기를 제대로 알면 그렇지 않을까요?

　자아발견, 자신을 알아가는 것이 중요한 이유에 대해 위 학생은 모르는 사람을 사랑할 수는 없으므로 자신을 알아야 자기를 사랑할 수 있다고 이야기하고 있다. 괴테는 교육이 필요한 이유에 대해 '우연히 주어진 삶을 행복하게 살아가기 위해서'라고 하였다.(문광훈, 2016) 사회적 존재인 인간이 행복한 삶을 살기 위해서는 인간 자신에 대한 이해와 더불어 인간의 삶의 터전이자 자신을 둘러싸고 있는 타인과 사회, 자연, 세계에 대한 이해가 우선되어야 한다. 청소년들이 지금의 자기 자신을 사랑할 수 있는 사람이 되면 매우 낮은 우리나라 청소년들의 삶의 행복도가 의미 있게 높아져 청소년들의 삶이 질이 크게 향상될 수 있을 것이라 기대된다.

5. 함께 크는 평등 공간 – 꼭대기가 없다

몽실학교는 다양한 사람들이 자유롭게 드나들며 활동하는 공간이다. 초등학교 5학년부터 고등학교 3학년까지 무학년제로 함께 모여 활동하고 있다. 학생들과 함께하는 길잡이교사나 서포터즈로 활동하는 성인은 공교육 교사부터 마을의 활동가, 여러 직업의 주민, 몽실학교 출신의 대학생이나 청년 등으로 다양하게 구성되어 있다. 이런 특성으로 인해 몽실학교는 의정부 지역 공동체 형성에 새로운 흐름을 만들어내고 있다.

청년1: 너는 이 나이가 돼서 이것도 못해? 막 사회생활하면서 그런 얘기도 듣잖아요. 고등학교 때도 이따금 듣고요. 그런데 (여기는) 남을 비하하는 반응이 거의 없어요. "아 모를 수도 있지 내가 알려 줄게. 내가 더 알려 줄까?" 이런 거?

연구자: 나이와 무관하게 서로 배울 수 있군요?

청년1: 네 그래서 진짜 좋았던 거 같아요. 눈치 볼 그게 없어요. 왜냐면은 저도 좀 그게 있거든요. 나이 어린 애들한테 배우면 좀 자존심 상한다고 해야 하나? 괜히 부끄럽고 그냥 모르면 모르면 되지. 근데 그게 아니었어요.

청년2: 그냥 이 아이가 대단하다는 생각. 더 빨리 배우는 구나.

청년1: 생각의 고정관념을 깨뜨린달까? 그리고 제가 오히려 더 물어봐요. 아 그러면은 '이거 실 끊을 때는 어떻게 끊어?' 그러면 '그럼 아래 페달 밟아서 끊으면 돼요.' 이렇게 하는 거? 이런 식.

학교의 동년배 구성과는 다른 다양한 학년 구성으로 처음에는 서로 어색하고, 나이 어린 친구들에게 묻는 것이 자존심 상하는 일이며, 나이 많은 사람들은 어려워서 편하게 말하기가 힘든 대상으로 여겨졌으나, 점차 '배우는 속도가 다를 뿐'이라고 생각하며 자연스럽게 서로 간의 장점을 배우는 관계로 변화되어 갔다고 이야기하고 있다. 이런 문화는 남을 비하하는 반응이 없는지라 모르면 서로 묻고 배울 수 있기에 가능하다. 몽실학교에서 이런 문화가 형성될 수 있는 것은 어떤 조건 때문일까?

학생5: 초등학교 때… 개인적으로 그 학교에 관련된 모든 애들을 다 싫어해요. 무섭고. 그리고 제가 약간 외상 후 스트레스 장애도 있어서 지금도 이 주변은 잘 안 다녀요. …(중략)… 근데 여기에서 그 당시 2015년에, 초등학교 때 (방관하던) 애를 막 마주쳤는데 개가 먼저 와서 …(중략)… 팀 발표를 당당하게 하고 왔는데, 나중에 와서 "발표 잘하더라."라고 하는 거예요. 그래서 그게, 처음에는 그런 애가 저를…. 저는 일단 그 애가 어떤 목적으로 접근했든 좀 주눅이 들고 그런 게 있었는데…. 그 때 초등학교 때 애들이 미안 하다고, 그러니까 자기도 어쩔 수 없이 약간 그런 게 있었다고. 근 데 그 사과가 꼭 제가 그걸 당연히 받아들여준다 이거는 아니지 만 그렇게 말을 해줄 수 있다는 점 때문에 약간 놀랐거든요. 여기 이 공간에서. 그런 점에서는 긍정적이었던 것 같아요, 저에겐.

연구자: 여기서는 왜 그렇게, 친구들이 그런 말을 할 수 있을까? 그 원인이 뭘까? 그 친구가 학교에서는 방관하고 있었는데 본인 이 먼저 다가와서 그런 얘기를 해주는 거잖아.

학생5: 여기는 꼭대기에 있는 사람이 없어요. 쉽게 얘기하면 학 교에서 만약에 따돌림 당하는 애가 있고 주도하는 애가 있다고 할 때, 주도하는 애 주변에 방관자들이 있고 그런 거잖아요. 근 데 여기는 애초에 주도하는 자, 따돌림 당하는 자, 이런 개념이 없다보니까 둘러쌀 필요가 없는 거예요. 방관자라는 그런 게 없 다 보니까…. 왜냐면 그것도 제가 이제는 이해를 하지만 그, 사 실 누군가 따돌림 당할 때 '하지 마'라고 말하는 건 정말 힘든 거 에요.

- 중략 -

연구자: 그렇군요. 꼭대기가 없다는 말이 인상적으로 들려요. 그 럼 여기가 수평적인 분위기라는 생각이 드네요. 그런 분위기가 어떻게 만들어지는 걸까요?

학생5: 그게… 여기는 그런 걸 부추기는, 심리를 부추기는 어떤 그런 게 없어요. 예를 들어 자기가 스트레스 받는 일이 생겼어요. 만약에 성적 문제나 그런 걸로. 그럼 그걸 분출할 장소가 결국은 그 주변에 있는 대상이 되는 건데 여기는 예를 들면 어쨌든 자기한테 해코지 오는 게 없잖아요. 약간 그런 게 없다보니까 분출할 스트레스가 특별히 이렇게 막 가시 돋게 나갈 필요가 없는 거죠. 오히려 활동이나 프로젝트로 풀었으면 풀었지. 어, 약간 그렇다고 보거든요.

연구자: 개인적으로 받는 스트레스 요인들이 없다는 거죠?

학생5: 네. 예를 들면 학교 같은 경우에서는 끊임없이 남의 눈치를 봐야 될 수도 있고 아니면 선생님께 잘 보이려고 노력해야 될 수도 있고 아니면 성적을 더 잘 받아야 되고…. 뭐 아니면 용모도 단정히, 애들이 이렇게 하면 나를…. (어떻게 볼까?) 뭐 그런 여러 가지가 있다고 생각해요, 학교 안에서는. 그리고 무리에서 빗나가지 않기 위한 약간 아등바등? 보이지 않는 게 있는데 여기에는 그런 게 없어요. 이 몽실학교, 그러니까 구 꿈이룸학교이자 몽실학교. 네, 그게 없기 때문에 그렇게 평등적이게 수평 구조가 되는 것 같아요.

연구자: 그걸 한마디로 말할 수 있을까요?

학생5: 경쟁이 없다. 쉽게 얘기하면 누구를 밟고 올라가야 되고 그런 게 없는 거죠. 제가 아까 꼭대기에 사람이 없다는 게 그런 의미인 것 같아요. 왜냐면 학교만 하더라도 막 치고받고 싸우는 게 아니라도 내가 쟤보다는 낫지 이런 식의 심리가 적용이 될 때가 있어요. 쟤는 쉬운 애, 쟤는 건드리지 말아야 될 애, 약간 그런 식으로 쟤는 아니고, 쟤는 내 친구? 이런 식으로 선을 긋고 하는 게 있는데 여기는 그런 게 없어요.

같은 아이임에도 학교에서와 이곳 몽실학교에서의 행동이 다른 이유에 대해 이곳은 '꼭대기가 없기 때문'이라고 말하고 있다. 꼭대기가 생기는 이유는 경쟁 때문이고, 이로 인해 학생들은 서로 눈치를 보고 스트레스를 받게 되며, 결국 이를 분출하는 행위가 타인에게 상처를 주는 결과로 나타나는 것이다. 반면 이곳은 아이들이 자신들이 원하고 좋아하는 학습을 경쟁이 아닌 협력에 기초하여 스스로 학습하고 있어서, 오히려 스트레스를 풀 수 있고 자신을 있는 그대로 표현해도 되는 안전한 공간이라고 인식하고 있었다.

이런 의미 있는 새로운 경험을 한 학생들은 고등학교를 졸업하고 나서도 이곳의 길잡이교사로 남아서 활동을 계속하고 있다.

연구자: 길잡이교사를 하게 된 이유가 뭐예요? 대학생활 하면서 바쁠 거 같기도 한데.
청년1: 이걸 하게 된 계기는 꿈짱이라든지 솔방울이라든지 어른 길잡이교사들이 너무 잘해준 거예요. 아이들에게 제공해줄 수 있는 기회를 위해 많이 노력해준 거. 그게 감명 깊었다고 해야 되나. 그래서 저도 이 배운 거를, 그 과정들을 보고 해왔으니까 그걸 애들에게 얘기해주고 싶어요. 이 학교가 이렇게 생겨왔고 너희가 이렇게 오게 된 과정들에 선생님의 노력이 있다. 그걸 좀 도와주

고 싶어서 그랬던 거 같아요. 얘기해주고 싶고 많은 사람들에게 연구해보자 말해주고 싶고 좀 더 얘기해 주고 싶어서 (길잡이)교사를 하게 된 거 같아요.

청년4: 상대적으로 이제 심적인 만족이 큰 거죠. 돈보다는 심적으로 좀 더 아이들에게 많이 나눠주고, 애들과 소통하고, 애들 뿐만이 아니라 사람들과 소통하고, 그런….
연구자: 그게 본인들한테도 성장의 장이 된다는 얘기인가요?
청년4: 네네. 그렇다고 봐요. …(중략)… 그리고 사실 청년으로서 청소년 애들이 내용적인 부분은 더 많이 알고 있는 부분도 많아요. 또 그러면서 아 이렇게 내용적인 부분, 저 친구가 많이 알고 있으니까 나도 좀 더 알아야 되겠다고 생각할 수도 있고.

자신들이 학생으로 활동할 때 이곳에서 경험했던 좋은 기회를 후배들에게 전하고 베풀고 함께 돕고자 길잡이교사로 참여하는 선순환의 과정이 이루어지고 있었다. 청년들은 길잡이교사로 활동을 하는 과정을 통해 아이들과 같이 성장하고 있었다. 또한 이제 곧 청년이 될 청소년들에게 몽실학교는 사회생활을 먼저 연습하고 경험하는 좋은 장이 되고 있다.

청년1: 고등학교 친구와 …(중략)… '어른 된 지 얼마 안 되었는데 어른 취급이 너무 힘들다. 나는 이제 한 발짝 나아갔는데 사회에서는 바라는 게 너무 많고 거기에 미치지 못하니까 좌절감이 심하다.' 근데 고등학교 때 아무도 안 알려줬어요. 그냥 밥 떠먹여 주더니 갑자기 밥 알아서 먹으래요. 반찬도 알아서 해먹으래요. …(중략)… 학교 가는 걸 하나의 사회생활이라고 생각하거든요. 그래서 학교를 다닌다고 생각해요. 근데 알고 보니 학교는 입시, 이름을 알려주기 위한 것이고 …(중략)… 한 발짝 나아가려고 하는 순간 등 떠밀면서 나가라는 느낌.

연구자: 몽실학교의 경험이 사회생활의 측면에서 도움이 된다는 이야기인지?

청년1: 네. 그래서 말씀을 드리는 거예요. 그러니까 (이곳에서) 사회생활을 하는 거죠. 저희가 모임을 만들고 뭔가를 하고 그렇게 해서 혼자 할 수 있게, 혼자 자발적으로 할 수 있게 도와주잖아요. 물론 그게 미세한 거지만 사회에 딱 나가니까 그게 미세한 게 아니었어요. 선배를 대할 때도 뭔가 격이 있어야 되고 많은 나이 많은 사람들과 만나고 소통하고 나이 어린 사람들도 만나니까 사람 대하는 방법도 안 거예요. 그게 일면 사회생활을 할 줄 아는 법을 조금이라도 배운 거예요 …(중략)… 저는 그게 많이 도움이 됐어요.

또한 학생들은 이곳에서 만난 지역사회의 여러 사람들 덕에 의정부 지역에 대해 친근하게 느끼고 지역에 대한 자부심도 높아졌고, 학교 밖 청소년과 대안학교에 다니는 청소년에게는 다양한 사람들과 교류하며 폭넓은 인간관계를 가질 수 있는 공간이 되고 있었다.

연구자: 이 몽실학교에서 마을사람들도 만나고 그러면서 의정부나 마을에 대해서 달라진 측면이 있다면?

청년1: 애착이 간다 해야 되나?

청년2: 좀 이제, 애착도 가긴 가지만 몽실학교를 하면서 마을 주민들도 많이 오잖아요. 길잡이교사로 활동하는 분들도 있지만, 내가 어딜 가서든 그 아는 분 지인을 통해서 누굴 만날 수도 있고 도움을 청할 수도 있는, 그런 게 있어서 좋아요. 나쁘게 말하면 내가 실수를 해도 건너 건너 알 수 있는 그런 게 있는 거고요.

학생3: 저는 의정부가 교육적으로 열악한 면이 많다고 생각을 했어요. 딱히 근거가 있다가 보다는 그냥 뭐 좀 서울에만 나갔다 의정부에 돌아와도 의정부가 살짝 좀 열악하구나 이런 거를 느꼈는데, 몽실학교에 다니고 나서부터는 의정부 교육이 그래도 좀 더 나아지지 않았나 이런 생각을 하게 된 거 같아요.

학생11: 일단 ○○학교(대안학교) 같은 경우는 조금 더 작은 공동체라고 생각이 되는데요, 예를 들자면 제가 친구가 몇 명 없어요. 아니, 없었어요. 그때는 일단 작은 공동체고 사람이 얼마 없다보니까 오래된 친구는 많은데도 다양한 친구는 없었어요. 몽실학교가 다른 점이라면은 다양한 친구가 있고, 뭐 좀 더 다양한 사람들과의 많은 교류? 뭐 이런 느낌이었던 것 같아요.

평등하고 민주주의가 성숙한 사회는 사회적 자본이 잘 형성된 사회라고 한다. 네트워크와 신뢰, 규범은 사회적 자본의 주요한 세 가지 요소로 거론되고 있다.(Putnam, 1994) 몽실학교에서 아이들은 조밀한 인적 네트워크와 신뢰관계를 구축하고 있었다. 이런 경험은 이후 우리사회의 사회적 자본 축적에 긍정적인 영향을 미칠 것으로 여겨진다.

청소년 시절을 이곳에서 보내며 성장한 청년들에게 몽실학교는 단순히 길잡이교사로서 봉사하는 공간의 의미를 넘어, 이후 자신들의 진로를 모색하는 활동 공간이기도 하다. 청년들은 '스무살이'라는 청년들의 사회적 협동조합을 추진하며 새로운 활동을 모색하고 있다.

연구자: 그런 이런 공간이 있으면은 청년들에게도..이후 삶에서 역할이나 의미가?

청년5: 네, 맞아요. 근데 그 안에 어떤 청년들이 모이냐에 따라 조합의 성격이 달라질 거고 또 어떤 콘텐츠를 만드냐에 따라 달라지긴 하겠죠. 근데 이런 '공간이 청년의 공간이다' 라고 하긴 어려울 것 같아요. 이 공간 안에 청년들이 어떤 상상력을 가지고 어떤 시도들을 하고 있는지, 이 공간이 청년을 담을 수 있느냐 없느냐에 의미가 달라지는 것 같아요.

연구자: 스무살이 협동조합을 같이 하고 있는데, 그곳에서 뭐가 이루어지기를 바라나요?

학생13: 어느 정도의 저의 경제적인 부분도 있고, 그리고 좀 되게 다양한 것들을 더 할 수 있지 않겠냐는 생각을 했어요. 제가 워낙 기획하는 거나 그런 걸 좋아하고, 워낙 같이 하는 사람들 자체도

좋고 해서 그 안에서 재밌는 것들을 막 우리가 만들어 내서 해보
자는 느낌이라서.

6. 공동체와 쉼터 – 같이 해야 행복하다

몽실학교의 구성원은 공동체의 가치를 매우 중요하게 생각하고 있
고, 말로는 설명하기 어렵지만 공동체를 경험하고 있으며, 공동체 의
식은 앞으로도 지속해야 한다고 말한다.

연구자: 공동체가 좋다고 생각하는 거죠? 공동체가 왜 좋은 것 같
아요, 그러면?

학생11: 사람 사는 냄새가 나잖아요. 서로 협력하고 이 사람은 뭐
하고 사나, 저 사람은 뭐하고 사나, 일단 공동체라는 게 서로 친
할 수밖에 없게 되거든요. …(중략)… 그러니까 서로 사람 냄새나
고 이 사람은 뭐하고 사나 저 사람은 뭐하고 사나 그런 거 알게 되
고…. 그런 부분에서 공동체가 좋다고 생각해요.

– 중략 –

학생11: 특히 일단 몽실학교는 마약 비슷한 것 같거든요. 그래서
사람 사는 맛을 보면 재밌어서 못 끊어요.

연구자: 학교도 바쁜데, 그래서 같이 하는 게 쉽지 않을 것 같은
데도 나올 수 있는 동력은 뭔가요?

학생3: 사람을 만나러 오거나 여기서 좀 쉬는 거죠. 학교에서 너
무 바쁘게 달려왔으니까 여기서 좀 쉬고 힐링, 힐링을 한다고 해

야 되나요. 여기서 사람들 만나서 놀면 또 뭔가 풀리고…. 왜냐면 학교 친구들이랑은 너무 치열하거든요. 애들도 너무 바쁘고 힘들어 하기 때문에 걔네랑 만나려면 시간 조율하기가 힘든데 여기에 오면 사람들이 있잖아요.

연구자: 공동체는 경쟁과 반대 경험이라고 할 수 있는데 본인이 공동체를 경험했다고 하는 의미는?

청년3: 이건 정말 잘 비유할 수 있어요. 그러니까 학교에서는 정말 잘 자란 (하나의) 소나무에 솔을 따기 위해 오르는 다람쥐들이에요. 높은 솔. 소나무의 솔은 높이 있을수록 양분이 높다고 알고 있거든요. 그거를 다람쥐가 하는 거라고 하면, 여기는 각자의 이름을 가진 나무들이 있는 산이에요. 그리고 각자는 그 하나의 나무고, 그리고 그 친구가 좋으면 그 열매나 그 냄새를 맡기 위해 다 같이 다가갔다가, 또 그 친구도 다른 친구에게 다가갔다가 이런 공간이었던 거 같아요, 여기는.

학생들은 경쟁이 치열한 학교생활을 바쁘게 치러내고 있다. 그럼에도 아이들은 프로젝트가 없는 날에도 문턱이 닳도록 몽실학교를 드나들고 있다. 몽실학교는 힘겹게 현재의 삶을 버텨내는 아이들에게 사람 냄새가 나는 따뜻한 공동체이자 지친 몸과 마음을 쉬어가며 자신을 성장시키는 공간이 되고 있다.

학생5: 그러니까 제가 좋아하는 드라마 대사인데요. …(중략)… 그러니까 여기는 제가 세상하고 멀어지려고 할 때 제가 세상을 놓지 않게 해준 실 같은 거거든요. 왜 그렇냐면 이 안에 있는 모든 게 누구 하나가 잘나서 그런 게 아니라 이 공간과 그 안에 있는 사람들과 그 사람들의 생각과 마음과 그런 모든 게 다 모여서 사람을 붙잡아주는, 다시 세상으로 오게 만드는 그런 게 만들어진 거라고 생각을 해요.

세상에서 멀어지려던 아이들이 다시 세상 속으로, 자신의 삶 속으로 걸어 들어오고 있다.

Ⅲ. 패러다임의 전환, 교육에서 학습으로

몽실학교의 여러 아이들과 이런 저런 많은 이야기를 나누며 수다를 떠는 시간은 매우 즐겁고 놀라운 시간이었다. 그러나 마냥 즐거울 수만은 없었다. 교육을 하고 있는 교사로서 수없이 자괴감이 들기도 했고 때론 울컥하는 마음에 당황하기도 했다. 이 사회의 모습에 책임을 느끼는 한 구성원으로서 지속적으로 들었던 성찰적 울림은 '우리가 활동할 때, 우리가 진정 행하는 것은 무엇인가?', 도대체 '지금 우리나라 공교육이 아이들에게 행하고 있는 진실은 진정 무엇인가?' 였다. 그 많은 인력, 노력, 예산을 들여가며 아이들에게 행하는 교육은 아이들의 삶에 어떤 의미가 있는가?
현대 사회의 국가교육제도는 인간의 학습하는 본성과 맞는 것일까?

Ken Robinson은 그의 저서 『학교혁명』(Ken Robinson 외 저, 정미나 역, 21세 기 북스, 2015)에서 '학습'과 '교육'의 차이에 대해 아래와 같이 제시하고 있다.

'학습(learning)'이란 새로운 지식과 역량을 습득하는 과정이다. 인 간은 원래 호기심이 많은, 학습하는 유기체다. 어린아이들은 세 상에 태어난 순간부터 학습욕구가 왕성하다. 그런데 이런 학습욕 구가 학교에 다니면서 차츰 둔감해지는 경우가 너무 많다. 학습 욕구를 계속 북돋우는 일이야말로 교육 혁신의 열쇠다. '교육(education)'이란 체계적인 학습 프로그램이다. 정규교육의 전 제는 청소년들 스스로에게 맡겨두면 터득하지 못할 것들을 알고, 이해하고, 실천하도록 해줘야 한다는 것이다. 따라서 정규교육 에서는 그런 것들이 구체적으로 무엇인지, 학생들이 그런 것들을 배우도록 도와주기 위해서는 교육의 체계를 어떻게 짜야 할지가 핵심 쟁점이다.(Ken Robinson, 2015)

존 듀이(1938)는 학습자의 경험을 중시하며 학습자는 자신들에게 의 미 있고 중요한 경험을 통해 지식과 아이디어가 만들어진다고 하였 다. 이는 학습이 학습자의 경험을 통해 학습자 내부에서 스스로 일어 나는 능동적 과정임을 의미하는 것이다. 김신일(2002)과 임해규(2011) 는 교육 받을 권리인 교육권과 교육에 대한 학습자의 권리인 학습권, 교육주의와 학습주의에 대해 각각 다음과 같이 제시하고 있다.

차원	교육주의	학습주의
학습 주체	– 인간은 가르쳐야만 하는 학습존재이며, 가르치지 않으면 학습도 없다고 주장 – 가르치는 사람들 편에서 학습 활동을 규제	– 인간은 '학습동물'로 강한 학습욕구와 학습능력을 가지고 있음 – 교사가 가르친다고 언제나 학습이 일어나는 것은 아니며 가르치는 행동보다 배우는 행동이 중요
교육 목적	– 인류의 지적 성취로서의 학문을 앞 세대가 뒤 세대에게 전수하는 것	– 학습자에게 유의미한 사회적 구성원으로서의 진리를 자기 주도적 학습을 통해 체득
속한 영역	– 국가(학교)나 시장(학원) – 권위주의적 국가체제	– 생활세계의 영역 – 시민사회의 평생학습 체계
거버넌스	– 교육정책과 교육활동에 관한 의사결정과정에서 정부의 통치를 고수하는 경향	– 시민사회·국가·시장의 융합을 통한 다양한 협치를 추구하는 경향

임해규(2011)의 79~94의 내용을 표로 재구조화

교육에 관한 권리의식이 학습권에 관하여는 무관심하고 교육권에만 집중되어온 이유는 다름이 아니라 지난 200년의 현대사회에 국민교육제도가 지배적이었기 때문이다. 그러므로 이 시대의 교육학도 가르치는 일에 관한 연구에 치중하고, 사람들이 스스로 또는 주체적으로 하는 학습활동에는 관심이 적었다. 예를 들어 말하면 국가와 학교가 가르치고자 하는 교육내용은 교육과정이라 하여 많은 연구관심을 기울였지만, 학생들이 학교생활을 통하여 스스로 배우는 것에 관하여는 "잠재적 교육과정"이라 부르면서 부차적 관심을 보이는 정도이다.(김신일, 2002)

학교는 초기 산업사회 시대에 필요한 노동인력을 대량으로 빠르게 기르기 위해 만들어져 200년간 이어져왔다. 그러나 이런 국민교육제도는 그때와 크게 달라진 현대사회와 잘 맞지 않는 교육제도이다. 미래학자들은 앞으로 사회가 점점 더 빠르게 변화하고, 불확실성 또한 증대될 것이라 제시하고 있다. 이에 적합한 역량은 기존의 지식을 잘 암기하고 기억해내는 능력이 아니라, 빠르게 변하는 세계에 대응할 지식을 스스로 만들어내는 창의적 역량이다.

이를 위해 교육혁신의 패러다임은 '학습하는 유기체'인 인간의 본성에 맞게 교육에서 학습으로, 교육권에서 학습권으로 교육주의에서 학습주의로 전환되어야 한다.

몽실학교에서 학생들이 학습활동을 스스로 주도하며 즐겁게 성장하는 모습은 '교육에서 학습으로'의 패러다임 전환의 필요성과 타당성을 현실에서 명확히 증명하고 보여주는 사례다.

혁신교육과 학생주도 교육 확산을 위한
몽실학교의 역할

:: 이지은(송양초등학교 교사)

  수요자 중심, 학생주도의 교육 패러다임이 정착되어 가고 있고, 학생주도 교육의 교육적 효과를 학교에서도 긍정적으로 바라보고 있다. 그러나 아직까지 업무 담당 교사를 제외하고 교사의 자발성이 일어나고 있는지는 확인하기 어렵다. 그렇다면 학생주도 교육의 확산은 가능한 것인지, 학생주도 교육의 중심에 있는 몽실학교가 일선 학교에 학생주도 교육의 확산과 정착에 영향을 미칠 수 있는지에 관한 고민이 필요한 시점이다.

  혁신학교나 혁신 문화 조성이 더딘 B학교의 변화를 중심으로 이야기 나누고자 한다. 먼저 이 학교의 상황을 활동이론의 관점으로 학생주도 교육이 혁신 문화 조성에 미치는 영향과 그 안에서 몽실학교의 역할을 짚어보겠다.

Ⅰ. B초등학교의 혁신 초기 매개

        B초등학교의 변화를 위한 매개는 학교장의 권위적 리더십이었다. 1인 1악기, 계절스포츠 체험, 학교 전체 학예회 등 초창기 1억 원이 넘는 혁신학교 예산을 활용한 다양한 행사중심의 교육활동이 학교장의 주도적 계획 하에 이루어졌다. B초등학교는 혁신초기 한 학년 당 8~9개 반의 대규모 학교로, 학년중심 구조나 교육과정, 평가 등의 학년 자율권은 없었다. 업무중심 구조로 업무담당이 관리자와 의견을 조율하여 기획하면 학년에서 계획서에 따라 운영했다.

Ⅱ 나. 활동 체계

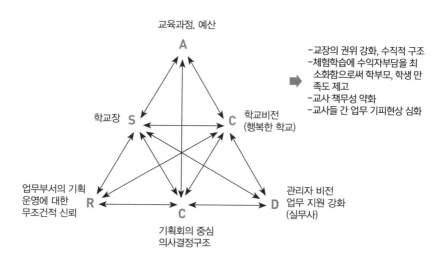

B초등학교 학교 혁신 초기 활동 체계

초기 혁신학교의 어마어마한 예산은 교장 공모 시 공약대로 체험학습 지원형 예산으로 사용됨으로써 학생과 학부모 만족도는 높았으나, 민주적인 협의 문화가 조성되지 않음에 따라 학교장과 교사 간의 신뢰관계는 형성될 수 없었다. 민주적 학교운영 시스템이 구축되지 못함에 따라 대부분의 업무와 교육과정 운영에 대한 전반적 사항은 관리자가 포함된 부장회의에서, 혹은 업무담당자의 재량 안에서 이루어져 교사들은 점점 수동적인 태도를 보이고 교실 밖으로 나오려 하지 않게 되었다. 학년 간 공유 및 관계형성이 이루어지지 않았다. 암묵적으로 업무부서의 기획 운영에 모두가 동의하는 규칙은 학교의 구성원으로서 교사의 책무성을 약화시키는 모순을 낳았다.

Ⅲ. 보완된 매개로써 학생주도 교육

새로 부임한 학교장은 변혁적 리더십을 추구했다. 그러나 학교장의 리더십 변화에도 새로운 모순이 등장하며 혁신 교육의 성장을 더디게 만들었다.

이후, B학교는 혁신학교 재지정 평가로 학교를 성찰하고 반성하는 계기를 마련하는 큰 전환점을 맞이했다. 중간 리더 그룹의 교체로 혁신학교의 재도약은 날개를 단 듯 성공적으로 보였다. 혁신 리더는 민주적 학교 운영체제가 교사 책무성을 강화한다는 확신 하에 구성원 모두에게 의사결정과정에 참여하도록 하고 구성원으로서의 책무성을 부여했다. 이와 함께 시행한 중요한 정책이 학생주도 교육이었다. 민

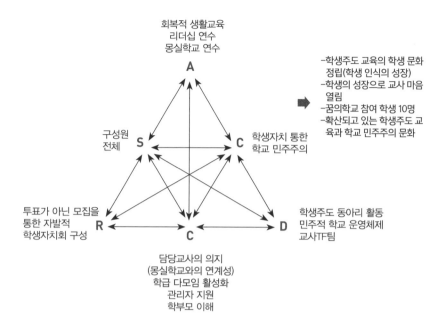

회복적 생활교육
리더십 연수
몽실학교 연수

A

－학생주도 교육의 학생 문화
정립(학생 인식의 성장)
－학생의 성장으로 교사 마음
열림
－꿈의학교 참여 학생 10명
－확산되고 있는 학생주도 교
육과 학교 민주주의 문화

구성원
전체

S

C

학생자치 통한
학교 민주주의

투표가 아닌 모집을
통한 자발적
학생자치회 구성

R

C

D

학생주도 동아리 활동
민주적 학교 운영체제
교사TF팀

담당교사의 의지
(몽실학교와의 연계성)
학급 다모임 활성화
관리자 지원
학부모 이해

B초등학교 학교 혁신 후기 활동 매개 – 학생주도 교육

주적인 학교 운영 체제를 구축하고자 하여 학생자치문화 형성과 학생
이 만들어가는 교육과정을 운영했다.

　B학교는 안타깝게도 구성원의 합의 없이 공모교장의 공약에 의해
혁신 지정이 된 학교로, 혁신정책을 시행할 때 구성원의 자발성과 공
감을 얻기 어려웠다. 따라서 학교의 성장이 전혀 없다고 단정 짓기 쉬
웠다. 하지만 활동이론으로 분석해본 결과 초기에도 혁신을 위한 다양
한 시스템이 작동하고 있었고, 때문에 되레 많은 모순이 발생하는 상
황이었다.혁신 학교 후기에는 이 모순을 해결하기 위한 노력으로 또
다른 여러 정책을 시행하였고, 그 중 눈에 띄는 정책이 학생주도 교육

이었다.

　B학교는 특이하게도 다른 어떠한 정책보다 '학생주도 교육'으로 많은 성장을 보였다. 교사의 성장이 학부모와 학생으로 전달되는 것이 아니라 학생의 성장이 교사의 책무성과 직무 효능감 증대로 연결되어 혁신 학교 문화 조성에 긍정적 영향을 미쳤다. 민주적 학교 운영을 위한 학생자치 운영에서 몽실학교와의 연계로 학생주도 교육에 대한 학생들의 관심과 자발성을 유도할 수 있었고, 이를 기반으로 교육과정 속에도 학생주도 교육을 실현하고자 하는 학생 스스로의 움직임이 일어났다. 학생들의 자발성에 의한 성장은 교사들에게도 큰 감명을 주었고, 나아가 혁신 교육이 학생에 미치는 긍정적 영향에 대한 확신까지 심어줄 수 있었다.

　학생주도 교육에 따른 학생의 성장을 직접 본 교사들은 혁신교육을

학생주도 교육의 모습들

향한 의지가 커졌고 반드시 교육과정 속에서의 학생주도 교육이 실현되어야 함을 느꼈다. 몽실학교는 유일무이한 한국의 '벤포스타'로서 몽실학교에 속해있는 학생뿐만 아니라 경기도 학생 전체에 학생주도 교육이 무엇인가를 몸으로 체험할 수 있는 장을 열어주고, 또 학교로 돌아가 학생 스스로 실현하게 해줄 중요한 공동체이자 상징이다. 일선 학교의 교육과정 속 학생주도 교육의 확산은 몽실학교에서 나타나는 학생들의 성장에서 문제 해결의 열쇠를 찾을 수 있겠다.

학생주도형 교육에서 학교 교육의 미래를 찾다

2016년 '의정부 꿈이룸 교육과정 연구회'에서 학생주도형 교육과정을 주제로 서우철 장학사님, 김현주 선생님 등과 함께 공부했다. 그 당시 의정부에서 운영하던 꿈이룸학교, 몽실학교에서 하는 교육활동이 그동안 보지 못한 새로운 시도인 것 같아 호기심에 연구회에 가입했는데, 공부할수록 마음에 울림이 있었고 이러한 교육형태가 상당히 의미 있는 활동임을 공감하게 되었다. 교육의 주체가 교사가 아닌 학생이 되어 스스로 배우며 성장한다는 것이 상당한 매력으로 다가왔다.

학교에서도 배운 것을 적용해보고 싶었다. 의정부 부용초등학교에서 6학년 담임을 하고 있을 때였다. 마침 우리 반 아이 중 방과 후 학교를 배회하던 친구들이 있어 그 학생들에게 경기도 꿈의학교를 알려줬다. 무언가 자신이 만들어 갈 수 있다는 것에 관심을 보인 학생들은 '어리다고 놀리지 말아요'라는 주제로 프로젝트를 진행하며 1년을 적

초등학교에서의 학생주도 프로젝트

극적으로 활동했다.

　학업 성취도에서 남들 보다 조금 부족하고 수업에 의욕 없던 아이들이 꿈의학교 활동에는 매우 적극적으로 참여하였다. 학교생활도 차츰 적극적으로 변해갔다. 졸업할 때 즈음엔 후배들과 학교를 위해 후배 아침 만들기, 버스킹, 후배들과 놀아주기 활동 등 자신이 할 수 있는 능력 안에서 다양한 시도를 하려고 했다. 꿈의학교가 끝날 때 쯤 한 학생이 나에게 한 말이 아직도 기억에 선하다. "선생님, 5학년 때는 학교가 너무 재미없고 지겨웠는데 6학년 땐 너무 재미있어요. 1년이 정말 빨리 간 거 같아요." 교사에게 이보다 더 신나는 말이 있을까?

　꿈의학교를 운영하고 꿈이룸 교육과정 연구회 활동을 하며 학교를 조금 더 학생 중심의 공간으로 만들고 싶은 욕심이 생겼다. 특히 교과 수업시간을 공부 잘하는 소수의 학생들을 위한 시간이 아니라 다양한 능력을 가진 학생들이 함께 자신의 역량을 성장시킬 수 있는 시간으로 만들고 싶었다. 그래서 동 학년 선생님들과 협의하여 6학년 2학기에 나오는 세계문화 단원을 '학생이 만들어가는 세계문화박람회' 프로젝트로 재구성하였다.

교사는 단원 초반부에 세계문화의 기초 지식, 지리 정보 등의 지식만 알려줬다. 이후 비슷한 흥미를 가진 학생끼리 모여 세계문화박람회 부스 주제를 정했고 학생들은 후배들을 초대하는 세계문화박람회를 위해 계획부터 준비, 운영까지 모두 스스로 만들어갔다. 단, 일회성 흥미 위주의 행사로 끝내지 않기 위해 여러 장치를 마련하였다.

첫 번째, 주제의 중복을 허용하지 않았다. 이런 활동은 음식, 게임 등 흥미 위주의 부스로 운영이 되기 쉽기 때문에 중복 주제를 선택하지 못하게 했고, 가능한 학생 본인의 진로와 연관된 주제를 선정하도록 유도했다. 만화, 축구, 댄스, 건축, 게임, 음식, 관광 등 세계 여러 나라의 문화가 부스 운영의 주제로 선정되었다. 두 번째로 세계문화박람회에 후배들을 초대했다. 후배들과 우리가 탐구한 것을 나누자는 의미도 있었지만 학습자가 배우는 동시에 가르칠 수 있는 배움의 주체임을 인지시켜주기 위한 목적이 더 컸다. 후배들이 부스 체험을 위해 온다고 하니 더 열심히 탐구하였다. 멋진 선배가 되고 싶었나 보다. 세번째, 부스체험 전 3분 내외로 설명을 하도록 했다. 3분이라는 시간 동안 3~4학년 후배들에게 설명해야 하기 때문에 학생들은 조사를 게을

세계문화박람회

리 하지 않았다. 예상 질문에 대한 답을 준비하는 학생들도 있었다. 이 활동이 학습의 일부임을 계속 상기해주었다. 네 번째, 세계문화박람회 준비활동 중간 중간 발표회를 가졌다. 주제계획과 준비과정을 친구들과 함께 검토해보되, 교사의 개입을 최소화했다. 학생들끼리 피드백을 주고받으며 그 속에서 다양한 아이디어가 많이 제시되었다.

세계문화박람회는 성공적으로 끝났고 초대된 3~4학년 학생들은 6학년 선배들이 선생님이 되어 가르치는 활동을 신기해하며 집중해서 참여했다. 이 프로젝트를 운영하며 가장 눈에 띄었던 점은 소위 공부 안 하는 학생들의 적극적 참여였다. 축구 이외 교과활동엔 관심 없던 몇몇 학생이 모여 세계 축구를 주제로 부스를 만들었다. 누구보다 축구를 잘 아는 그 학생들은 축구의 역사에서부터 세계 축구선수, 리그, 그 나라의 특징 등을 다양하게 조사해 후배들이 알기 쉽게 알려주었다. 미니축구대도 직접 구해와 학생들에게 축구 연습을 시켜주었다. 평소 수업시간에는 전혀 볼 수 없던 의욕이었다. 국어시간에 발표할 땐 쭈뼛대던 아이들이 세계문화부스 운영에는 적극적이고 자신감 넘쳐하는 모습이 기특했다.

2016년의 경험을 발판삼아 2017년에는 5~6학년 학생을 대상으로 '학생이 만들어가는 동아리'를 조직했다. 아직 많은 초등학교에서는 창의석 체험활동 동아리를 교사가 계획하여 운영한다. 동아리 활동임에도 불구하고 주제선정에서부터 운영까지 학생들은 선택의 기회가 없다. 오직 조직된 동아리를 선택할 수 있는 기회만 있을 뿐이다. 이유는 초등학생에게 아직 기획하고 운영할 능력이 없다는 논리이다.

그렇지만 전 해에 학생들의 주체적인 학습을 경험했던 나는 초등학교에서도 몽실학교 같은 교육활동이 가능할 것 같았다. 그래서 몇몇 선생님의 우려에도 불구하고 과감히 시도하였다. 그리고 특정한 주제에 얽매이지 않고 학생들이 원하는 동아리를 운영해볼 수 있는 기회를 주고 싶었다. 이를 위해 5~6학년 교사들이 모여 서우철 장학사님을 모시고 몽실학교의 운영 목적과 방향에 관한 연수도 들었다. 그래서 2017학년부터 의정부 부용초등학교에서는 동아리 주제선정, 기획, 학생선발, 운영까지 학생들이 할 수 있도록 하였다.

다양한 주제가 나왔으며 그 중 현실적이고 지속운영 가능한 동아리를 선정하여 1년간 팀장들이 중심이 되어 동아리를 운영하도록 했다. 활동 초창기에는 리더 그룹이 자기 역할의 갈피를 잡지 못했다. 동아리 부원들의 의견을 모으고 결정하는 것을 두려워하였고 계획을 짜고 실천하는 것에 서툰 점이 많았다. 그러면서도 교사와 많이 대화하고 수정해나가며 조금씩 성장하여 연말 동아리 활동 발표회 때는 다양하고 개성 있는 발표작품이 많이 나왔다. 학생들의 창의성과 개성에 다시금 놀랐고 가능성을 또 한번 체감하였다.

올해 양주의 소규모 학교로 전입 와서 3학년 10명의 학생을 가르친다. 여기서 학생주도형 교육의 또 다른 시도를 해보고 싶다. 올해엔 몇 년의 경험을 바탕으로 수학 교과에 학생이 주도하고 특성에 따라 개별화된 형태의 수업을 계획 중이다. 『학교 없는 교육개혁』(David Tyack 외 저, 권창욱 외 역, 박영스토리, 2017)에서 소개되는 돌턴식 교육법에서 착안하였다. 단원 초반부에 교사가 단원 전반에서 반드시 배워야 하는 기본 지식만을 가르치고 나머지 시간은 학생들이 직접 수업 계획을 짜서 스스로 학습 진도를 조절해나가는 학습을 구상 중이다.

학생들은 교사 뿐 아니라 동료학생 들에게 코칭을 받을 수 있으며 교사가 다양한 수준의 학습지를 제공하면 자 신의 능력에 맞는 학습지를 선정하여 공부하고 진도도 조절할 수 있는 학습 으로 배움의 주도권을 가지도록 할 예
정이다. 3학년 학생들에게 적용이 잘 될지는 미지수지만 이제는 아이 들의 가능성을 믿는다.

학교는 다양한 수준과 관심을 가진 학생들이 모인 기관이다. 이런 다양한 학생이 자신의 삶을 주체적으로 살아갈 수 있도록 도와주는 것 이 학교의 역할이다. 산업화 사회에 맞는 인재를 양성하기 위해 만들 어진, 교사 중심의 획일화된 초창기 학교의 모습으로는 오늘날 학생들 의 다양성을 만족시키기 어렵다. 학생이 주도권을 가지고 배움을 스스 로 구성해나갈 때 참된 배움이 가능하다. 그래서 앞으로는 교사주도의 교육에서 학생주도 교육으로 패러다임이 전환되어야 할 것이다.

아이들은 각자 삶의 주인공이다. 학교와 사회가 아이들의 의욕과 꿈 을 꺾고 있는 건 아닌지 돌아보고, 학생들이 주체적인 삶의 주인공으 로 성장할 수 있도록 함께 노력해야 할 것이다.

제 3 부

몽실이
걸어온 길

여덟째 마당

Be. 몽(夢). 사(四). 몽(夢) 토론회

세상을 향해, 마을을 향해 던지는 발칙한 상상마당

"Be. 몽(夢). 사(四). 몽(夢)"

학생자치 실현을 통한 마을교육공동체 실현

- 마을에서 놀고, 만들고, 배우고, 꿈꾸는 청소년, 청년들의 톡! Talk! -

"내게 1년의 시간이 주어진다면..."

(마을에서 놀고, 만들고, 배우고, 꿈꾸는
우리들만의 방식 상상하기)

FRIDAY
NIGHT
TALK

시간 : 11월 21일(금) 6시 (5시 30분 여는 마당)
장소 : 의정부 동막교 강당
토론 참여자 : 함께하는 마을을 꿈꾸는
경기북부 청년, 청소년..
토론방식 : 원탁토론(청소년 퍼실리테이터 배정)
준비 및 진행 : 청소년 기획단 (30명, 초등5학년~고3)
청년 기획단 (지역 청년 20명)

주관 : 경기북부 마을배움터 청소년 준비위, 경기북부 마을배움터 청년 준비위
후원 : 의정부 교육청, 의정부 시청, 초록우산, 의정부 혁신학교연구회, 양주시 심양복지 센터
의정부 교육연대, 의정부 대안학교 연합, 의정부 교육희망 네트워크, 경기북부 마을학교 연구회

~ 경기북부 마을 배움터 청년, 청소년 준비위 ~

세상을 향해, 마을을 향해 던지는 발칙한 상상마당
– "Be. 몽(夢). 사(四). 몽(夢)"

도전장을 내밀고 꿈꾸기 시작하다

2014년 4월 세월호 사건은 우리 사회, 특히 교육계에 커다란 물음을 던졌다. 각자의 위치에서 책무를 다하지 못한 어른들은 철학의 부재로 갈 길을 헤매고 있었다. 도대체 무엇이 문제이고, 어디서부터 고쳐가야 하는지 고민했다. 이때 '가만히 있어라'는 어른들의 요구에 위축되지 않고, 한 방향으로 쏠린 채 달려가는 대한민국에 도전장을 낸 청소년들이 있었다. 이 청소년들은 불안한 사회와 무책임한 어른들이 기성복처럼 만들어둔 교육이 아닌, 스스로 배움을 찾아가며 자신들의 미래를 준비하는 '학교 너머 배움터'를 만들자며 소리쳤다. 이들은 우리가 원하는 배움이란 무엇이고, 그것을 내 공간에서 실현하기 위해 함께 무엇부터 할 것인지를 모여 이야기해보는 마당을 꿈꾸기 시작했다.

2014년 가을, 의정부 지역의 청소년이 모였다. '교육의 문제는 개인이나 학교가 짊어지는 것이 아니라, 한 아이를 둘러 싼 교사, 학부모, 지역주민, 지자체, 교육청이 함께 나서야 한다.'는 취지에 공감한 어른들이 모임을 만들고 아이들도 한 주체로 바라보기로 했다. 그리고 교사들의 도움으로 의정부의 청소년들도 자리에 모이게 되었다. 이렇게 모인 청소년 23명이 '청소년 기획단'이란 이름으로 '초록우산 어린이재단'이 운영하고 있는 마을도서관에서 첫 모임을 가졌고, 의정부 비인가 대안학교인 꿈틀자유학교, 혁신학교인 의정부여중, 초록우산, 마을 카페 '나무'등 마을 어른들이 빌려 준 공간을 돌며 내가 살고 있는 마을은? 마을에서 우리는 무엇을 할까? 등의 질문을 서로에게 던지며 관계를 넓혀가기 시작했다. 초등학교 5학년부터 고등학교 2학년까지 지역의 초, 중, 고에 다니는 친구들, 그리고 학교에 다니지 않는 홈스쿨러, 대안학교 학생 등 서로 다른 친구들이 모여 이야기하는 것만으로도 새로운 재미를 느끼고, 또 서로의 고민이 다르지 않다는 것을 발견했다. 청소년 기획단은 더 많은 친구들과 재밌는 수다를 나누고 싶어 했다. 의정부 청소년이 함께하는 토론회 장을 만들어보자는 프로젝트는 이렇게 시작되었다.

세 달 동안 23명의 기획단 청소년들과 그리고 토론회가 열린다는 소문을 들은 마을 청년들이 하나둘씩 모였다. 마을에서 청년들이 어떻게 자리매김할지 하는 고민도 나누기 시작했다. 토론회의 주제를 무엇으로 할까? 마을에서 우리에게 필요한 공간? 내가 시장이라면? 교육감이라면? 우리에게 지금 필요한 것은? 많은 질문이 쏟아졌지만 시장, 교장, 교육감에 대한 요구는 건의사항에 그쳤고, 지금 청소년들에게 필요한 공간이라고는 PC방, 노래방, 영화관밖에 떠오르지 않았다. 학교에 학원에 취업고민에 꿈을 꿀 시간조차 없는 청년, 청소년 들은 '마을에서 무엇을 하고 싶니?', '네 꿈은 무엇이니?' 라고 물어보는 질문에 아무런 대답도 할 수가 없었다. 지금 이들에게 미래 계획이라는 말은 막연했다. 그저 상급학교로의 진학과 안정적이고 풍족한 월급을 주는 직장이 미래에 대한 막연한 생각의 전부라 해도 과언이 아니었다. 그렇다면 이 토론회는 누구를 위한 것이고, 토론회에서 어떤 이야기들을 나눌 수 있을까? 다시 머리를 맞댄 청소년 기획단 친구들의 뇌리에게 한 가지 화두가 스쳐 지나갔다. 그 당시 덴마크에서 14~18살 사이의 학생이 중학교 교육을 마무리할 수 있는 독특한 형태의 대안교육 시스템 '에프터스콜레(Efterskole)'에 대한 국내의 관심이 점차 커지고 있던 시기였다.

덴마크 사례처럼 '우리에게 1년의 시간이 주어진다면…' 온종일 학원

에 학교에 비몽사몽 정신없이 살고 있는 일상에서 벗어나 1년의 시간
이 주어진다면 무엇을 하고 싶은지를 물어보자, 하고 싶은 것들이 봇
물 터지듯 쏟아졌다. 여행가고 싶어요, 친구들이랑 밴드 만들어 음악
하고 싶어요, 그림 그리고 싶어요, 글 쓰고 책 읽을래요…. 한 친구는
만화책을 잔뜩 싸들고 아무도 없는 감옥에 들어가고 싶다고도 했다.

　아이들은 하고 싶은 것이 없고 꿈이 없는 것이 아니라, 시간이 없
고 여유가 없는 것이었다. 우리는 이것을 주제로 "마을을 향해, 세상
을 향해 던지는 발칙한 상상마당 – 비몽사몽(Be.夢.四.夢) 토론회"를 펼
쳐보기로 했다. 이렇게 만들어진 '비몽사몽 토론회 기획단'은 5차례에

비몽사몽 홍보 기획팀 준비 모임

비몽사몽 퍼실리테이터 교육

기획단의 준비

토론 전 사전 설문 조사

걸친 준비 모임과 예비 토론회 등 10차례를 만나며 기획팀, 홍보팀, 모둠장 모임을 온·오프라인에서 동시에 진행했다. 함께 돕겠다고 모인 청년들과 고2 학생들이 각 모둠의 퍼실리테이터가 되어, 덴마크 사례처럼 1년의 시간이 주어지면 어떤 것을 하고 싶은지에 대한 서로의 생각을 나누었다. 먼저 비슷한 주제별로 팀을 나누어 '무엇부터 시작할지', '어떤 것을 준비할지' 아이디어를 공유하고 이끌어내는 방법을 배웠다. 초등학생부터 중학생 친구들은 '각 학교마다 어떻게 홍보할지', '진행하는 데 무엇이 필요한지'를 맡아서 고민하였고, 어른들은 토론회 장소를 섭외하기 위해 교육청, 지자체 등을 찾아다니며 예산을 받을 수 있는지 알아보았다.

마을에서 놀고 배우고 만들고 꿈꾸는 우리들만의 방식을 상상하는 거대한 프로젝트는, 이렇게 시작되었다.

나에게 1년간 시간이 주어진다면?

학교 끝나면 학원으로, 주말에도 보충이며 과외며 정신없이, 비몽사몽, 매일을 보내고 있는 우리들에게 1년간 시간이 주어진다면? 학교도, 공부도, 숙제도 안 해도 된다면 무엇을 하고 싶은가요?

비몽사몽 토론회는 '한 아이를 키우려면 온 마을이 필요하다', '마을이 학교다' 라는 이야기가 화두로 떠오르는 요즘, '아이들이 원하는 안전하고 행복한 마을은 무엇일까?' '내가 정말 하고 싶은 것들은 무엇일까?' '그것을 내가 사는 마을에서 할 수 있을까?' 이런 물음에 대해 청소년이 모여 생각을 나누고 확인하는 자리입니다. 그리고 이것들을 요구하기만 하는 것이 아니라 꿈을 직접 실현하기 위해 우리가 할 수 있는 일을 모아보려고 합니다.

청소년이 준비하고 만들어가는 우리들의 자리에 여러분을 초대합니다.

구분	NO	주요내용	세부내용
인트로	①	문제제기	현재 우리의 고민, 상황 들어보기(스티커 설문)
	②	개회식 및 소개	토론회 목적, 진행상황, 추후계획 공유, 내빈 소개
본문	③	마음열기	Ice breaking / 모둠 나누기
	④	너와 나 알아가기	그룹원 서로 소개
	⑤	그림 TALK TALK "나에게 1년의 시간이 주어진다면"	① 선정된 주제로 각자가 꿈꾸는 1년 그려보기
			② 그룹 원 안에서 돌아가며 각자의 그림 이야기하기
			③ 우리 그림에 공통 키워드를 찾아 이름 붙여보기 (정체성 정의, 구체적인 공통분모 도출)
	⑥	○○○○○를 이루려면	① 그것을 이루려면 무엇이 필요할까? 그것을 이루려면 무엇을 해야 할까?
			② 비슷한 것끼리 묶기
			③ '무엇'을 하려면(만드려면) 어떻게 해야 할까?
			④ 마을에서 직접 할 수 있는 것은?
마무리	⑦	갤러리 워크 및 발표, 정리	① 2~3조 발표, 개인 소감 발표
			② 우리가 꿈꾸는 것, 꿈꾸는 마을 최종 정리 및 발표
			③ 다른 조는 어떤 생각을 갖고 있을까?(갤러리 워크)
	⑧	청소년, 청년기획단 모집	우리의 꿈을 새롭게 기획할 친구들을 모집합니다

토론회 일정표

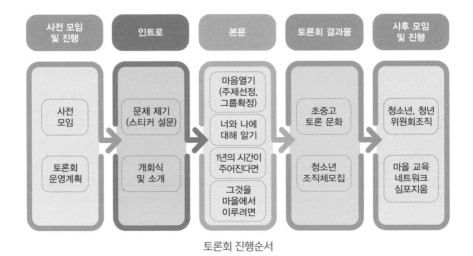

토론회 진행순서

비몽사몽 토론회로의 초대

　　토론회에는 기획단의 노력으로 250여 명 가량의 아이
들이 모였다. 이 아이들이 15모둠으로 나뉘어, 모둠장을 중심으로 토
론회를 진행했다. 토론회가 끝난 후 함께 꾼 꿈을 마을에서 직접 실현
할 기획단으로 100여 명의 아이들이 신청서를 작성하고 돌아갔다.

　'1년의 기간이 주어진다면?'의 설문에서 학생들은 여행을 1순위로
꼽았다. 여행을 하고 싶다는 친구들의 모둠은 먼저 도서관이나 인터
넷에서 정보를 찾고 재능 기부나 공모, 소셜펀딩 등을 통해 모금해보
기로 했다. 기부받기 위해 할 수 있는 일을 찾아보기도 했다. 봉사활동
과의 연계, 의미 있는 블로그 운영 등. 물물교환을 통해 여행에 필요한
물품 등을 확보할 수도 있을 것 같았다. 그리고 이 모든 것을 하기에

앞서 함께할 친구들을 마을에서 찾아 동아리를 만들어야겠다는 이야
기도 나눴다.

비몽사몽 인터뷰

-학생 1: 우리 힘으로 토론회를 해냈다는 게 뿌듯하고 홍보팀에 들
  어가서 영상, 리플렛 등을 만들면서 나의 미래에 대한 꿈도 확실해
  진 것 같다.
-학생 2: 대안학교에 다니면서 일반학교에 다니는 많은 친구들과 만

비몽사몽 토론회 개최

활동 - 그룹 토론회

활동 - 마음나누기

활동 - 우리가 꿈꾸는 마을

나고 싶은 마음이 있었는데 다양한 친구, 동생, 누나, 형 들을 만나 정말 기뻤다. 비슷한 생각과 욕구가 있음을 알았다. 서로에게 배운 점이 많다.

-교사: 초, 중, 고 아이들과 학교 안, 학교 밖의 친구들이 함께 모여 서로의 꿈을 듣고 나눌 수 있는 소중한 자리였다. 이 토론회를 통해 기획단 아이들이 모인 것과 마을의 청년 모임이 생긴 것이 가장 큰 성과인 것 같다. 이 토론회는 아이들이 마을교육공동체를 만드는 첫걸음을 내딛게 해주었다. 앞으로 이런 청년, 청소년이 마을에서 함께 놀고, 배우고, 꿈꿀 수 있도록 도와주는 어른들의 역할이 절실히 요구된다.

-학부모: 아이들의 환한 얼굴과 반짝거리는 눈을 보니 이런 자리가 많이 필요하다는 생각이 들었다. 어른으로서 책임감을 크게 느꼈다.

-청년: 토론회를 준비하면서 마을의 청년들이 모일 기회가 생겨서 기뻤다. 앞으로도 청년 모임을 지속시켜서 마을에서 자란 아이들이 마을을 위해 다시 일하는 것을 자랑스럽게 여기는 문화를 만들고 싶다.

아홉째 마당

즐거운 작당

<Be. 본. 나. 夢오딧>

꿈꾸는 청소년들의

즐거운 작당

마음이란 다양한 공간들이 존재합니다.
그리고 그 공간과 공간은 길로 이어져 있습니다.
이제 우리는 그 길을 사람으로 이어가는 도전을 하려고 합니다.

why!
what!
how!

2015년 2월 27일(금) 10시~15시 / 28일(토) 10시~17시

✓ 첫째날 : 2015년 꿈 찾기
✓ 둘째날 : 함께 꾸는 꿈(활동초청연수 / 공간, 길, 사람 프로젝트기획)
✓ 장소 : (주)경기도 교육청 북부청사 (의정부시 의정부동)
✓ 대상 : 10대 청소년
✓ 준비물 : 열린 마음, 시도하고 다가가는 용기, 서로에게 배우려는 자세
✓ 문의 : hopemaking@naver.com (010-9272-1893 김현주)

행사초청특강
개그맨 정종철

비주얼교육문화연구원(주) '같이놀자사람이'

후원 : 미래청소년연구원, 비주CEC청소년리더쉽아카데미

청소년이 스스로 만들어가는 프로젝트 마을학교
꿈꾸는 청소년들의 "즐거운 작당"

작당하는 재미에 빠지다

마을에서 토론회를 거치면서 기획단으로 모인 청소년들은 지속적으로 프로젝트 활동을 이어가길 희망했다. 꿈틀자유학교를 빌려 2014년 송년회 모임에서 2015년을 계획하였고, 2015년 1월부터 모임을 가지기로 했다.

무엇부터 시작할까? 먼저 우리처럼 청소년만의 공간, 청소년이 만들어가는 배움터가 있는지 찾아 다녀보기로 했다. 의정부 가까이 서울 북부에 위치한 '공릉청소년정보문화센터'와 노원의 '상상이룸'을 찾아가 직접 이야기를 들으면서 우리가 원하는 공간에 대한 꿈을 그리기 시작했다.

그리고 2월, 청소년들이 스스로 운영하며 만들어가는 학교너머 배움터 한해살이를 직접 기획하는 또 하나의 판이 열렸다. "비몽사몽 2탄 – 즐거운 작당"이다. 이 작당은 마을배움터라 가칭하고 세 가지 원칙을 세웠다.

마을배움터의 원칙

첫째, 차별 없이 어우러지는 무학년제

둘째, 스스로 만들어가는 교육과정

셋째, 교사와 학부모, 마을주민, 지역단체가 함께 모여 교육을 고민하고

지자체와 교육청이 지원하는 학교 밖 마을배움터

초등 5학년부터 고3까지, 즐거운 작당으로 모인 70명 가량의 청소년들은 공모와 투표로 "꿈이룸배움터"라는 학교너머 마을배움터의 이름을 붙이고, '마을'이라는 주제에서 '공간, 길, 사람'이라는 세 가지 키워드를 끄집어냈다. 마을에는 다양한 공간이 존재하고, 그 공간은 길로 이어져 있으며, 이제 그 길을 사람으로 우리가 이어가보자는 생각이었다. 그리고 이를 바탕으로 다양한 프로젝트를 계획하기 시작했다. 앞으로 이 프로젝트들을 만들어가기 위한 조직 원리를 구상하면서 협동조합연수도 받았다. 그 사이 어른들은 프로젝트를 위한 공간과 예산을 위해 뛰어다녔고, 지자체와 교육청이 함께 지원하는 의정부혁신교육지구 사업에서 2015년 이재정 교육감이 내건 공약인 마을교육공

동체 '경기 꿈의학교'에 공모하기로 했다.

청소년들은 '마을'이라는 대주제 아래 '공간, 길, 사람'이라는 3가지 소주제를 정하고, 그 안에서 23개나 되는 프로젝트의 구체적인 계획을 수립했다. 예를 들어 '공간' 프로젝트는 청소년 공간을 만드는 프로젝트, '길' 프로젝트는 의정부 곳곳의 길을 다니며 역사를 알아보겠다는 프로젝트, '사람' 프로젝트는 다양한 직업군의 사람을 만나 진로를 고민해보는 프로젝트로 짜여졌다. 아이들은 안락한 청소년 공간 만들기, 청소년 영화관 운영, 꿈 카페 기획 및 운영, 공간 방음시설 실험, 공정여행으로 도보여행, 길거리 버스킹 음악회, '마을책' 만들기, 익명 우체국 등의 프로젝트를 제안했다. 그리고 이런 과정을 잊지않기 위해, 그리고 우리의 역사를 기록하고 알리기 위해 만들어진 '기자단' 프로젝트가 영상을 만들고, 소식지를 발간하기로 하였다.

마을 어른들의 열정과 의정부교육지원청의 노력으로 비어있는 구

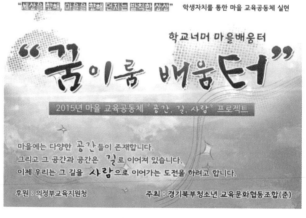

꿈이룸배움터 포스터

북부청사를 청소년들의 공간으로, 임시적이나마 쓸 수 있게 되었다. 경기도교육청 북부청사가 새 건물로 이전했기 때문이다. 이러면서 드디어 우리의 꿈을 조금씩 만들어갈 수 있는 경기 북부 청소년 도전의 역사가 시작되었다. 의정부 혁신교육지구에서 "꿈이룸학교"라는 이름의 꿈의학교 공모로 프로젝트 예산을 따오고, 혁신교육지구에서 운영하는 '행복동네 드림하이' 프로젝트와 결합하며 혁신교육지구 예산이 투입되면서 경기 북부 청소년 배움터로 나아간다는 더 큰 꿈을 꿀 수 있게 되었다.

청소년들은 한마디로 신명 나 있었다. 공간 팀의 '안락한 공간 만들기' 프로젝트를 진행하는 청소년들은 이 공간 프로젝트를 위해 여러 청소년 공간을 방문하고 공간 상상력을 키우는 데 도움되는 여러 강좌를 수강했다. 또한 공간을 채워갈 목공 수업, 카페 만들기를 위한 바리스타 수업을 기획했다. 그리고 이런 기획에 도움을 줄 마을의 공간과 사람들을 찾아다니기 시작했다. 다른 청소년 센터의 시스템이 어른들의 머릿속에서 나온 목공 수업, 바리스타 수업, 공간 강좌를 열고 청소년은 그 강좌에 참여하는 방식이라면, "꿈이룸 배움터"의 배움은 청소년이 함께 모여 하고 싶은 프로젝트를 준비하고 그 프로젝트를 이루기 위한 배움들로 교육과정을 채워 간다는 것이 가장 크게 달랐다. 이러한 프로젝트는 진행하다 보면 곁가지를 만들어 너 확장되기도 하고, 수정되고 보완되어 전혀 다른 모습으로 만들어지기도 한다. 이러한 과정자체가 함께 만들어가는 배움이 되는 것이다.

청사 이전으로 아무것도 남아있지 않은 휑한 구 북부청사를 안락하고 포근한 공간으로 만들 수 없을까 고민하다가 나온 아이디어가 벽화

아홉째 마당 – 즐거운 작당

우리들의 꿈을 그려볼까?

틀리면 어때?

다시 그리면 되지.

그리다가 힘들면

쉬어가면 되고.

맘껏 그리고 싶다.

실컷 꿈꾸고 싶다.

어른들의 무지한 말에

가만히 기다리고 있지 않을 것이다.

스스로

결정하고

판단하고

책임질 것이다.

내 꿈을

포기하지 않을 것이다.

즐거운 작당

그리기였다. 벽화그리기 활동을 진행하기 위해 마을의 예술가를 섭외하여 재능기부를 받고 혁신교육지구팀에서는 그림 그릴 재료와 간식을 제공하였다.

작당하는 재미, 입소문 나다

청소년들은 사흘 동안 공간, 길, 사람을 어떻게 표현할까 토론했고, 토론 끝에 토요일, 일요일 동안 30여 명의 친구가 함께 힘을 합쳐 그림을 그리고 완성하였다. 칙칙한 회색 벽이 무지개 색으로 살아나면서 아이들의 꿈도 무지갯빛으로 물들어 갔다. 아이들은 이후에 마을 공방에 가서 앉을 수 있는 벤치까지 만들어 왔고, 믹스커피와 따뜻한 차를 마시며 우리들의 청소년 카페를 완성시켰다. 누가 시켰다면 이것이 가능했을까?

이런 활동은 의정부에 있는 아이들에게 입소문이 나기 시작했다. 혁신교육지구 행복동네 프로젝트 사업과 결합하면서 3월 25일 '꿈이룸 배움터 오리엔테이션'을 통해 프로젝트 활동을 설명하고 함께할 친구들을 모집했다. 지원학생은 무려 362명이었다. 여기에는 초등학교 5학년부터 고등학교 3학년까지 다양하게 모였다. 일반학교 학생 332명, 대안학교 학생 24명, 홈스쿨러 6명으로 구성되어 의정부와 경기 북부의 다양한 청소년이 참여했음을 알 수 있었다. 청소년이 이렇게 모였다는 것은 그만큼 청소년에게 이런 공간이, 이런 배움이 얼마나 절실했는지를 말해줬다. "꿈이룸학교"라는 이름으로 공식적으로 '프로젝

팀명	프로젝트명	프로젝트 내용
공간	안락한 공간 만들기	우리가 사용하고 있는 공간을 가구제작과 소품공예 등을 통해 의미 있고 안락한 공간으로 만든다
	청소년 영화관	기자단과 청소년들이 함께 영화를 선정하여 상영, 영화와 삶에 대한 이야기를 나누며 배운다
	우리 공간 운영하기	청소년 동아리 댄스, 밴드 팀 등을 위한 연습실, 쉼터, 노래방, 파티룸 등 공간을 대여, 운영한다
	꿈이룸배움터 카페	카페를 기획하고 만들고 운영하며 사회적경제를 배우고 청소년의 공간을 만든다
	예술의 전당 음악회	의정부 예술의 전당을 활용, 청소년 동아리가 함께 음악회를 기획하고 개최한다
	공간 방음시설 실험	우리 공간의 층간 소음문제를 해결하기 위한 방음시설을 연구하고 설치한다
길	다같이 돌자 동네한바퀴	가까이 있지만 잘 알지 못하는 우리의 지역 의정부를 공부하고 탐방한다
	스케치+약+도보여행	공정여행을 바탕으로 길과 배움을 접목하여 청소년의 새로운 배움의 길을 모색한다
	템플스테이	의정부에 있는 절을 탐방하여 마음을 단련하고 치유하는 템플스테이
	행복로 북카페	행복로에서 전통양식의 북 카페를 운영하며 의정부를 알리고 배운다
	길거리 버스킹 음악회	길거리에서 청소년 음악회를 개최하며 가고 싶은 길, 행복한 길을 만든다
사람	마을책 만들기	우리 마을의 형성과정, 주민, 공간, 모임 등을 취재하고 의정부가 꼭 기억했으면 하는 사람들을 만나 인생사를 기록하며 주민들과 소통한다
	울할매 이야기	홀로 계시는 할머니, 할아버지 댁이나 노인복지관 등을 방문하여 인생을 배운다
	익명 우체국	내 이야기, 내 고민을 주변 사람들과 나누고 들어주면서 서로를 치유하고 서로 나눈다
	도시락전달 프로젝트	의정부의 외국인 노동자들을 위해 도시락을 직접 만들어 전달하고 만나며 외로움을 치유한다
	무료 멘토링	의정부의 청소년들을 만나 그들의 고민을 듣고 이야기도 나누면서 그들에 대한 기사를 쓴다
	진로카페 프로젝트	진로를 찾지 못한 청소년을 만나며 상담도 하고 심리검사도 할 수 있는 카페를 운영한다
기자단	소식지 발간	꿈이룸배움터의 활동을 기록으로 남기고 내부와 외부로 나누어 소식지를 발간한다
	팟캐스트	청소년들이 말하고 싶은 것, 의견과 주장을 팟캐스트로 만들어 방송한다
	꿈을 담는 카메라	방송, 영상, 편집기술 등을 배워 꿈터 활동 등을 다큐멘터리로 제작하고 상영한다
행복동네	올해의 뉴스	올해 의정부에서 벌어진 다양한 일과 사건들을 조사하고, 그것을 뉴스로 발간하여 전한다
	맛집을 소개합니다	의정부에 있는 맛집을 탐방하고, 조사하여, 소개하는 영상을 제작한다
	타마 프로젝트	프로젝트 구성원들의 역량을 모아 달력을 제작한다

트 마을학교'를 열었고, 100여 명의 친구들이 4월 9일 '해오름제'를 직접 기획해 공간, 길, 사람 퍼포먼스로 프로젝트를 소개했다.

꿈이룸학교에 모인 청소년들은 나이도 다르고, 학교도 다르고, 각자의 취향과 재능도 달랐다. 게다가 이 공간에는 청소년뿐 아니라 마을 청소년의 배움을 도와주고자 모인 어른들도 있었다. 교육청 직원도 있고, 교사도 있고, 학부모도 있었다. 경험도 다르고 상황도 다르지만 서로에게 배우고 함께 나누기 위해서 모인 공간에 하나둘씩 약속이 생겨나기 시작했다. 무엇을 위해 꿈이룸학교가 존재하는지 목적과 방향을 공유하고, 함께 가기 위해 지켜야 할 약속을 채워가며 서로에 대한 신뢰를 쌓아가기 시작했다. 공동의 목표를 향해 가기 위해 이 공간 안에, 프로젝트 사이에 지켜야 할 가치와 규범을 만들었다.

아이들이 머리를 맞대고 만든 우리들의 약속과 청소년 선언(책 첫 번째 페이지)은 아이들이 만들어나갈 꿈이룸학교의 방향을 말해주고 있다. 2015년 4월 해오름제의 마지막 순서로 청소년 선언을 노란 비행기로 접어 날리며 힘찬 시작을 알렸다. 이 약속들은 지금도 몽실학교 곳곳에 붙여 놓고 함께 지켜나가는 몽실학교의 문화이다.

아이들이 주인인 학교

꿈이룸학교의 설립 원리

몽실학교의 모체인 꿈이룸학교의 발단은 단순했다. "왜 학교에서 아이들은 배움의 주인이 되지 못하는가?" 이 질문에 대한 답을 찾고자 했다.

솔직히 말하자면, 학교는 그동안 학생이 배움의 주인이 되어야 한다는 생각을 가진 적이 없다. 학교와 교육의 목표는 인류의 지식 전달이었고, 학생이 그걸 전달받고 그걸 제대로 받아들였는지 확인하면 그만이었다.

여태 어느 누구도 이 점에 문제를 제기하지 않았다. 그래서 꿈이룸학교를 만들고자 한 사람들은 이 부분에 주목했다. 생각을 전환해보기로 하였다. 배움의 내용을 교사와 학교가 일방적으로 정하는 것이 아니라, 배우는 학생이 스스로 정할 수 없을까? 배움의 방향을 학생이 결정할 수는 없을까? 라고 생각하였다.

이에 배움의 기획과 운영을 프로젝트라는 방식으로, 학습자가 스스로 세울 수 있는 새로운 교육 방식을 도입하며 꿈이룸학교의 설립 원리를 세웠다. 그 원리를 하나하나 살펴보면 다음과 같다.

설립원리 하나.
청소년이 스스로 만들어가는 프로젝트 마을 학교

꿈이룸학교는 청소년이 스스로 만들어가는 프로젝트 마을학교를 표방하고 출발하였다. "청소년이 스스로 만들어가는 프로젝트 마을학교"에는 크게 세 가지의 교육적인 의미가 있다.

첫째, '청소년이 스스로 만들어가는'이라는 표현에서 드러나고 있듯, 수동적인 배움이 아니라 스스로 주체가 되어 배움을 기획하고 진행해 나간다는 것이 꿈이룸학교의 가장 중요한 교육원리이자 교육방식이다.

지금의 학교 교육에서 학습자는 학교가, 교사가 정해 놓은 교육내용을 배워야만 하다보니 청소년의 학습의욕이 떨어질 수밖에 없다. 학습자가 배움의 자발성을 회복하고 배움의 주체가 되기 위해서는 학습 내용을 스스로 선택하고, 자기가 생각하는 방식으로 학습을 진행할 수 있어야 한다.

꿈이룸학교에서는 기존 학교 교육의 문제점을 학습자가 배움의 과정에서 주체가 아닌 객체로 있다는 점으로 보고, 스스로 배움을 기획하고 진행할 수 있는 과정을 가장 중요하게 생각하였다. 그래서 모든 교육 내용을 청소년이 기획할 수 있도록 도왔다. 청소년이 기획한 교육 내용에 교사와 예산, 공간을 맞추었다. 학습 진행에 대한 의사결정도 청소년이 스스로 내릴 수 있게끔 했다.

국가, 학교, 교사가 정해놓은 코스를 따라가야 하는 기존의 학교 교육 시스템을 뒤바꾸어놓은 실험은 청소년의 삶도 상당히 다른 모습으로 바꾸어놓았다. 꿈이룸학교에 모인 청소년은 배움에 끌려다니지 않게 되었다. 진지하고 성실하게 자기 행동에 책임을 지며 배움에 참여하였다. 이 실험은 학교 교육이 어떻게 혁신되어야 하는지를 명확하게 보여주는 지점이라고 할 수 있다.

둘째, 학생이 배움의 주체가 되어야 한다는 첫째 원리를 구체화하기 위해 프로젝트 수업 또한 학생이 주도할 수 있도록 안내했다. 이를 우리는 학생주도 프로젝트라고 이름 붙였다. 학생주도 프로젝트는 학생이 스스로 제안하고 기획할 수 있다. 학교에서 하는 프로젝트 교육과는 결이 다르다. 학교에서 하는 프로젝트는 교사의 기획 하에 다소 제한된 부분만 학생에게 결정권이 있는 교육이 진행되는 반면, 꿈이룸학교에서는 기획 자체를 교사가 아니라 학생이 할 수 있게 하여 학생의 주도성을 높였다.

학생주도 프로젝트에서는 교사의 역할 또한 기존 학교에서와 상당히 다르다. 학생주도 프로젝트에서 교사는 더 이상 가르치는 존재가 아니다. 학생이 스스로 배움을 찾아갈 수 있도록 조언하는 역할을 한다. 배움을 촉진하는 촉진자, 퍼실리테이터 역할을 맡는다.

끊임없이 대화하고, 산파술을 통해 무엇이 필요한지 느끼게 하며, 스스로 해결하도록 유도하는 역할을 한다. 이를 위해 프로젝트에 참여해서 청소년의 배움을 돕는 교사를 '길잡이교사'로 부르고, 전문성을 높이기 위해 길잡이교사 연수도 하고 있으며, 인턴과정을 통해 길잡이 역할을 배울 수 있게 돕는다.

셋째, 지역 기반 인프라를 발판으로 가정, 학교, 지역 사회를 연결하는 '마을 학교'라는 점이다. 마을 학교의 지역 기반 인프라는 학생주도 프로젝트를 함께하는 선생님이 되기도 하고, 수업 자료가 되기도 하며 든든한 지원군이 되기도 한다.

또한 이는 사라져 가는 공동체를 복원하는 효과를 가져온다. 청소년이 자기 마을을 사랑하고 마을에서 고민하며 마을에서 성장하게 된다. 마을에서 성장한 청소년들이 다시 이 마을로 돌아와 공동체를 일구어 가는 것이 자랑스러울 수 있도록 마을이 든든한 조력자가 되어 준다. 또한 고무적으로 점점 더 많은 마을의 주체가 여기에 동참하고 있다.

꿈이룸학교로 꿈의 학교를 지원하고 꿈이룸학교 밴드를 만들었더니 의정부 관내 학부모들이 계속 꿈이룸학교 밴드에 가입해 어느덧 회원 수가 천 명을 넘었다. 지역에 살고 있는 학부모, 교육청, 교사, 지자체 모두가 머리를 맞대 들여다보고 함께 지원할 방법을 찾았다. 더 좋은 인프라를 소개하고 함께 청소년을 바르게 키우기 위해 고민하고 있다. 꿈이룸학교로 마을교육공동체가 연결되었다 할 수 있다.

설립원리 둘. 무학년제

꿈이룸학교는 초등 5학년부터 고등학교 3학년까지

누구나 자신의 흥미와 욕구에 맞는 학생주도 프로젝트를 개설하거나 선택하여 같은 관심사를 가진 청소년끼리 무학년제로 팀을 이루어 활동한다. 일반학교에서는 엄격하게 학년을 구분해 교육하는 데 반해 꿈이룸학교에서는 학년과 나이의 경계가 없다. 외부의 시선으로 보았을 때는 같은 프로젝트 팀 안에 초, 중, 고 학생이 함께 어우러질 수 있을지, 활동이 잘 이루어질 수 있을 것인지 의문을 가질 수밖에 없을 것이다. 그럼에도 어려움이 없지는 않지만, 우려와 달리 무학년제는 긍정적인 효과를 거두고 있다.

초, 중, 고 다양한 연령대의 청소년이 섞여 있지만 다들 학교가 다르기 때문에 선후배라는 인식보다 서로를 동네의 형이자 누나, 동생으로 받아들인다. 그리고 함께 의사결정을 내리고 동등한 의사결정권을 가지는 민주적인 프로젝트 협의 구조는 학년이나 나이의 위계를 허물었다. 고등학생은 대부분 팀장을 맡게 되다 보니 리더로서 자리매김해 동생을 이끄는 모습을 보이고, 초, 중학생은 고등학생을 따라 배우는 모습을 띈다.

물론 처음부터 잘된 것은 아니다. 가장 난해한 연령층은 역시 중학생이었다. 중학생은 입에서 욕설이 떨어지질 않았고, 함께 소통하기 위한 카톡방에서도 자주 욕설을 내뱉었다. 이걸 고등학생이 꾹 참으며 규칙을 설명하고 바르게 이끌어나가는 모습을 보였다. 그러자 이내 중학생도 금방 잘 적응하고 규칙을 준수하기 시작했다.

오히려 같은 연령대가 모여 있는 프로젝트 팀이 모임을 잇기 쉽지 않았다. 생각의 폭이 좁고 다툼도 자주 일어났다. 반면 초등학생은 중, 고등학생들과 함께 하면서 스스로 주눅 들어 하는 모습도 보이는 동시에 훨씬 빨리 성장하기도 했다.

초, 중, 고등학생이 함께 모여서 자신들의 의견을 내고 서로의 이야기를 듣는 과정을 보니, 학년이나 나이로만 배움을 구분 짓는 공교육 시스템의 틀이 서로에게 미치는 선한 교육적 영향력을 얼마나 제한하고 있는지 느낄 수 있었다. 좀 더 유연한 상상이 없으면 교육을 혁신적으로 바꿀 수 없으리라는 생각까지 들었다.

꿈이룸학교의 여러 모습들, 예컨대 다양한 연령대의 사람끼리 관계를 맺고, 함께 목표를 이루기 위한 노력은 기존의 학교보다 훨씬 실제 사회와 비슷하고 가까운 경험을 하게 돕는다. 이 경험은 사람들과 관계 맺는 방법, 의사소통하는 방법, 목표 달성을 위한 정보를 획득하는 방법 등을 저절로 학습하도록 돕는다.

설립원리 셋. 학교 밖 학교

꿈이룸학교에는 2015년 출발 당시 공교육 학생 330여 명, 대안학교 학생 20여 명, 홈스쿨러 10여 명이 섞여 있었다. 처음에는 공교육 학교 학생과 학교 밖 청소년의 만남이 과연 순조롭게 진행될 수 있을까하는 의구심이 들 수밖에 없었다. 서로가 선입관을 가지고 경계하는 모습이 역력했다. 나중에 들어보니 공교육 학생은 대안학교 학생이 어딘가 문제가 있기에 대안학교를 다니는 것이라 생각했고, 대안학교 학생은 공교육 학생을 욕을 달고 사는 아주 거친 아이들이라 생각했다 한다. 그렇지만 서로 어울려서 생활하고 프로젝트 목표 달성을 위해 함께 노력하다 보니, 그런 경계가 금방 사라졌다고 한다. 걱정은 기우에 불과했다.

학교와 학교 밖 청소년의 어울림은 생각지도 못한 곳에서 큰 교육적 효과를 낳았다. 꿈이룸학교에서 운영하는 학생주도 프로젝트는 민주적인 의사결정 과정을 기반으로 진행되기에, 기본적으로 의사 표현이 원활한 상태에서만 진행 가능하다. 그런데 공교육을 받는 학생은 자기의 생각을 표현하는 데 상당히 서툴렀다. 생각해보면 학교에서 그런 경험을 해본 적이 거의 없었으니, 서투름은 당연하지 않겠는가.

이런 상황에서 대안학교에 재학 중인 청소년은 협의에 참여하며 자기 의견을 자연스레 표현하였고 초반에는 이 힘을 원동력으로 학생주도 프로젝트가 진행되었다. 알고 봤더니 대안학교에 다니는 청소년은 이미 그런 협의문화에 익숙한 수업을 받아왔었던 것이었다. 이를 본 공교육 학생도 차츰 그런 모습을 따라하기 시작했고, 점점 익숙해졌다. 이렇게 전반적인 변화가 일어나면서 새로운 문화가 자리 잡히기 시작했다.

또한 대안학교 학생의 순수함과 자유로움은 공교육 학생에게 충분한 자극이 되었다. 성적 중심의 경쟁교육에 멍들어 있던 공교육 학생의 마음을 변화시키고, 바른 방향으로 나아가는 데에도 도움이 되었다. 어른들은 제대로 어울릴 수 있을까를 걱정했는데, 아이들끼리는 이렇게 놀라운 전이가 일어나고 있던 것이다. 이후 꿈이룸학교는 용광로같이 기존의 틀과 구분 틀을 융해하고 학교 안이든, 밖이든 학생을 구분하지 않으며 함께 활동할 수 있는 공간이 되고 있다.

이 어울림이 대안학교 학생에게는 어떤 도움이 되었을까? 대안학교 학생은 공교육을 거부하고 학교 밖에서 생활하며, 의도와 무관하게 함께하는 공동체의 크기가 작을 수밖에 없었다. 이런 상황에서 꿈이룸학교는 대안학교 학생에게 다양한 또래의 청소년과 만나며 관계를 확장하는 장이 되어주었다.

2017년 이후 꿈이룸학교에서 몽실학교가 된 지금은 대안학교 학생이 공교육 학생을 이끄는 대신 먼저 몽실학교를 다닌 청소년이 새로 들어오는 청소년을 이끌고 있다. 몽실학교에서 먼저 활동한 경험은 새로 몽실학교에 오는 청소년에게 자기의 생각을 쉽게 표현하며 관계를 맺고 협의해나가는 모범이 되고 있다.

학교 안과 밖을 모두 아우를 수 있는 방식이 이런 문화를 낳고 있는 것이다.

일각에서는 몽실학교를 공립형 대안학교로 전환하는 것이 어떠냐고 이야기하는데, 꿈이룸학교 때부터 몽실학교를 일구어온 사람들은 이를 거부한다. 공립형 대안학교가 되는 순간 일부의 학생들을 위한 배움터가 될 것이 뻔하고, 꿈이룸학교에서 몽실학교까지 오면서 쌓아온 공동체 문화의 장점을 잃을 것이라 예상하기 때문이다. 여기에 올 수 있는 용기만 있다면, 누구에게나 배움이 열려 있어야 한다는 생각은 지금도 중요한 가치의 기준이다.

꿈이룸학교에서 배우는 것들

이러한 설립원리에 기반한 꿈이룸학교에서 청소년

은 무엇을 느끼고 배우고 있을까? 꿈이룸학교에 다니고 있는 청소년에게 물어보았다. 첫 번째 질문은 '꿈이룸학교에서 무엇을 배웠는가?'였는데 학생들이 적고 대답한 내용은 다음과 같다.

꿈이룸학교에서 무엇을 배웠는가?

· 사람들과 어울려서 무언가를 만드는 방법

· 많은 사람들과 잘 지내는 법

· 새로운 사람을 만나 친해지는 것

· 나와 다른 연령대와 어울리는 법

· 스스로 배우는 법

· 프로젝트를 계획하고 실행하는 능력

· 서로에게 귀 기울이기

· 사람 대하는 법

· 책임감, 즐거움, 공동체, 경험, 나누는 것

· 나 스스로 계획하고 실천하는 공부법

· 공동체 생활을 통한 사회성 확장

내용을 살펴보면 설립원리가 그대로 반영되어 있음을 알 수 있다. 청소년에게 큰 도움이 되는 배움터임을 알 수 있다.

질문은 여기서 끝나지 않고 두 번째 질문을 던졌다. '꿈이룸학교의 배움을 통해 어떤 삶을 살게 될까? 어떤 모습으로 성장하게 될까?' 역시 학생들의 답변은 예사롭지 않았다.

꿈이룸학교의 배움을 통해 어떤 삶을 살게 될까?
어떤 모습으로 성장하게 될까?

· 순리에 맞춰 살지 않기
· 자기의사를 잘 표현하는 삶
· 자존감이 높은 사람 그래서 실패를 두려워하지 않는 삶
· 나를 사랑하는 사람
· 지속 가능한 가치 있는 삶
· 내가 주인이 되는 삶
· 하고 싶은 걸 하면서 남에게 피해를 주지 않는 사람
· 나눌 수 있고 그 나눔으로 공존할 수 있는 삶
· 처음 보는 사람과도 쉽게 이야기할 수 있는 사람
· 다른 사람에게 도움을 주는 삶
· 많은 사람과 소통하고 배우는 즐거운 삶
· 사람들과 잘 어울리며 자신감 있게 사는 모습
· 자율을 중시하는 꿈이룸배움터 선생님

이런 모습은 꿈이룸학교에서 몽실학교까지 4년동안 지속되고 있고,

계속 이어가고 있다. 마지막에 꿈이룸 배움터에서 일할 것이라고 한 청소년들은 스무 살이 넘어 청년이 된 지금, 몽실학교 길잡이교사로 봉사하며 후배들을 위해 매 주말을 몽실학교와 함께하고 있다.

　몽실학교 책은 꿈이룸출판이라는 프로젝트 팀이 2017년 시작되면
서 집필되기 시작했다. 중고등학생들로 모인 꿈이룸출판 팀은 목차 세
우기를 수차례 반복하는 등 기획부터 쉽지 않았지만 꾸준히 노력하고
글을 모은 끝에 2018년 하반기에 드디어 출판하게 되었다. 출판 프로
젝트 팀을 이루고 있던 청소년들은 출판사를 경영하거나 근무하고 싶
은 꿈을 가지고 있었는데 드디어 자신들의 이름이 걸린 책을 출판하는
꿈을 이루게 된 것이다.

　책이 출판되는 현재는 출판 프로젝트 기획시작부터 벌써 2년이란
시간이 흘러가고 있는 시점이라 책의 내용보다 훨씬 많은 일들이 전개
되었고 훨씬 내용이 깊어졌다. 몽실학교 학생 주도 프로젝트는 해마다
다양해지고 있고 2017년에 비해 청소년 자치회는 더욱 활발하게 자치
문화를 만들어가고 있다.

경기도교육청에서 아예 몽실학교를 정책 사업으로 편성하여 운영하기 시작했고 이재정 교육감님의 공약에도 반영되어 추진을 하게 되었다. 몽실학교를 배우고 지역으로 돌아가서 익산, 창원, 김포에서는 지역별 몽실학교를 드디어 만들어 낸 사례까지 나오고 있다. 몽실학교 확대 공약 뿐만 아니라 몽실학교가 학습 플랫폼으로서 지역학습장, 학교 밖 청소년 지원 강화, 위기 청소년 지원 등의 기능 확대까지 요구되고 있다.

몽실학교의 학생 주도 프로젝트는 이미 학교 교육에도 영향을 주기 시작해서 학생 주도성 프로젝트란 정책으로 학교 교육에 들어가기 시작했고 학생 주도 교육 확산을 위한 교원 직무연수도 시작되었다. 이제 몽실학교 교육은 몽실학교 내에서 끝나지 않고 공교육 전반으로 확산되고 있는 상황이다.

이런 변화를 이번 책에는 다 담지를 못했다. 담아보려고 했더니 책의 분량이 무한정으로 늘어나기에 그럴 수가 없었다. 무엇보다 책을 내고 싶어 하는 아이들의 기다리는 마음을 생각해야 했다. 그래서 이 정도에서 마무리하고 깊이 있고 확장된 이야기를 담은 책을 더 만들기로 했다. 1권은 몽실학교 태동과 역사, 교육적 의미, 아이들의 이야기를 담았다면 2권은 교육적으로 좀 더 전문적인 내용을 담을 예정이다. 아이들의 자발성을 이끌어 내는 노하우, 청소년들의 민주적인 자치 문화 형성 과정과 방법, 학교 교육에 학생 주도 교육을 추진하는 방안 등 좀 더 본질적인 면에 초점을 맞추어 내용을 구성하려고 한다. 이 내용은 교사 연수 교재가 될 것이고 청소년들의 배움의 욕구에 대한 본질적인 연구 자료로 활용하려고 한다. 좀 더 시간이 허락된다면 모든 자료를 모아서 좀 더 많은 선생님들께 도움이 될 수 있는 원격연수로도 제작할 계획이다.

또 다른 책이 나오기 전까지 몽실학교 이야기는 청소년들이 청소년 자치회 안에 홍보팀을 만들어 '모모지'라는 월간 소식지와 '모비모비'라는 몽실학교 영상기록물로 제작해 전하고 있다. 아래 몽실학교 홍보 웹페이지들을 방문하면 몽실학교 이야기를 볼 수 있다.

몽실학교 페이스북 페이지

https://www.facebook.com/몽실학교-2048129705435839

몽실학교 페이스북 그룹

https://www.facebook.com/groups/Mongsil/

몽실학교 모모지 네이버 블로그

https://m.blog.naver.com/mongsil2018

몽실학교 영상 유튜브

https://www.youtube.com/channel/UCfwSnkU0t89mAiZWPbOTt1Q

몽실학교 실태분석 및 발전방안 연구 요약

Ⅰ. 미래교육으로서 몽실학교의 비전과 가치

1. 배움의 주체로서의 학생자치 강화

몽실학교의 가치가 무엇인지 설문조사 결과 학생과 성인 모두 가장 중요하게 생각한 원리는 학생자치로 나타났다. 집단심층면접에서도 학생들은 자신들이 배움의 주체가 될 수 있다는 것에서 몽실학교의 가치를 찾았다.

몽실학교의 가치, 즉 학생이 스스로 만들어가는 배움, 지역과 함께하는 배움, 공동체 등은 미래교육에서 지향하는 원리와도 일맥상통한다고 할 수 있다. 학습자가 배움의 주체가 되어 주도적으로 학습내용과 방법을 결정하고 자신의 학습내용이 삶과 연계되는 것은 미래교육에서도 중요한 원리이다.(조윤정 외, 2017)

2. 앎과 삶을 일치시키는 학습

몽실학교에서의 배움이 학생들에게 새로운 의미를 가지고 다가갈 수 있는 것은 배움이 자신의 삶에 유의미한 것으로 인식되고 실현되기 때문이다.

몽실학교는 앎과 삶을 통합하는 배움터로서의 역할을 지속적으로 수행하고 미래교육의 중요한 지향원리 중의 하나인 삶과 연계되는 학습(조윤정 외, 2017)을 이루고 있다.

무언가를 배우고 안다는 것은 자신의 삶을 변화시키고 자신이 살고 있는 공동체 발전에 기여하는 것을 의미함을 학생들과 공유할 필요가 있다. 이를 통해 "우리가 하고 싶은 것을 통해 세상을 이롭게 하자"는 몽실학교의 비전 실현에 한 발 가까이 다가가게 될 것이다.

3. 마을교육공동체의 구심점

마을교육공동체를 '청소년들이 마을에 대해, 그리고 마을 속에서 배우며, 마을을 위해서 활동하고, 학교, 교육청, 지자체, 지역사회 주민과 단체 등이 네트워크를 형성하여 청소년들을 함께 교육하는 협력적 교육 거버넌스'라고 정의할 때, 몽실학교는 의정부 마을교육공동체의 구심점으로서의 역할을 수행하고 있다고 할 수 있다.(조윤정 외, 2016)

몽실학교에서 청소년들의 배움은 지역사회의 네트워크 속에서 이루어지고 있으며, 이들 배움의 결과는 다시 지역의 마을교육공동체 상생에 기여하는 선순환적인 구도를 형성하고 있다.

몽실학교가 마을교육공동체의 구심점으로서, 또한 학생들의 학습이 이루어지고 확산되는 학습플랫폼으로서의 역할을 지속적으로 수행하기 위해서 마을주민이나 지역사회 단체와의 밀접한 교류 관계를 맺고 지역의 교육력을 제고하기 위해 더욱 노력하여야 할 것이다.

Ⅱ. 교육 프로그램 운영 방안

1. 지역과 연계 방안

- 지역사회 기관(사회적 기관, 협동조합, 시민단체 등)과 연계해 청소년이 성장할 수 있도록 프로젝트 활동의 자문·촉진자 역할로 참여
- 몽실학교 교육의 사후관리 차원에서 지역 청년의 활동을 지원
- 지역의 마을대학을 몽실학교에 유치
- 교육청과 지자체, 지역단체 간의 행정적 협력 방안 모색
- 민·관·학의 탈 중심적 연대 구축

2. 학교와 연계 방안

- 자유학년제 연계: 일반학교와 연계하여 몽실학교에서 학생주도형 프로젝트 방식으로 주제선택활동 수업을 진행하고 학생의 자발적 학습 의욕을 고취시키실 수 있다. 몽실학교의 주제선택활동을 한 주에 4시간씩 편성하여 특정 기간(term) 동안 운영하고, 다른 한 주제선택활동은 학교에서 운영할 수 있다.
- 복합 교육문화 공간: 몽실학교의 우수한 교육시설과 환경을 지역사회와 공유하여 동아리 활동, 진로탐색활동, 자유학기제 주제선택활동, 몽실학교 가치를 공유하기 위한 교사 연수와 워크숍 등

을 진행할 수 있다. 야간에 주로 이루어지는 학생주도 프로젝트 활동뿐만 아니라 주간의 몽실학교 활동 범위를 확장하기 위해서는 예산 확보가 절실하다.

- 학점제 연계: 몽실에서 이뤄지는 배움의 과정과 결과가 단순한 경험을 넘어서 교육활동으로 인정받기 위해서는 학점화를 고려해야 한다. 이를 통해 학생들의 배움 활동의 깊이를 더할 수 있는 동력을 만들어주어야 한다. 학점화 연계는 학생의 자발성, 도전정신, 공동체성의 가치 등을 훼손시킬 수 있다는 우려도 존재한다. 하지만 교육생태계가 확장되고 학습사회로 나아가기 위해서는 프로젝트가 학점화되는 것이 바람직하다.

Ⅲ. 길잡이교사 양성 및 처우 개선

교육활동을 지원하는 인력 부족은 몽실학교의 지속가능한 발전을 저해하는 요인 중의 하나이다. 이러한 측면에서 체계적인 길잡이교사 양성 프로그램과 지속적인 워크숍을 통해 지역사회 안에서 길잡이교사를 양성하는 체계를 구축하는 것이 중요하다.

한편 길잡이교사의 역할과 어려움에 걸맞는 길잡이교사 처우에 대한 논의는 이제 시작 단계이다. 마을교육공동체를 실현하고 있는 지역 길잡이교사의 처우 개선이 현실적인 수준으로 이뤄져야 한다.

길잡이교사들의 적정 수준 수당지급에 대한 제도적인 틀을 만들어서 이들의 활동을 지속가능하게 만들고 확산시킬 수 있어야 한다.

Ⅳ. 소통과 홍보를 위한 문화플랫폼(홈페이지) 구축

　　몽실학교에서의 청소년 자치 배움활동을 내부적으로 공유하고 이를 확산시키기 위해서는 학생, 교사, 지역사회, 다른 지역의 교육공동체와의 소통과 공유를 위한 문화플랫폼 구축이 절실하다. 또한 의정부 몽실이 허브형 센터로 역할할 경우, 다른 지역의 거점형 센터와 교류할 수 있는 가상의 공간을 확보해야 한다.

　　– 집단지성을 위한 개방형 지식/정보 플랫폼: 학생의 소리, 지역의 소리, 공동체의 소리를 전달, 확산하는 스피커 역할을 맡는다.
　　– 학생참여 플랫폼: 몽실 TED. 학생들의 프로젝트 배움활동 및 그들의 경험과 성장을 짧은 시간에 소개 · 발표하는 모습을 영상에 담고 이를 홈페이지에 탑재하여 다양한 학습자들과 공유한다. 이를 위해서 기존 몽실학교에 설치되어 있는 스튜디오를 가칭 '몽실 아카데미'로 만들고 이곳에서 학생들의 경험을 발표의 형식으

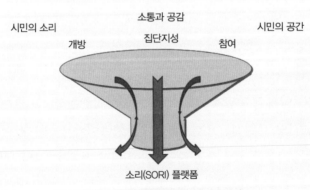

소리(SORI) 플랫폼

(Space for Open and Rounded Ideas)

로 촬영하여 공유할 수 있다.

- 주민참여 플랫폼: 온라인 지식공유 허브. 몽실에 참여하는 지역 사회 주민들 그리고 몽실 속한 마을공동체, 혹은 전국에 있는 배움공동체 누구라도 그들의 교육적 아이디어를 옮겨 놓을 수 있는 열린 지식공유 공간이 필요하다.

- 홍보 플랫폼: 소통과 공감을 위한 네트워크. 경기도와 전국에 걸쳐 몽실학교와 같은 학생자치형 배움공동체가 확산될 상황에 대비하여 현재의 몽실학교 경험을 전파하고 확산시키기 위한 소통과 공유의 플랫폼이 구축되어야 한다.

V. 몽실학교 조직 개편

의정부 몽실학교가 지속가능한 발전을 기하고 더 나아가 미래교육의 허브형 센터로 자리 잡기 위해서는 현재의 조직구조를 개선하여 새로운 역할과 기대에 대비하여야 한다.

1. 내부적 거버넌스 체제 구축: 교육청 직속기관화

- 마을교육공동체의 일환으로 지역의 교육인프라가 결합되는 학습 플랫폼으로서의 역할
- 미래교육의 혁신적 방향으로 몽실학교 운영을 위한 조직개편
- 학생자치형 배움공동체로서 선도적 역할
- 경기 혁신교육의 허브형 센터 역할

2. 조직체계

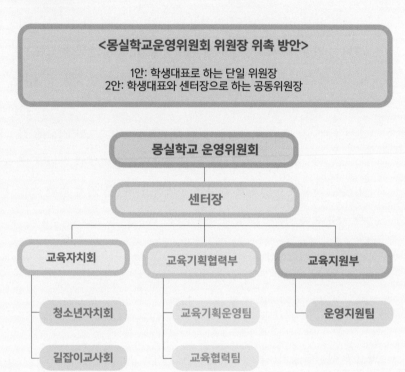

<몽실학교운영위원회 위원장 위촉 방안>

1안: 학생대표로 하는 단일 위원장
2안: 학생대표와 센터장으로 하는 공동위원장

몽실학교 운영위원회

센터장

교육자치회

청소년자치회

길잡이교사회

교육기획협력부

교육기획운영팀

교육협력팀

교육지원부

운영지원팀

직속기관으로서 몽실학교 조직체계도

※학교운영위원회: 학생이 위원장을 맡고 구성원의 과반을 학생이 책임지는
의사결정 기구

3. 지역 교육 거버넌스 구축

몽실학교가 직속기관화되었을 때 몽실학교 운영의 독립성 확보, 지역사회와의 지속적인 관계 설정, 학생자치 존중 및 지속적 지원 등을 위한 민·관·학 협력 거버넌스 체제를 구축할 필요가 있다.

목적	– 몽실학교의 자치적·민주적 운영을 위한 지역사회의 관심과 참여 유도 – 학생들의 배움활동 지원을 위한 지역적 역량 강화 – 지역의 교육 현안을 해결하기 위한 공동체적 합의를 도출
구성	– 지역교육청, 기초지자체, 의회, 학부모 단체, 시민사회 단체, 관할 교직원 대표 등
운영방향	– 지역사회 참여 및 책무성 강화 – 몽실학교 운영의 민주성·투명성 제고 – 지역 및 몽실학교 청소년의 배움활동 지원 – 마을교육공동체 구축 – 지역사회 역량강화 등

몽실학교를 위한 지역교육협의체 운영

VI. 몽실학교 확산 방안: 몽실학교 지역 거점화 방안

현재의 의정부 몽실학교가 일종의 경기도 허브형 센터가 되고, 타 지역에 거점 역할을 하는 제2, 제3의 몽실학교가 구축되기 위해서는 아래의 원칙이 준수되어야 한다.

몽실학교의 철학과 가치(학생자치, 배움의 공동체, 도전과 실험정신, 지역과 함께하는 배움, 공익성)는 공유되어야 한다.

▶ 지역사회 기반 미래형 청소년 자치 배움터

지역교육 네트워크에 기반한 마을교육공동체가 되어야 한다.

▶ 지역 마을교육공동체와의 연계(주민참여, 지역 네트워크에 기반을 둔 배

움활동, 지자체의 협력)

허브형 센터와 거점형 센터의 유기적 관계가 구축되어야 한다.
▶ 허브형 센터로서 거점형 센터 디자인 지원, 워크숍을 통한 연수
및 교육 지원

센터간의 배움 교류가 지속적으로 이루어져야 한다.
▶ 청소년 간, 길잡이교사 간, 교육행정가 간의 정기적·지속적인 교
류 필요

연구책임자 김용련(한국외국어대학교)
공동연구원 조윤정(경기도교육연구원)
　　　　　　 박혜진(경기도교육연구원)
　　　　　　 김현주(의정부천보중학교)
객원연구원 홍제남(영림중학교)
연구보조원 이용현(한국외국어대학교)

참고문헌

A. Hargreaves, D. Shirley. 이찬승, 홍완기 옮김. 『학교교육 제4의 길』. 21세기 교육연구소. 2015.

조윤정. 「학습자 주도 학습의 의미와 가능성」. 경기도교육연구원. 2017.

조윤정, 김아미, 박주형, 정제영, 홍제남. 「미래학교 체제연구-학습자 주도성을 중심으로」. 경기도교육연구원. 2017.

조윤정, 이병곤, 감경미, 목정연. 「마을교육공동체 실천사례 연구-시흥과 의정부를 중심으로」. 경기도교육연구원. 2016.

몽실학교 이야기

초판 1쇄 발행 2018년 10월 22일
초판 2쇄 발행 2020년 11월 10일

지은이 | 몽실학교 꿈이룸출판 팀

발행인 | 김병주
출판부문대표 | 임종훈
주간 | 이하영
팀장 | 신은정
디자인 | 디자인붐
마케팅 | 박란희
펴낸 곳 | (주)에듀니티(www.eduniety.net)
도서문의 | 070-4342-6124
일원화 구입처 | 031-407-6368 (주)태양서적
등록 | 2009년 1월 6일 제300-2011-51호
주소 | 서울특별시 종로구 인사동5길 29 태화빌딩 9층

ISBN 979-11-85992-87-7 (13370)
값 16,000원

몽실학교

신찬식 작사
박경미 작곡

몽실학교 악보